扬州大学出版基金资助

文脉流变与文化创新

马克思主义理论博士研究生核心课程

思想政治理论课
教学与研究

Teaching and Research of
Ideological and Political Theory

主　编　佘远富　魏吉华

副主编　李军全　徐建飞　韩昌跃　徐　俊

社会科学文献出版社
SOCIAL SCIENCES ACADEMIC PRESS (CHINA)

总　序

　　文脉是息息相通的文化血脉，是以人的生命和灵性打造的文化命脉。在文脉流变中，只有认真总结文脉流变的规律，不断推进知识创新、理论创新、方法创新，才能引导我们全面深入研究关系国计民生的重大课题，积极探索关系人类前途命运的重大问题，准确判断中国特色社会主义发展趋势，创新继承中华优秀传统文化精华。

　　中国优秀传统文化的丰富哲学思想、人文精神、教化思想、道德理念等，可以为人们认识和改造世界提供有益启迪，可以为治国理政提供有益启示，也可以为道德建设提供有益启发。通过文脉流变和文化创新研究，对传统文化中适合于建构和谐社会关系、鼓励人们向上向善的内容，需要结合时代条件加以继承和发扬，赋予其新的涵义。

　　当代中国正经历着我国历史上最为广泛而深刻的社会变革，也正在进行着人类历史上最为宏大而独特的实践创新。这种前无古人的伟大实践，必将给理论创造、学术繁荣提供强大动力和广阔空间。这是一个需要理论而且一定能够产生理论的时代，这是一个需要思想而且一定能够产生思想的时代。通过文脉流变与文化创新研究，立时代之潮头、通古今之变化、发思想之先声，为哲学社会科学繁荣、为学科发展述学立论和建言献策，以担负起历史赋予的光荣使命。

　　正是立足于这一历史和现实语境，扬州大学于 2017 年启动"十三五"重点学科建设工程，设立"文脉流变与文化创新"（交叉学科）建设项目，希望通过对传统文化的挖掘和再发现，将其有价值和现实针对性的精神资源予以传承和创新。

　　"十二五"以来，扬州大学文科学科建设栉风沐雨，砥砺前行，取得了显著成效。2011 年中国语言文学学科获批江苏省"十二五"重点学科，

2012 年中国史学科获批江苏省"十二五"重点学科，学科建设展示出新的姿态。2014 年，整合中国语言文学、中国史、法学三个一级学科的优势，其"文化传承与区域社会发展"学科被江苏省人民政府批准为"江苏高校优势学科建设工程"二期项目，标志着扬州大学学科建设进入新阶段、驶上快车道。其间，扬州大学先后承担了参照"211"工程二期项目"扬泰文化与'两个率先'"及三期项目"人文传承与区域社会发展"的建设，分别以"扬泰文库""半塘文库""淮扬文化研究文库"等丛书形式出版了 150 多种图书。大型丛书的出版，有力推动了扬州大学学科建设的整体水平，优化了扬州大学的学科结构和学科生态，彰显了扬州大学的学科底蕴和学科特色。

新世纪以来，学科建设在国际格局深度调整、国际关系多元变化的新形态下更加迫切，学科建设与专业建设的关系更加融合，学科的发展与科学技术的发展更加密切，学科渗透、学科交叉的价值和意义在社会发展、科技进步、经济繁荣、国计民生的作用进一步凸显，新一轮全球竞争、人才竞争不可能不与学科发生关联。为此，党和国家提出了建设"一流大学""一流学科"的发展战略。扬州大学深感任务艰巨，使命光荣，决定设立"文脉流变与文化传承"交叉学科，进一步强化人文科学的渗透融合，促进人文学者的交流协作，打造人文研究的特色亮点。

作为"文脉流变与文化创新"交叉学科建设的标志性成果，我们精心推出这样一套丛书。丛书确立了这样几个维度：

一是优秀传统文化的维度。建立文化自信，需要对文化传统、文明历史深化理解。只有深入研究中国历史，认真梳理文脉渊源与流变，才能更好地参透经典，认识自己，以宽广的视野真实地与历代经典对话。通过文脉流变与文化创新研究，能够更好地认识过去、把握当下、面向未来，从容自信地在风潮变幻的时代中站稳脚跟，"不为一时之利而动摇，不为一时之誉而急躁"。

二是学科交叉融合的维度。在研究中，不仅运用传统的文史方法来考察这些经典，同时也结合政治学、社会学、艺术学、历史学、民俗学等多个学科背景，并引入前沿的学术视野展开跨学科研究，做到典史互证、艺文相析，开拓新的研究范式。

三是文化比较的维度。文化总是在比较中相互借鉴、在发展中兼容互补的。通过对相互影响的文化系统进行比较，从"文化共同体"视角深入思考文本接受与文化认同的路径、特点和规律。

丛书的出版，凝聚了扬州大学文科人的历史责任，蕴含了作者的学术追求，汇聚了社会科学文献出版社领导和编辑的社会使命及辛勤劳动，在此一并表示真挚的感谢。

陈亚平

2019 年 11 月

序

　　马克思主义理论学科自 2005 年底增设以来，已经走过了近 17 个年头。马克思主义理论学科与思想政治理论课（以下简称"思政课"）之间的关系随着学科实践的发展日益清晰明朗。国务院学位委员会办公室马克思主义理论学科评议组在马克思主义理论学科的博士研究生人才培养中设置了"思想政治理论课教学与研究"这门课程，更加凸显了学科为思政课服务的本质要求。扬州大学马克思主义学院整合学院的师资力量，适应推进马克思主义理论学科人才培养的建设要求，在积累了博士研究生的培养经验基础上，组织编写了《思想政治理论课教学与研究》这本博士研究生课程教材，这值得同行们赞颂。

　　为什么要在马克思主义理论学科的博士研究生中开设"思想政治理论课教学与研究"这门课程呢？当然，这和马克思主义理论学科博士研究生的培养目标有直接关系。但更重要的是，这是由思政课的地位和作用决定的。思政课建设历来都是党中央高度重视的一项工作。在中国共产党百年奋斗的不同历史时期，思政课不仅成为党开展思想政治教育工作的优良传统，还是党统一思想、坚定信仰和凝聚力量的重要方式，更是党培养具有共产主义觉悟的德才兼备的后备人才的关键课程。当前，我们正处在"两个一百年"的历史交汇点，在新发展阶段贯彻新发展理念，加快建设社会主义现代化强国，培养具有坚定的马克思主义信仰和共产主义理想的中国特色社会主义建设者、接班人，是思政课教师义不容辞的责任担当。因此，加强思政课建设，特别是培养思政课建设的后继者、接班人尤为重要。

　　在马克思主义理论学科的博士研究生人才培养中开设"思想政治理论课教学与研究"这门课程，在教学上是有一定难度的。因为研究生可能没有对思政课性质、地位、作用的准确认识，也可能没有思政课教学的经历。针对博士研究生进行"思想政治理论课教学与研究"课程的有效教学，对所有任课教师来说都是一个巨大的挑战。令人欣喜的是，我们看到了扬州大学马克思主义学院的老师们编写的《思想政治理论课教学与研究》这本博士研究生课程教材。这本教材至少具有三个鲜明特点。

第一，政治站位高。新时代以来，以习近平同志为核心的党中央多次召开关于学校思想政治教育工作的专题会议，分析和讨论了新形势下加强和改进学校思想政治教育工作的必要性和紧迫性，阐述和指明了学校思想政治教育工作的政治定位、发展现状和重要原则，明确和强调了思政课的重要性和特殊性，深刻地回答了学校思想政治教育工作的根本任务和基本要求，并进行系统谋划，加强顶层设计，部署了一系列重大决策，这为高校开展思想政治教育工作提供了行动指南和智力支撑。特别是，习近平总书记非常关心"办好思政课"这项工作，立足于"为谁培养人、培养什么人，怎样培养人"的根本，围绕思政课建设中一些重大理论和实践问题，在不同场合发表了重要讲话。应该说，习近平总书记关于思政课建设的重要论述不仅为学校思政课建设指明了根本方向，提供了基本遵循，也推动了学校思政课教学与研究的改革创新。为了贯彻落实习近平总书记的重要讲话精神和党中央的决策部署，中共中央办公厅、中共中央宣传部、国务院办公厅、教育部等党政部门相继出台了一系列加强和改进学校思政课的通知、方案和意见等规章制度，并致力于推进与建设"大中小学思政课一体化"的整体框架和运行机制，相继组织开展"三巡六创优""周末理论大讲堂""教学展示"等专项活动。应该说，在习近平总书记关心、党中央重视、教育主管部门贯彻以及各级学校落实的合力共振作用下，当前的学校思想政治教育工作呈现良好态势，思政课建设也产生了诸多改革创新成果。所以，这本教材的编写和出版有力地促进了马克思主义理论学科服务思政课建设的落地以及马克思主义理论学科人才的培养，同时也体现了扬州大学马克思主义学院思政课改革创新的水平，反映了他们不负习近平总书记殷殷嘱托，对党中央决策部署的践行。

第二，可信度大。这本教材的编写依据是国务院学位委员会第七届学科评议组编《学术学位研究生核心课程指南（一）（试行）》（以下简称《指南》）（高等教育出版社 2020 年出版）。《指南》由国务院学位委员会办公室组织专家编写，是贯彻党的十九大关于实现高等教育内涵式发展要求以及落实《教育现代化2035》的成果体现，编写目的在于以研究生成才为中心，加强研究生课程建设，提升研究生培养质量，为各培养单位实施课程建设和教学提供参考。《指南》将"思想政治理论课教学与研究"课程指定为马克思主义理论一级学科博士研究生的核心培养课程，不仅对其课程开设、先修课程、课程目标、授课方式、考核要求进行了明确的说明，还重点阐述了四个方面的学习内容，包括思政课的性质和任务、思政课教学的基本要求和规律、思政课的教学理念和方法、思政课的主要问题，另外还提供了教学过程中应该注意和解决的重点和难点。应该说，这样的课程教学指南是政治性、科学性与系统性相统一的认识体现，具有很高的权威性。以《指南》为依据，该教材在编写体例、框架结构，特别是教材内容上，作出了全面系统、细致周到的阐述。

第三，针对性强。对于马克思主义理论学科的博士研究生来说，进行"思想政治理论课教学与研究"课程的教学，必须要有很强的针对性，既要充分认识到他们身上已有的政治素养和知识储备，又要充分估量他们未来可能承担的岗位责任和使命担当，更要充分挖掘适合他们的研究方法和教学方法。《思想政治理论课教学与研究》这本教材对此进行了认真的思考和回答。行文论述方面，遵守了基本的学术规范，引用了大量的引文，做到有理有据；内容编写方面，每章除了正文，还设置有延伸阅读和课后作业等条目，所推介的习近平总书记最新讲话和学术界成果既丰富了学习内容，又拓展了研究视野。重要的是，这本教材有针对性地从政治和学理两个层面回答了"为什么要上思政课""思政课有什么属性""思政课与其他课程的区别与联系"等研究生关注的基本问题，同时从现实教学情景出发分析了"如何上好思政课""什么是一堂好的思政课"等研究生关注的热点问题，通过分析思政课建设过程中可能会遇到的问题，激发并引导研究生致力于研究解决问题之道。因此，这本教材有很强的针对性。

我还想强调的是，"思政课是落实立德树人根本任务的关键课程"，这意味着对其改革创新将是一件久久为功的事情，不能有任何停歇。我们要把习近平总书记提出来的"八个相统一"（坚持政治性和学理性相统一、坚持价值性和知识性相统一、坚持建设性和批判性相统一、坚持理论性和实践性相统一、坚持统一性和多样性相统一、坚持主导性和主体性相统

一、坚持灌输性和启发性相统一、坚持显性教育和隐性教育相统一）作为思政课改革创新的基本原则和方向目标，既要充分利用好课堂这个主渠道，把好教材关，创新教学方法，富有针对性，体现出思政课的思想性和理论性、亲和力和吸引力，还要充分利用好社会这个大课堂，搞好社会实践，发挥地方红色文化和教育基地的育人功能，实现教材理论与社会现实之间的有机结合，从而提升思政课教学的说服力，真正让思政课说到学生心坎上，走进学生脑子里，既有"润物细无声"，也有"惊涛拍浪势"。由是观之，《思想政治理论课教学与研究》教材的编写是完成了，但是，教材在内容和形式上的进一步完善、教材内容的内化于心和外化于行等问题，依然是扬州大学马克思主义学院老师们需要深入探讨的问题。

　　我期待这本教材能发挥出应有的育人价值，对加强马克思主义理论学科人才培养作出一定的贡献。

2022 年 9 月 6 日

目 录
Contents

第一章

总　论

　　思政课是思想政治理论课的简称，是社会或社会群体用一定政治观点、道德规范，对其成员施加有目的、有计划、有组织的影响，使他们形成符合社会所要求的思想品德的社会实践活动。简单地说，思政课就是培育学生正确的世界观、人生观、价值观，引导学生学会做人的课程，是立德树人、培根铸魂的课程。进入新时代，思政课面临新形势、新任务、新要求，要落实立德树人的根本任务，发挥思政课铸魂育人的关键作用，必须深入思考思政课何以成为立德树人的关键课程，全面了解新时代学校思政课改革创新实施方案，正确把握新时代高校思政课的"守正"与"创新"。

第一节　思政课是立德树人的关键课程

　　2020 年 9 月 1 日，《求是》2020 年第 17 期刊发了习近平总书记重要文章《思政课是落实立德树人根本任务的关键课程》。这是习近平总书记 2019 年 3 月 18 日在学校思想政治理论课教师座谈会上的讲话的主要部分。

　　党的十八大以来，习近平总书记高度重视思政课建设，发表了一系列重要讲话、重要论述，为思政课建设提供了根本遵循。2013 年 11 月，在对高校思政课的重要批示中，习近平总书记强调，思政课必须办好。2016 年 12 月，在全国高校思想政治工作会议上的重要讲话中，他提出："思想政治理论课要坚持在改进中加强。"[1] 在全国教育大会上的重要讲话中以及

---

　　[1] 《习近平谈治国理政》第 2 卷，外文出版社，2017，第 378 页。

在多次对各级学校的考察中，习近平总书记都强调了思政课建设。2019 年 3 月 18 日的这篇讲话立意高远，具有很强的战略性、针对性、指导性。

一 办好思政课的重大意义

我们的学校为什么要开设思政课？这是由教育的性质与功能所决定的。有人讲，西方国家没有思政课，其实不然。每个国家都是按照自己的政治要求来培养人的。西方国家似乎没有类似我国这样完整的思想政治教育的概念和独立学科，但其思想政治教育的内容和理念切切实实地渗透在有关学科的教学中，很有实效性。各国对思想政治教育课程的称谓不一，美国、法国称为"公民教育"，英国、加拿大称为"政治教育"，西班牙称为"共处之道教育"，日本称为"社会科"，等等。西方国家通过这些"公民教育""人格教育""价值观教育"等，无时无刻不在对学生进行着资产阶级的政治观、价值观、道德观的教育，从而为维护和巩固资本主义制度服务。当前，在西方国家，学校思想政治教育呈现四个基本特点。一是在思想认识上，西方国家广泛重视对学生的思想政治教育，并把它作为巩固资产阶级统治地位的重要手段。二是在教育方式上，由灌输转变为灌输与渗透相结合。例如在美国，其学校从没有放松对学生进行资本主义及其优越性、反共产主义、公民的权利与义务、国民精神等方面内容的灌输与渗透。三是在教育功能上，西方国家更加重视学校思想政治教育的政治功能，并将其作为确保资产阶级统治地位、巩固和发展资本主义制度的重要工具。四是在教育主体上，西方国家学校思想政治教育具有广泛的参与性。例如美国，无论是家庭、学校、社会还是大众传媒，无论是政党还是宗教团体，无论是家长还是教师，都在充分利用一切场合和时机宣传美国的生活方式和价值观念。① 既然西方资本主义国家都如此重视学校思想政治教育，那么在我们社会主义国家，就必须更加重视学校思想政治教育，更加理直气壮地开设思政课。

有人提出把思政课变成隐性课程，完全融入其他人文素质课程中，这也是不对的。因为这种看法的背后隐含着对思政课教学效果的质疑。对

① 李义军：《西方国家学校思想政治教育的几个特点》，《思想理论教育导刊》2005 年第 7 期，第 70~72 页。

此，习近平总书记以自己的亲身经历说明，思政课对一个人的成人、成长、成才有着重要影响。他说："我上中学时，学的政治课本叫《做革命的接班人》，书上讲的'热爱生产劳动，艰苦奋斗，用自己的双手建设富强的社会主义祖国'，'立雄心壮志，做革命的接班人'等，影响了我们这一代人的理想信念和人生选择。"① 因此，思政课对学生成长、成才、成人具有不可替代的作用。

新时代办好思政课，更要将其放在世界百年未有之大变局、党和国家事业发展全局中来看待，要从坚持和发展中国特色社会主义、建设社会主义现代化强国、实现中华民族伟大复兴的高度来对待。青年一代有理想、有本领、有担当，国家就有前途，民族就有希望。现在的青少年是新时代的同行者、建设者、开创者。这就要求我们把下一代教育好、培养好，从学校抓起、从娃娃抓起。因此，习近平总书记指出："在大中小学循序渐进、螺旋上升地开设思政课非常必要，是培养一代又一代社会主义建设者和接班人的重要保障。"②

学校的根本任务是立德树人，立德树人关系党的事业后继有人，关系国家前途命运。党的十八大以来，习近平总书记多次强调，"要把立德树人的成效作为检验学校一切工作的根本标准"③。

立德树人，办好思政课，就是要全面贯彻党的教育方针，解决好培养什么人、怎样培养人、为谁培养人这个根本问题。立什么德、树什么人，从来就不是抽象的。办好思政课，就是要坚守为党育人、为国育才的立场，培养担当民族复兴大任的时代新人，培养德智体美劳全面发展的社会主义建设者和接班人。

立德树人，办好思政课，就是要满足学生成长发展的需要和期待，为学生一生成长奠定科学思想基础。当前，我国各级各类学历教育在校生达到2.82亿。青少年阶段是人生的"拔节孕穗期"，最需要精心引导和栽培。思政课要聚焦学生这个中心，围绕学生、关照学生、服务学生，帮助学生"扣好人生第一粒扣子"④。

---

① 习近平：《思政课是落实立德树人根本任务的关键课程》，人民出版社，2020，第3页。
② 习近平：《思政课是落实立德树人根本任务的关键课程》，人民出版社，2020，第6页。
③ 习近平：《在北京大学师生座谈会上的讲话》，人民出版社，2018，第7页。
④ 《习近平谈治国理政》第3卷，外文出版社，2020，第330页。

立德树人，办好思政课，就是要把思政课作为落实立德树人根本任务的关键课程。在讲话中，习近平总书记进一步强调："思政课是落实立德树人根本任务的关键课程。"① 这就明确回答了思政课在学校课程体系中的地位问题。

习近平总书记指出："办好思政课，有不少问题需要解决，但最重要的是解决好信心问题。"② 我们应该有信心办好思政课。信心来自哪里？一是党中央对教育工作高度重视，对思想政治工作、意识形态工作高度重视，始终坚持马克思主义指导地位，大力推进中国特色社会主义学科体系建设，为思政课建设提供了根本保证。二是我们对共产党执政规律、社会主义建设规律、人类社会发展规律的认识和把握不断深入，开辟了中国特色社会主义理论和实践发展新境界，中国特色社会主义取得举世瞩目的成就，为思政课建设提供了有力支撑。这次抗击新冠疫情的斗争，凸显了中国特色社会主义的优势，增强了中国的制度自信，为我们讲好思政课提供了生动的案例。三是中华民族几千年来形成了博大精深的优秀传统文化，我们党带领人民在革命、建设、改革过程中锻造的革命文化和社会主义先进文化，为思政课建设提供了深厚力量。四是思政课建设长期以来形成的一系列规律性认识和成功经验，为思政课建设守正创新提供了重要基础。五是我们有一支可信、可敬、可靠，乐为、敢为、有为的思政课教师队伍，为思政课建设提供了基本保障。

近些年，思政课教师队伍建设成效显著，思政课教师队伍数量得到快速增长，整体素质进一步提升。这支队伍政治素质、业务能力等方面怎么样？社会上有些议论，有些不正确的看法，甚至个别思政课教师自我认识也很模糊。习近平总书记明确指出，思政课教师队伍是"可信、可敬、可靠，乐为、敢为、有为"的。③ 这样的评价，体现了党中央和习近平总书记对广大思政课教师的充分信任、高度认可和殷切期待。

二 办好思政课关键在教师

在学校思想政治工作会议上的讲话中，习近平总书记强调，办好思政

---

① 习近平：《思政课是落实立德树人根本任务的关键课程》，人民出版社，2020，第2页。
② 习近平：《思政课是落实立德树人根本任务的关键课程》，人民出版社，2020，第8页。
③ 参见习近平《思政课是落实立德树人根本任务的关键课程》，人民出版社，2020，第9页。

课，"思政课教师队伍责任重大"①。当一名好老师不易，当一名好的思政课老师更难。习近平总书记根据自己在福建、浙江工作时亲自讲思政课的经历强调，"讲好思政课不容易，因为这个课要求高"②。思政课教学涉及内容广泛、领域众多。思政课教学内容要跟上时代，需要不断备课。思政课上学生提出的一些尖锐敏感的问题，要讲清楚、讲透彻并不容易。习近平总书记指出，思政课教学的"学术深度广度和学术含金量不亚于任何一门哲学社会科学"③。这样的特殊性，对思政课教师的综合素质要求很高。

什么是好老师？习近平总书记从不同角度提出了要求。2014 年教师节前夕，习近平总书记提出教师要做"四有"好老师，即"有理想信念""有道德情操""有扎实学识""有仁爱之心"④ 的老师。2016 年 12 月在全国高校思想政治工作会议上，习近平总书记提出，教师要做到教书和育人、言传和身教、潜心问道和关注社会、学术自由和学术规范的"四个相统一"⑤。2016 年 9 月 9 日，习近平在北京市八一学校考察时强调，教师要当好"四个引路人"，即"要做学生锤炼品格的引路人，做学生学习知识的引路人，做学生创新思维的引路人，做学生奉献祖国的引路人"⑥。

什么是好的思政课老师？2016 年 12 月在全国高校思想政治工作会议上，习近平总书记强调，"讲思想政治理论课，要让信仰坚定、学识渊博、理论功底深厚的教师来讲，让学生真心喜爱、终身受益"⑦。"信仰坚定、学识渊博、理论功底深厚"就是对思政课教师素质的要求。习近平总书记于 2019 年 3 月 18 日在学校思想政治理论课教师座谈会上的讲话中对广大思政课教师提出了"政治要强""情怀要深""思维要新""视野要广"

① 习近平：《思政课是落实立德树人根本任务的关键课程》，人民出版社，2020，第 2 页。
② 习近平：《思政课是落实立德树人根本任务的关键课程》，人民出版社，2020，第 10 页。
③ 习近平：《思政课是落实立德树人根本任务的关键课程》，人民出版社，2020，第 25 页。
④ 习近平：《做党和人民满意的好老师：同北京师范大学师生代表座谈时的讲话》，人民出版社，2014，第 4、6、8、9 页。
⑤ "四个相统一"是指坚持教书和育人相统一，坚持言传和身教相统一，坚持潜心问道和关注社会相统一，坚持学术自由和学术规范相统一。《习近平谈治国理政》第 2 卷，外文出版社，2017，第 379 页。
⑥ 《习近平关于社会主义社会建设论述摘编》，中央文献出版社，2017，第 57 页。
⑦ 习近平：《思政课是落实立德树人根本任务的关键课程》，人民出版社，2020，第 12 页。

"自律要严""人格要正"的新要求。① 这"六个要"构成了新时代思政课好老师的基本标准，是"四有"好老师、"四个相统一"、"四个引路人"标准在思政课教师这个特殊群体的具体化。

习近平总书记强调"办好思想政治理论课关键在教师，关键在发挥教师的积极性、主动性、创造性"②。要使思政课教师的积极性、主动性、创造性充分迸发出来，就要努力提高思政课教师的政治地位、社会地位、职业地位，让广大教师安心从教、热心从教、舒心从教、精心从教，让广大教师在岗位上有幸福感、事业上有成就感、社会上有荣誉感，要切实提高思政课教师的待遇，增强思政课教师职业的吸引力和竞争力。要健全评价奖励体系，激发思政课教师的积极性，关键是激发"教"的积极性。合理增加教学成果的权重，克服"五唯"弊端，使评价真正向教学倾斜，引导思政课教师热爱教学、研究教学、创新教学，解放和发展思政课教师"教"的能力，提升思政课教师教学的获得感。增大激励力度，在重大项目立项、重大奖项评价、重大人才评选、重大荣誉称号表彰中向思政课教师倾斜。近年来，在国家社科基金、教育部人文社科研究项目中已经分别设立了思政课研究专项。

三　推动思政课教学改革创新

一部思政课改革和建设的历史，就是不断守正创新的历史。守正，就不会偏离方向，就不会失去初心；创新，就不会僵化，就不会过时。自《〈中共中央宣传部教育部关于进一步加强和改进高等学校思想政治理论课的意见〉实施方案》实施以来，思政课教育教学状况得到明显改善。在《思政课是落实立德树人根本任务的关键课程》这篇讲话中，习近平总书记对此给予了高度肯定，"这些年来，思政课建设成效是显著的"③。面对新形势、新问题、新挑战，办好思政课，就要在守正的基础上，不断推动改革创新。因此，习近平总书记强调，思政课建设要向改革创新要活力。④

---

① 习近平：《思政课是落实立德树人根本任务的关键课程》，人民出版社，2020，第12、13、14、15、16页。
② 习近平：《思政课是落实立德树人根本任务的关键课程》，人民出版社，2020，第10页。
③ 习近平：《思政课是落实立德树人根本任务的关键课程》，人民出版社，2020，第7页。
④ 习近平：《思政课是落实立德树人根本任务的关键课程》，人民出版社，2020，第17页。

如何推动思政课教学改革创新呢？办好思政课，就要切实解决科学育人的问题。2016 年 12 月，在全国高校思想政治工作会议上的重要讲话中，习近平总书记指出，做好高校思想政治工作，要"遵循思想政治工作规律，遵循教书育人规律，遵循学生成长规律"，并强调"做好高校思想政治工作，要因事而化、因时而进、因势而新"。① 在这方面，思政课教育教学，既要遵循思想政治工作规律，遵循教书育人规律，遵循学生成长规律，又要遵循高校思政课教育教学自身规律，从而不断提升思政课教育教学的科学化水平。2019 年 3 月 18 日，在学校思想政治理论课教师座谈会上，习近平总书记提出，推动思政课改革创新，要坚持"八个相统一"，即政治性和学理性相统一、价值性和知识性相统一、建设性和批判性相统一、理论性和实践性相统一、统一性和多样性相统一、主导性和主体性相统一、灌输性和启发性相统一、显性教育和隐性教育相统一。②

如何理解这"八个相统一"？一是它深刻总结了思政课建设长期以来形成的规律性认识和成功经验，深化了对一系列教育教学规律的认识；二是它构成一个紧密联系、有机统一的整体，是一套组合拳；三是要在"统一"上下功夫。

当前，推动思政课改革创新，就要在贯彻落实"八个相统一"上下功夫，打好组合拳，把习近平总书记关于学校思政课建设的系列重要讲话精神落实到增强思政课的思想性、理论性和亲和力、针对性上，使思政课更有亲和力和感染力，更有针对性和实效性，实现知、情、意、行的统一，叫人口服心服，成为有意义的课、讲理的课、有温度的课，成为问题导向的课，成为学生真心喜爱的课。

四　加强党对思政课建设的领导

东西南北中，党是领导一切的。办好思政课，关键在党。一所学校思政课办得好，关键在学校党组织实现了对思政课的全面领导。我们党历来高度重视学校思政课建设，在革命、建设、改革各个时期，我们党对思政课建设都做出过重要部署。新时代，以习近平同志为核心的党中央对思政

---

① 《习近平谈治国理政》第 2 卷，外文出版社，2017，第 378 页。
② 习近平：《思政课是落实立德树人根本任务的关键课程》，人民出版社，2020，第 17、18、19、20、21、22、23 页。

课建设提出明确要求，学校思政课建设与发展进入新阶段。

习近平总书记指出："各级党委要把思政课建设摆上重要议程，抓住制约思政课建设的突出问题，在工作格局、队伍建设、支持保障等方面采取有效措施。要建立党委统一领导、党政齐抓共管、有关部门各负其责、全社会协同配合的工作格局，推动形成全党全社会努力办好思政课、教师认真讲好思政课、学生积极学好思政课的良好氛围。"①

习近平总书记强调："要把统筹推进大中小学思政课一体化建设作为一项重要工程，坚持问题导向和目标导向相结合，坚持守正和创新相统一，推动思政课建设内涵式发展。要针对不同学段，根据思想政治理论教育规律和学生成长规律科学设置具体教学目标，抓好教学目标设计、课程设置、教材编写、教学改革、教师培养、考核评价等环节，既不能揠苗助长、操之过急，又不能刻舟求剑、故步自封。课程设置要相对稳定，坚持大中小学纵向主线贯穿、循序渐进，各类课程横向结构合理、功能互补的原则，确保教材的政治性、科学性、时代性、可读性。"② 为此，教育部成立了大中小学思政课一体化建设指导委员会，对大中小学思政课一体化建设起领导、指导、咨询、示范、培训、研判等作用，统筹推进大中小学思政课一体化建设，主要任务是统筹协调教育部相关司局，指导推动各地教育部门和学校贯彻落实大中小学思政课一体化建设的有关决策部署，总结推广先进经验，审议和研究部署大中小学思政课教材建设、教学方法改革、师资队伍建设等重大事项，组织专家指导组对思政课开展前瞻研究、评价指导、工作研讨、经验总结、问题研判等理论与实践工作。

习近平总书记指出："要完善课程体系，解决好各类课程和思政课相互配合的问题，鼓励教学名师到思政课堂上讲课，解决好推动其他教职员工和思政课教师相辅相成的问题，推动思想政治工作贯通人才培养体系，发挥融入式、嵌入式、渗入式的立德树人协同效应。"③ 各地、各校充分发挥各方面与思政课同向同行的协同效应，推动思政工作贯通人才培养体系，建立学校、社会、家庭三位一体的协同育人机制，呈现"地方党政领

① 习近平：《思政课是落实立德树人根本任务的关键课程》，人民出版社，2020，第 24 页。
② 习近平：《思政课是落实立德树人根本任务的关键课程》，人民出版社，2020，第 27 页。
③ 习近平：《思政课是落实立德树人根本任务的关键课程》，人民出版社，2020，第 27～28 页。

导干部、企事业单位负责人、社科理论界专家、各行业先进模范以及高校党委书记校长、院（系）党政负责人、名师大家和专业课骨干教师、日常思想政治教育骨干"等八支力量上讲台讲思政课、专兼结合合力育人的生动局面，推进实现全员全过程全方位育人。

第二节　思政课何以成为立德树人的关键课程①

立德树人是学校的根本任务，思政课是学校思想政治教育的主渠道，对于落实立德树人根本任务至关重要。习近平总书记指出："思政课是落实立德树人根本任务的关键课程。"② 思政课何以成为立德树人的关键课程？主要因为思政课是强基固本、铸魂育人、反渗防变的关键课程，在落实立德树人根本任务、促进学生全面发展的过程中发挥着首要的决定性的作用。在新时代，深刻认识和充分发挥思政课的关键作用，直接关系到立德树人的根本任务能否落到实处。

一　思政课是强基固本的关键课程

思政课成为落实立德树人根本任务的关键课程，首先在于思政课能巩固马克思主义在意识形态领域的根本指导地位，增强全党、全国人民尤其是学校师生团结奋斗的共同思想基础，是强基固本的关键课程。

（一）思政课是巩固马克思主义指导地位的关键课程

思政课是巩固马克思主义主导地位的关键课程。马克思主义是中国特色社会主义伟大实践的指导思想，坚持马克思主义在意识形态领域的指导地位是我国的根本制度。学校是我国意识形态领域的前沿阵地，巩固马克思主义在意识形态领域的指导地位首要的就是巩固马克思主义在学校的指导地位，这也是坚持马克思主义在意识形态领域的指导地位的根本制度的必然要求。正如习近平总书记所指出的："马克思主义是我们立党立国的根本指导思想，也是我国大学最鲜亮的底色。"③ 全面贯彻党的教育方针，

---

① 本节部分内容选编自骆郁廷、李俊贤《思政课何以成为立德树人的关键课程》，《马克思主义理论教学与研究》2021年第1期。

② 习近平：《思政课是落实立德树人根本任务的关键课程》，人民出版社，2020，第2页。

③ 习近平：《在北京大学师生座谈会上的讲话》，人民出版社，2018，第6页。

坚持社会主义办学方向，推进学校的改革发展，提高教育教学质量，离不开马克思主义的指导。而落实学校意识形态责任制，加强和推进学校意识形态建设，更加离不开马克思主义的指导。以马克思主义为指导的社会主义意识形态是我国主流意识形态，巩固主流意识形态就要巩固马克思主义在意识形态领域的指导地位，尤其是巩固马克思主义在学校意识形态领域的指导地位。学校是学习、研究和传播马克思主义的重要阵地，思政课是学习、研究和传播马克思主义的首要课程，思政课教学的指导思想、教材建设和主要内容都经过了国家和主管部门的层层讨论和审定，体现了国家意志，体现了主流意识形态建设的根本要求。只有不断加强学校思政课建设，确保马克思主义、中国化马克思主义特别是习近平新时代中国特色社会主义思想进教材、进课堂、进头脑，广泛深入地学习、研究和传播马克思主义、中国化马克思主义，特别是习近平新时代中国特色社会主义思想，才能把巩固马克思主义在意识形态领域特别是学校意识形态领域指导地位的国家意志真正落到实处。

思政课是推进马克思主义理论建设的关键课程。巩固马克思主义在意识形态领域的指导地位，就要大力加强马克思主义理论建设。没有科学研究的深化和科学理论的支撑，就不能在多元中突出主导，从而巩固和加强马克思主义在高校意识形态领域的指导地位。加强马克思主义理论建设，思政课起着关键的作用。"思政课的政治性、思想性、学术性、专业性是紧密联系在一起的，其学术深度广度和学术含金量不亚于任何一门哲学社会科学！"① 思政课要承担起科学传播马克思主义理论的重任，就要加强马克思主义理论建设，尤其是马克思主义理论学科体系、学术体系、教材体系、话语体系建设，深入学习、研究马克思主义理论、中国化马克思主义理论，特别是习近平新时代中国特色社会主义思想，不断健全、充实、创新、发展马克思主义理论学科体系、学术体系、教材体系和话语体系，为马克思主义理论传播提供重要的学科支撑、学理支撑和话语支撑。学校意识形态工作错综复杂，马克思主义指导地位面临多元化社会思潮的冲击和挑战。"实际工作中，在有的领域中马克思主义被边缘化、空泛化、标签化，在一些学科中'失语'、教材中'失踪'、论坛上'失声'。这种状况

---

① 习近平：《思政课是落实立德树人根本任务的关键课程》，人民出版社，2020，第25页。

必须引起我们高度重视。"① 思政课还要推进和加强马克思主义理论对其他哲学社会科学的学科体系、学术体系、教材体系、话语体系建设的指导，改变马克思主义在学校一些方面存在的"失语""失踪""失声"现象，巩固提升马克思主义在高校意识形态领域的主导地位。

思政课是提高马克思主义理论素养的关键课程。马克思主义理论揭示了自然界、人类社会和思维发展的一般规律，揭示了社会主义代替资本主义的必然规律和社会主义产生、发展的客观规律，揭示了人的自由而全面发展的规律。马克思主义又是与时俱进的科学理论，是把马克思主义的基本原理与当代中国特色社会主义具体实践及世界发展实际相结合的马克思主义，揭示了当代中国和世界发展的必然趋势。落实立德树人的根本任务，就要坚持提高思政课教师和青年学生的马克思主义理论素养。教育者要先受教育，提高了教师特别是思政课教师的马克思主义素养，才能把马克思主义的科学理论指导贯穿到教育教学全过程，夯实学生的马克思主义理论基础，培养具有深厚马克思主义理论素养的社会主义建设者和接班人，帮助学生确立正确的世界观、人生观、价值观，掌握科学的方法论，解决好世界观、人生观、价值观这个"总开关"问题，学会用马克思主义立场、观点、方法分析和解决实际问题，确立人生发展的正确方向，奠定人生成长的思想基础，促进个人的健康成长和社会的全面进步。

（二）思政课是引领哲学社会科学共同育人的关键课程

思政课要巩固马克思主义在意识形态领域的指导地位，夯实全党、全国人民和学校师生团结奋斗的共同思想基础，落实立德树人的根本任务，还要注重发挥推进和引领哲学社会科学共同育人的关键作用。

思政课是增强哲学社会科学共同育人意识的关键课程。思政课是高校思想政治教育的主渠道，思政课教师是学校思想政治教育的主力军，哲学社会科学是学校思想政治教育的重要渠道，哲学社会科学教师是学校思想政治教育的重要力量。推进学校的思政课程和课程思政协同育人，首先就要推动学校的思政课程和哲学社会科学课程协同育人。思政课作为学校思想政治教育主渠道的定位比较明确，思政课教师运用思政课传播马克思主义理论，帮助学生确立正确的世界观、人生观、价值观的思想政治教育意

---

① 《习近平谈治国理政》第2卷，外文出版社，2017，第329页。

识也不断增强。但是很多从事哲学社会科学研究和教学的教师，对于哲学社会科学的科学功能比较注重，而对于哲学社会科学的育人功能则重视不够。习近平总书记强调，"要挖掘其他课程和教学方式中蕴含的思想政治教育资源，实现全员全程全方位育人"①。要用好主渠道，拓展多渠道。"其他各门课都要守好一段渠、种好责任田，使各类课程与思想政治理论课同向同行，形成协同效应。"② 只有推进思政课程和哲学社会科学课程的协同育人，发挥思政课作为思想政治教育主渠道的示范引领作用，发挥思政课教师思想政治教育的自觉能动作用，才能不断增强哲学社会科学教师的思想政治教育意识，使其牢固确立思政课程与课程思政协同育人的自觉意识，从而形成马克思主义指导下思政课程和哲学社会科学课程协同育人的良好局面，更好地发挥我国哲学社会科学的育人功能。

思政课是发挥哲学社会科学共同育人优势的关键课程。思政课和哲学社会科学课程具有不同的育人优势。思政课是学习、研究、传播马克思主义理论的首要课程，是学校思想政治教育的主渠道。哲学社会科学课程是学习、研究、传播马克思主义理论的重要课程，是课程育人的重要渠道。思政课不仅要组织学生深入学习、领会、践行马克思主义理论、中国化马克思主义理论和习近平新时代中国特色社会主义思想，还要用思政课这一集中体现社会主义高校教育"灵魂"的课程引领学校哲学社会科学育人，发挥马克思主义对哲学社会科学的指导作用，把马克思主义贯穿于哲学社会科学教学全过程、全方位，形成共同育人的整体效应。要"坚持马克思主义在我国哲学社会科学领域的指导地位，建设具有中国特色、中国风格、中国气派的哲学社会科学"③，"自觉坚持以马克思主义为指导，自觉把中国特色社会主义理论体系贯穿研究和教学全过程，转化为清醒的理论自觉、坚定的政治信念、科学的思维方法"④。同时，各个哲学社会科学学科也必须结合自身专业，深入开发课程育人的丰富资源，融思政课元素于专业知识教育之中，发挥思政课和哲学社会科学课程育人的不同优势，形成优势互补格局，共同推进学校思想政治教育，更好地落实立德

---

① 习近平：《思政课是落实立德树人根本任务的关键课程》，人民出版社，2020，第23页。
② 《习近平谈治国理政》第2卷，外文出版社，2017，第378页。
③ 《习近平谈治国理政》第3卷，外文出版社，2020，第312页。
④ 《习近平谈治国理政》第2卷，外文出版社，2017，第329页。

树人的根本任务。

思政课是形成哲学社会科学共同育人合力的关键课程。思政课程和课程思政协同育人是形成育人合力的需要，而哲学社会科学在课程育人中具有不可替代的优势，推进思政课程与课程思政协同育人，就要充分发挥哲学社会科学育人的特殊优势和作用，推进思政课程同哲学社会科学课程的协同育人。要着力建构思政课与哲学社会科学课程共同育人的长效机制，组织思政课程教师和社会科学课程教师建立定期交流沟通、研讨培训和共同备课制度，及时发现、分析和交流在人才培养和课程教学过程中发现的学生的认识问题和思想困惑，共同探索和揭示这些问题与困惑产生的原因，研究思想困惑的化解之道。思政课程要运用马克思主义的科学理论和方法育人，把政治性与学理性、价值性与知识性、建设性和批判性结合起来，提高思政课教学的针对性和实效性，加强学生的思想政治引领。哲学社会科学课程要自觉地把马克思主义的指导贯穿到教育教学之中，结合哲学社会科学的理论研究和专业教学，深刻阐发哲学社会科学的科学性与阶级性相统一的本质，坚持和巩固马克思主义在哲学社会科学理论研究和专业教学中的指导地位，积极协同思政课程，自觉凝聚教书育人的合力，共同落实好立德树人的根本任务。

（三）思政课是夯实团结奋斗共同思想基础的关键课程

党的二十大报告指出："团结就是力量，团结才能胜利。全面建设社会主义现代化国家，必须充分发挥亿万人民的创造伟力……形成同心共圆中国梦的强大合力。"[①] 思政课在凝聚思想共识，夯实团结奋斗的共同思想基础方面发挥着关键作用。

思政课是奠定团结奋斗理论基础的关键课程。马克思认为："工人们所具备的一个成功因素就是人数众多；但是只有当群众组织起来并为知识所指导时，人数众多才能起决定胜负的作用。"[②] 只有当"哲学"成为无产阶级解放的"大脑"的时候，无产阶级才由自在阶级变为自为阶级，无产阶级运动才能成为一种"世界历史性"的运动。列宁也曾指出："历史活动的规模愈大、范围愈广，参加这种活动的人数就愈多，反过来说，我们

---

① 习近平：《高举中国特色社会主义伟大旗帜　为全面建设社会主义现代化国家而团结奋斗——在中国共产党第二十次全国代表大会上的报告》，人民出版社，2022，第70页。
② 《马克思恩格斯全集》第21卷，人民出版社，2003，第14页。

所要实行的改造愈深刻，就愈要使人们关心这种改造并采取自觉的态度，就愈要使成百万成千万的人都确信这种改造的必要性。"① 马克思主义是人们团结奋斗的共同理论基础。运用思政课传播马克思主义理论，开展广泛社会动员，激发政治觉悟，凝聚阶级共识，团结全党全国人民，推动社会变革与进步，是马克思主义政党的优良传统。毛泽东指出："不可徒然做人的聚集，感情的结合，要变为主义的结合才好。主义譬如一面旗子，旗子立起了，大家才有所指望，才知所趋赴。"② "把群众力量组织起来，这是一种方针。"③ 政治上的坚定源于理论上的清醒，实践上的力量源于思想上的凝聚。正是由于中国共产党注重在学校加强思政课建设，广泛深入地开展马克思主义理论教育，培养造就了一大批具有深厚马克思主义理论素养的骨干力量，并且把这一教育推广到全社会，提高了全社会学习、研究、践行马克思主义理论特别是当代中国马克思主义理论的风气，提高了工人阶级、劳动人民和青年知识分子的阶级共识和政治觉悟，奠定了工人阶级和劳动人民团结奋斗的共同的坚实的理论基础，才有效地凝聚了全党全国人民尤其是青年知识分子的力量，推动了中国特色社会主义事业的蓬勃发展。

思政课是认同团结奋斗基本路线的关键课程。夯实团结奋斗的共同思想基础，就要在思政课中坚持理论与实践相结合，加强关于道路自信、理论自信、制度自信、文化自信的教育，尤其是加强党的基本路线的教育。道路自信、理论自信、制度自信、文化自信，是中国自信的突出表现，而中国自信是随着改革开放40多年来进行的伟大实践和取得的伟大成就而不断增强的，改革开放40多年来的伟大实践和伟大成就又与我们探索、形成和坚定贯彻党的"一个中心、两个基本点"的基本路线是分不开的。坚持以经济建设为中心，坚持四项基本原则，坚持改革开放，是党的基本路线的主要内容。经济建设是兴国之要，四项基本原则是立国之本，改革开放是强国之路。党的基本路线是我们党的生命线，我们改革开放以来取得的一切伟大成就，都是在党的基本路线的指引下取得的，它也是我们在新时代全面建设社会主义现代化强国、取得新的更大成就的政治保障。只有结

---

① 《列宁全集》第40卷，人民出版社，2017，第142页。
② 《毛泽东年谱（一八九三—一九四九）》上卷，中央文献出版社，2013，第70页。
③ 《毛泽东选集》第3卷，人民出版社，1991，第930页。

合改革开放以来的伟大实践和中国特色社会主义理论的创新发展，结合道路自信、理论自信、制度自信、文化自信，生动活泼地开展思政课教育教学，深刻认识改革开放以来的伟大实践同"四个自信"及"四个自信"同党的基本路线之间的本质关系，才能加深青年学生对党的基本路线的认同，把青年学生的思想和行动更好地统一到党的基本路线基础之上，将青年学生紧密团结和凝聚在党的周围，坚定不移地跟党走，全面自觉和坚持不懈地贯彻党的基本路线，在新时代新征程中取得新的更大的成就。

思政课是实现团结奋斗历史使命的关键课程。奠定团结奋斗的共同思想基础，就要认同和实现新时代新的历史使命。中国特色社会主义进入新时代，意味着我国进入了新的历史方位，面临着新的历史使命。这就是，全面建设社会主义现代化国家，实现中华民族伟大复兴的中国梦。中华民族伟大复兴中国梦的本质内涵是国家富强、民族振兴和人民幸福。实现中华民族伟大复兴中国梦是近代以来中华民族最伟大的梦想，关乎国家、民族、人民的共同利益，是近代以来众多仁人志士继往开来、接力奋斗的历史伟业，是每一个以青春之我创青春之国家的有志青年共同的使命与责任。今天，我们比以往任何时候都更加接近也更有信心和能力实现中华民族的伟大复兴。思政课是加强中华民族伟大复兴中国梦教育，凝聚实现新时代新使命思想共识的关键课程。只有把立足新时代，担当新使命，实现中华民族伟大复兴中国梦教育，作为新时代思政课教学的突出内容和思想政治教育的时代课题，才能加深青年学生对实现中华民族伟大复兴中国梦的理解与认同，加深对中国梦和个人梦之间必然联系的理解与认同，把个人梦融入中国梦，凝聚团结奋斗实现新时代新使命的思想共识，"把全党全国人民士气鼓舞起来、精神振奋起来，朝着党中央确定的宏伟目标团结一心向前进"①，为实现中华民族伟大复兴中国梦提供强大精神动力和不竭力量源泉，在实现中国梦的过程中创造人生出彩机会，谱写人生美好华章。

二 思政课是铸魂育人的关键课程

思政课是塑造灵魂、塑造生命、塑造新人的关键课程，担负着铸魂育

---

① 《习近平谈治国理政》第 3 卷，外文出版社，2020，第 312 页。

人的光荣职责和历史使命。青少年阶段作为人生的"拔节孕穗期","最需要精心引导和栽培……最重要的是教给他们正确的思想,引导他们走正路"①。新时代,思政课要高举马克思主义和中国特色社会主义旗帜,坚持不懈地用习近平新时代中国特色社会主义思想教育武装青年学生,在铸魂育人上下功夫,着力坚定理想信念、发力价值引领、厚植爱国情怀。

(一) 思政课是新时代运用理想信念铸魂育人的关键课程

理想信念是精神之"钙",青年的理想信念"是一个国家发展活力的重要体现,也是一个国家核心竞争力的重要因素","没有理想信念,就会导致精神上'缺钙'"②。要培育出能够担当民族复兴大任的时代新人,让青年群体成为复兴主力,"重中之重是要以坚定的理想信念筑牢精神之基,坚定对马克思主义的信仰,对社会主义和共产主义的信念,对中国特色社会主义道路、理论、制度、文化的自信"③。在纪念五四运动100周年大会上的讲话中,习近平总书记又明确指出,"新时代中国青年要树立对马克思主义的信仰、对中国特色社会主义的信念、对中华民族伟大复兴中国梦的信心"④。思政课要在坚定理想信念上下功夫,积极引导学生树立共产主义远大理想与中国特色社会主义共同理想,增强学生的"四个自信",激励青年勇担民族复兴时代重任,为实现中华民族伟大复兴而接续奋斗。

"马克思主义是中国共产党人理想信念的灵魂。"⑤ 纵观社会主义运动史,没有马克思主义揭示的人类社会发展的客观规律和必然趋势,就没有共产党人的理想信念,就没有社会主义在全球和中国的产生和发展,马克思主义是奠定中国共产党人理想信念的理论基础。我们必须以先进的理论来武装头脑、指导实践,只有这样,才能真正站稳政治立场、践行好初心使命。思政课的基本功能是政治引导,要发挥好思政课的政治引导功能,就要做到政治性和学理性相统一,深刻揭示社会基本矛盾运动规律,揭示社会主义代替资本主义的历史必然,揭示当代中国和世界发展大势,以透彻的学理分析释解学生疑惑,以彻底的理论教育说服学生,以真理的强大

① 习近平:《思政课是落实立德树人根本任务的关键课程》,人民出版社,2020,第2页。
② 《习近平关于青少年和共青团工作论述摘编》,中央文献出版社,2017,第9、21页。
③ 《习近平谈治国理政》第3卷,外文出版社,2020,第313页。
④ 习近平:《在纪念五四运动100周年大会上的讲话》,人民出版社,2019,第7页。
⑤ 习近平:《在纪念马克思诞辰200周年大会上的讲话》,人民出版社,2018,第24页。

力量吸引学生。思政课对于坚定青年理想信念有着独特的优势，要积极发挥其理论优势，遵循教育教学规律，把马克思主义科学世界观和方法论同马克思主义中国化逻辑演进、近现代史"创业"历程、人生道路选择生动结合起来，并同其他课程紧密结合，协同发力，共同育人。切实"把理想信念建立在对科学理论的理性认同上，建立在对历史规律的正确认识上，建立在对基本国情的准确把握上"①，不仅让学生丰富学识和增长见识，更让学生增进对马克思主义历史必然性和科学真理性的认识。同时，还要创造条件结合实际引导和训练学生学懂弄通马克思主义立场、观点、方法，善于从政治上看问题，把学习、观察、思考同实践紧密结合，认识当代世界，体察中国国情，把握时代大势，探索人生意义，铸牢理想信念。只有这样，才能塑造学生理想之魂，奠定学生发展之基。

（二）思政课是新时代运用核心价值铸魂育人的关键课程

思政课，不仅要运用理想信念铸魂育人，还要运用核心价值铸魂育人。"对一个民族、一个国家来说，最持久、最深层的力量是全社会共同认可的核心价值观。"② 核心价值观承载和凝聚着一个民族、一个国家的精神追求，彰显着一个社会价值判断和选择的标准。如果一个民族、国家没有共同的核心价值观凝魂聚力，就会丧失共识，莫衷一是，人心涣散，行无依归，这个民族、国家就无法凝聚力量，取得长足进步，甚至会无立足之地，分崩离析。社会主义核心价值观既体现了社会主义的本质要求，又吸收了五千年民族历史文化的养分和世界文明有益成果，植根于社会主义现代化建设伟大实践，是当代中国和青年学子取得长足发展的重要精神动力，必须要积极培育和大力弘扬。青年作为国家的希望、民族的未来，其"价值取向决定了未来整个社会的价值取向"③，青年核心价值观教育必须摆在极端重要的位置。要抓住青年价值观形成和确立的"拔节孕穗期"，深化社会主义核心价值观的培育和践行，引导青年学生将社会主义核心价值观内化于心，外化于行，互化于境，同化于群，帮助青年扣好人生的第一粒扣子。

---

① 《习近平谈治国理政》，外文出版社，2014，第50页。
② 《习近平谈治国理政》，外文出版社，2014，第168页。
③ 《习近平谈治国理政》，外文出版社，2014，第172页。

"思政课重在塑造学生的价值观，这一点必须牢牢抓住。"① 发挥思政课价值引领功能必须从以下几个方面着手。首先，发挥思政课教学的教育性，做到知识性与价值性的统一。知识性教学要做到使青年了解社会主义核心价值观的历史由来、科学内涵和呈现状态，价值性教学则要基于本质规律，创造条件，循循善诱，促成青年学生从知识到价值、从明道到信道、从信道到行道的飞跃。思政课教学既不能忽视知识性基础仅进行空泛的价值灌输，也不能忽视价值性深度沦为没有灵魂的知识陈列，而必须通过满足学生对知识的渴望寓价值教育于知识传播之中，通过价值教育引领青年学生坚持正确的价值取向，激发学习和掌握科学文化知识的内生动力。其次，思政课教学要融会贯通社会主义核心价值观，把握价值引领的根本问题，积极引领学生在开放复杂的环境中做出正确的价值选择。"青年面临的选择很多，关键是要以正确的世界观、人生观、价值观来指导自己的选择。"② 古代中国就有对"群己权界""公私之辨"这一根本问题的深入探讨，马克思主义以辩证思维破除非此即彼的价值对立状态，把"每个人的自由发展"和"一切人的自由发展"的紧密结合和相互促进看作现实的历史的生成过程。中国梦的提出更是让历史的、现实的、未来的梦环环相扣，国家梦、民族梦、个人梦相互交织。因此，思政课教育引导青年学生贯彻落实社会主义核心价值观，必须讲清楚"大我"与"小我"的关系这一价值引领的根本问题，把"大我"和"小我"相结合作为价值引领的根本标准，引导他们正确认识和处理这一价值关系，克服错误的价值偏向，既不能"大我"背离"小我"，也不能"小我"背离"大我"，使青年"坚持'小我'与'大我'相结合，自觉将个体的'小我'融入国家、人民的'大我'中，积极推进个体价值与社会价值、个人利益与集体利益、个人理想与共同理想的相互融合与共同实现"③。最后，思政课必须要找准定位，创造条件，把思政小课堂同社会大课堂、实践大课堂衔接起来，引领广大青年"把正确的道德认知、自觉的道德养成、积极的道德实

---

① 习近平：《思政课是落实立德树人根本任务的关键课程》，人民出版社，2020，第 18 页。
② 《习近平谈治国理政》，外文出版社，2014，第 54 页。
③ 骆郁廷：《"小我"与"大我"：价值引领的根本问题》，《马克思主义研究》2019 年第 12 期。

践紧密结合起来"①，在社会实践中提高价值判断能力、价值选择能力和价值践行能力，以久久之功育绵绵不绝之人才，以社会之熔炉锻造人生价值之灵魂。

（三）思政课是新时代运用爱国主义精神育人的关键课程

爱国主义"是中国人民和中华民族维护民族独立和民族尊严的强大精神动力"②。积极用新时代爱国主义精神培育社会主义建设者和接班人，培育能够承担民族复兴大任的时代新人，是关涉"培养什么人""怎样培养人""为谁培养人"的根本问题，也是新时代党和国家赋予思政课的一项极端重要的任务。思政课"让爱国主义精神在学生心中牢牢扎根，时刻不忘自己是中国人。我多次强调，只有坚持爱国和爱党爱社会主义相统一，爱国主义才是鲜活的、真实的，这是当代中国爱国主义精神最重要的体现。要教育引导学生热爱和拥护中国共产党，立志听党话、跟党走，立志扎根人民、奉献国家"③。做人最大的事情"就是要知道怎么样爱国，怎么样可以管国事"④。思政课可从以下方面推进爱国主义精神教育。

首先，思政课要讲清楚当代爱国主义的本质内涵。爱国主义是民族精神的核心，在当今时代，其又具有了新的时代特点和本质规定。"爱国主义的本质就是坚持爱国和爱党、爱社会主义高度统一"⑤，不存在不爱社会主义的爱国主义，也不存在不爱党的爱国主义，祖国、中国共产党和社会主义紧密联系在一起，统一于党领导人民开展的中国特色社会主义伟大实践。其次，思政课要讲清楚当代爱国主义的时代主题，使青年把握新的历史使命和前进方向。实现"两个一百年"奋斗目标、实现中华民族伟大复兴的中国梦是当代中国最鲜明的时代主题，也是新时代中国青年运动的主题、方向、使命。青年们要树立与这个时代主题同心同德、同向同行的理想信念，勇于接过这个时代赋予的历史责任，与国家和民族同奋进。最后，思政课还要讲清楚爱国主义与青年成长的关系，即热爱祖国是青年的

① 《习近平谈治国理政》，外文出版社，2014，第 52 页。
② 习近平：《在纪念五四运动 100 周年大会上的讲话》，人民出版社，2019，第 3 页。
③ 《十九大以来重要文献选编》（上），中央文献出版社，2019，第 649 页。
④ 《孙中山选集》下卷，人民出版社，2011，第 923 页。
⑤ 习近平：《在纪念五四运动 100 周年大会上的讲话》，人民出版社，2019，第 7 页。

"立身之本、成才之基"，从而鼓励和引导青年树立正确的爱国主义价值观，把爱国情、强国志、报国行融入全面建设社会主义现代化国家的奋斗之中。"每一代青年都有自己的际遇和机缘，都要在自己所处的时代条件下谋划人生、创造历史。"① "抽象的个别性是脱离定在的自由，而不是在定在中的自由。它不能在定在之光中发亮"②，青年只有在伟大实践中才能得到历练和锻炼，从而形成现实的正确的自我意识。思政课要教育青年"把自己的理想同祖国的前途、把自己的人生同民族的命运紧密联系在一起，扎根人民，奉献国家"③。"只有把自己的小我融入祖国的大我、人民的大我之中，与时代同步伐、与人民共命运，才能更好实现人生价值、升华人生境界。""离开了祖国需要、人民利益，任何孤芳自赏都会陷入越走越窄的狭小天地。"④ 因此，新时代的青年要把"小我"和"大我"紧紧结合起来，把爱国与奋斗结合起来，通过自身的不懈奋斗，为全面建设社会主义现代化国家做出新的贡献。

三 思政课是反渗防变的关键课程

学校是意识形态工作的前沿阵地，反渗防变是思政课发挥立德树人关键课程作用的重要维度。反渗，即反西方意识形态渗透；防变，即防范"颜色革命"与和平演变。学校意识形态建设要注重反渗防变，守土有责，守土尽责。思政课要发挥建设性和批判性的双重功能，在坚持建设为主的同时，加强对西方意识形态和价值观念的分析与批判，防范西方意识形态和价值的渗透，坚决抵御"颜色革命"。

（一）思政课是新时代抵御西方价值观念渗透的关键课程

新时代，中国社会包括学校意识形态领域没有硝烟的战争复杂而激烈。"学校是意识形态工作的前沿阵地，可不是一个象牙之塔，也不是一个桃花源。"⑤ 各种社会思潮，如新自由主义、民主社会主义、文化保守主义、历史虚无主义、普世价值，以及拜金主义、享乐主义、极端利己主义

---

① 《习近平谈治国理政》，外文出版社，2014，第167页。
② 《马克思恩格斯全集》第1卷，人民出版社，1995，第50页。
③ 习近平：《在北京大学师生座谈会上的讲话》，人民出版社，2018，第12页。
④ 习近平：《在纪念五四运动100周年大会上的讲话》，人民出版社，2019，第7页。
⑤ 习近平：《思政课是落实立德树人根本任务的关键课程》，人民出版社，2020，第6页。

等，不仅不同程度地充斥着社会和学校意识形态领域，而且企图以多样化的社会思潮来矮化、否定、冲击和取代马克思主义在我国意识形态领域的指导地位，马克思主义指导思想面临着多样化思潮的严峻挑战。"思想宣传阵地，社会主义思想不去占领，资本主义思想就必然会去占领。"[①] 一个国家和政权的瓦解经常发端于意识形态领域，意识形态防线若被攻破，核心价值就会瓦解与沦丧，从而导致国家凝聚力丧失、精神支柱崩塌，威胁国家的文化安全、意识形态安全和政治安全。

面对西方意识形态和价值观念的渗透，思政课必须积极应对，激浊扬清，筑牢社会主义意识形态阵地，抓好学校青少年学生这一关键群体的思想政治教育工作。

首先，思政课要发挥其价值引领功能，用马克思主义理论，尤其是习近平新时代中国特色社会主义思想铸魂育人，积极培育和践行社会主义核心价值观，坚定青年群体文化自信特别是价值自信，夯实党和人民共同奋斗的思想基础，为不断加强社会主义主流意识形态建设，增强凝聚力、吸引力和引领力做出贡献。打铁还需自身硬，要想在西方价值观念渗透的八面来风中坚如磐石，思政课必须打造坚实的意识形态防线和坚强的意识形态工作队伍。其次，思政课要充分彰显其批判功能，坚持真理，批驳谬误。"同错误思想作斗争，好比种牛痘，经过了牛痘疫苗的作用，人身上就增强免疫力。在温室里培养出来的东西，不会有强大的生命力。"[②] 思政课要理论联系实际，结合历史经验和抗击疫情实践，加强国际比较，引导学生运用马克思主义立场、观点、方法揭露和批判西方价值观念的虚幻性、内逆性和双标性，剖析其错误观点的唯心根源、阶级立场和政治意图，从而明辨大是大非，批判抵御错误思潮，不断增强政治敏锐性和政治免疫力。

（二）思政课是新时代争夺青年争夺人心的关键课程

青年是民族的未来，人心是最大的政治。中国特色社会主义进入新时代，不仅面临着近代以来实现中华民族伟大复兴的最好机遇，同时也遭遇着世界百年未有之大变局的严峻考验，需要保持战略定力，深入开展具有

---

① 《十三大以来重要文献选编》下，人民出版社，1993，第 1646 页。
② 《毛泽东文集》第 7 卷，人民出版社，1999，第 232 页。

许多新的历史特点的伟大斗争。而争夺青年、争夺人心则是具有新的历史特点的伟大斗争的一项重大战略任务。正如习近平总书记所言："把青年一代培养造就成德智体美劳全面发展的社会主义建设者和接班人，是事关党和国家前途命运的重大战略任务，是全党的共同政治责任。"①

新时代，培养社会主义建设者和接班人面临着敌对势力日益激烈的争夺和挑战。人心向背决定着国家政权的安危，青年学生的政治方向和价值取向影响着未来社会整体的政治方向和价值取向，青年学生的人心所向决定着国家的发展方向和前途命运。由于青年正处在"拔节孕穗"的关键期，尚未形成稳定的世界观、人生观和价值观，容易被西方意识形态和价值观念所困扰和迷惑。因此，必须充分认识思政课在反渗防变中不可替代的关键作用，把思政课"放在世界百年未有之大变局、党和国家事业发展全局中来看待，要从坚持和发展中国特色社会主义、建设社会主义现代化强国、实现中华民族伟大复兴的高度来对待"②。首先，思政课要讲清楚马克思主义立场、观点、方法，讲清楚人类社会发展的历史大势，用科学的世界观和方法论指导青年为实现理想而坚持正确的政治方向，坚定理想信念奠定坚实的基础，引导他们牢固树立共产主义的远大理想和中国特色社会主义的共同理想。其次，思政课应加强国际比较，引导青年学生在国际比较中认清中国共产党的初心使命和中国特色社会主义的伟大成就，认清社会主义制度和资本主义制度的本质区别，认清社会主义制度相对于资本主义制度不可比拟的优势，进一步加深青年学生对马克思主义，对中国共产党，对中国特色社会主义道路、理论、制度、文化的认同，进一步增强道路自信、理论自信、制度自信和文化自信，坚定中国特色社会主义信念，拥护中国共产党的领导和我国社会主义制度，在全面建设社会主义现代化国家的实践中强信心、筑同心。最后，思政课还要引导青年坚持走与实践、与人民群众相结合的成长道路，积极投身改革开放和社会主义现代化建设的伟大实践中，在实践中受教育、长才干、做贡献，为实现中华民族的伟大复兴而不懈奋斗。

---

① 习近平：《在纪念五四运动 100 周年大会上的讲话》，人民出版社，2019，第 12 页。
② 习近平：《思政课是落实立德树人根本任务的关键课程》，人民出版社，2020，第 5 页。

第三节　新时代学校思政课高质量
发展的重要部署①

　　为全面贯彻党的教育方针，深入落实中共中央办公厅、国务院办公厅《关于深化新时代学校思想政治理论课改革创新的若干意见》（2019 年 8 月）精神，充分发挥思政课在学校立德树人中的关键课程作用，循序渐进、螺旋上升地开设好大中小学思政课，中共中央宣传部、教育部 2020 年 12 月 18 日印发了《新时代学校思想政治理论课改革创新实施方案》（以下简称《实施方案》），对推动新时代学校思政课高质量发展作出了重要部署。《实施方案》的出台，充分体现了学校思政课建设始终坚持在改进中加强、在创新中提高的基本要求，积极贯彻了系统深入推进习近平新时代中国特色社会主义思想进教材、进课堂、进学生头脑的基本精神，标志着学校思政课建设进入了新阶段。与以往高校思政课建设方案相比，新方案最鲜明的特征就是突出大中小学思政课一体化建设，统筹推进不同学段课程目标、课程设置、课程内容等方面的有序衔接和依次递进。系统把握《实施方案》的基本精神、特点和要求，是当前全面深化学校思政课改革创新的重要前提和依据。

一　深刻把握《实施方案》的基本精神

　　改革开放以来，党和国家根据不同时期经济社会发展新状况、意识形态建设新要求、思想理论领域新样态、教育对象发展新特征，先后出台了高校思政课建设"85 方案""98 方案""05 方案"以及新《实施方案》，而贯穿其中的主线就是用党的创新理论不断武装学生头脑。《实施方案》制定和实施的要旨，就是坚持思政课建设与党的创新理论武装同步进行，深入推动习近平新时代中国特色社会主义思想进教材、进课堂、进学生头脑，用党的最新理论成果铸魂育人。

---

　　①　本节部分内容选编自孟宪生《新时代高校思想政治理论误高质量发展的重要部署——〈新时代学校思想政治理论课改革创新实施方案〉解读》，《思想理论教育》2021 年第 6 期。

1. 新时代学校思政课改革创新的基本要求

新时代学校思政课建设面临新形势、新任务、新机遇、新挑战，《实施方案》明确了新时代学校思政课改革创新的基本要求，具体包括以下五个方面。

一是把握新时代。坚持用习近平新时代中国特色社会主义思想铸魂育人，加强"四个自信"教育，将学习贯彻习近平新时代中国特色社会主义思想体现在大中小学各学段的课程目标、课程设置和课程教材内容中，实现全覆盖、贯穿全过程。

二是推进一体化。建立纵向各学段层层递进、横向各课程密切配合、必修课选修课相互协调的课程教材体系，实现课程目标、课程设置、课程教材内容的有效贯通。

三是突出创新性。完善课程教材建设机制，优化教材内容，创新教学方法，推动思政课在改进中加强、在创新中提高。

四是增强针对性。遵循思想政治工作规律、教书育人规律、学生成长规律，编写适用不同类型高校的教材，进一步增强思政课的思想性、理论性和亲和力、针对性。

五是注重统筹性。总体推进，分类指导，分步实施，积极稳妥地做好各项工作。

2. 系统推进习近平新时代中国特色社会主义思想进教材

系统推进习近平新时代中国特色社会主义思想进教材是新时代学校思政课改革创新的基础性环节。思政课教材建设对明确国家意识形态立场，反映学校培养目标，彰显中国共产党治国理政的历史逻辑、理论逻辑和现实逻辑，坚定马克思主义信仰等具有重要的指向意义。基于此，《实施方案》对推进习近平新时代中国特色社会主义思想进教材进行了系统部署。

在教材内容方面，《实施方案》提出要"根据学生成长规律，结合不同年龄段学生认知特点，构建大中小学一体化思政课课程体系"，在厘清小学、初中、高中、本科、硕士、博士思政课教材间的层次性和逻辑关系的基础上，科学制订教材建设规划，及时将马克思主义中国化时代化最新成果、坚持和发展中国特色社会主义最新经验、马克思主义理论学科最新进展融入教材，把握小学、初中、高中、大学、研究生教育等不同学段教材的主要侧重点和基本内容，构建涵盖小学生、中学生、本科生、硕士生、博士生的系列教材体系，系统推进习近平新时代中国特色社会主义思想的融入。

在教材编写方面，《实施方案》提出要完善教材编审制度，规定"依据小学、初中、高中阶段思政课课程标准，教材实行'一标一本'，由教育部负责组织编写。大学阶段必修课教材实行'一纲一本'。由中央宣传部会同教育部组织编写本科、高等职业学校专科、研究生必修课教材"。高校思政课要在厘清"毛泽东思想和中国特色社会主义理论体系概论"课（以下简称"概论"课）与"马克思主义基本原理"课（以下简称"原理"课）、"中国近现代史纲要"课（以下简称"纲要"课）、"思想道德与法治"课（以下简称"德法"课）关系的基础上，形成以"概论"课为主，"原理"课、"纲要"课、"德法"课等多门课程相互渗透的习近平新时代中国特色社会主义思想融入体系，坚持集中教育与分散渗透、显性呈现与隐性融入相结合的思路，尊重不同课程认同机制的差异性，形成以理念、认知、活动认同机制为主导的说理立信式、讲史明事式、体悟力行式的进教材路径。在此基础上，通过编写"习近平新时代中国特色社会主义思想概论"课教材和规范"形势与政策"课教学资料编写使用，形成以习近平新时代中国特色社会主义思想为主题的高校思政课教材建设体系。

3. 全面推进习近平新时代中国特色社会主义思想进课堂

全面推进习近平新时代中国特色社会主义思想进课堂是新时代学校思政课改革创新的关键环节，直接关系着学校意识形态安全的巩固、立德树人根本任务的落实。《实施方案》对推进习近平新时代中国特色社会主义思想进课堂进行了全面规划。

一是加强师资队伍建设。教师在课程教学中发挥着主导作用，其整体素质与水平直接决定思政课教学目标的实现程度，关系到用习近平新时代中国特色社会主义思想铸魂育人能否取得显著成效。《实施方案》提出要"培训好教师"，着力培育马克思主义理论学科后备力量，推动思政课教师整体内涵式发展，形成以学科建设、科研工作服务于教学实践的高质量思政课教师队伍。同时，针对教材重点和难点问题组织培训、讨论和集体备课，为新形势下推进习近平新时代中国特色社会主义思想进课堂提供队伍保障。

二是尊重学生主体需求。《实施方案》在把握新时代大学生思维特征的基础上，充分考虑大学生对习近平新时代中国特色社会主义思想的现实需求与期待，明确提出"中等职业学校（含技工学校）课程要体现职业教育特色""本科及高等职业学校专科课程重在加强理论教育和学习，高等职业学校课程还要体现职业教育特色。研究生课程重在探究式教育和学习"，对习近平新时代中国特色社会主义思想进不同学段课堂的侧重点和方式提出了基本要求。

三是提升课程内容质量。习近平新时代中国特色社会主义思想进课堂是实现教材体系向教学体系转化的根本环节。《实施方案》将推进习近平新时代中国特色社会主义思想融入课程作为课程体系建设的重点，通过"第一课堂"和"第二课堂"的有机结合，要求把课堂理论教育融入社会实践、志愿服务、实习实训等教育活动，巩固和深化进课堂的效果。

4. 扎实推进习近平新时代中国特色社会主义思想进学生头脑

扎实推进习近平新时代中国特色社会主义思想进学生头脑是新时代高校思政课改革创新的根本政治方向。《实施方案》通过对学校思政课课程目标体系、课程体系、课程内容、教材体系建设等方面的规划，使学生对马克思主义中国化时代化最新理论成果真学真懂真信真用、入耳入脑入心，最终将习近平新时代中国特色社会主义思想内化于心、外化于行。

一方面，健全习近平新时代中国特色社会主义思想多维度进学生头脑教育体系。《实施方案》对习近平新时代中国特色社会主义思想进学生头脑的认知目标、情感目标和实践目标进行系统规划，着力构建知识教育体系、认同教育体系和实践教育体系，实现习近平新时代中国特色社会主义思想从理论体系向教材体系、教学体系、知识体系、价值体系的有效转化。通过课堂教学的讲授，使学生系统掌握理论知识，又通过规范实践教学，把理论学习融入社会实践，促进教育对象从理论认知向情感认同、价值认同和信仰认同转变，引导学生树立坚定的理想信念，成为能够担当民族复兴大任的时代新人。

另一方面，实施习近平新时代中国特色社会主义思想多层次进学生头脑推进策略。为实现学生知、情、意、信、行的有机统一，《实施方案》规划和部署了习近平新时代中国特色社会主义思想多层次进学生头脑的推进策略。具体来说，一是满足学生需求。通过建立纵向各学段层层递进、横向各课程密切结合、必修课与选修课相互协调的课程体系，适应各学段学生不同的认知需要、情感需要和发展需要,实现习近平新时代中国特色社会主义思想入脑入心。二是激发学生兴趣。通过创新思政课教学方法,使理论由抽象变为生动、教材由有形变为无形,激发学生学习兴趣。三是增强课程实效。根据不同类型学校和不同层次培养要求,结合学生思想实际、专业实际、就业实际,明确具体教学内容,达到讲学生之所想、答学生之所疑、解学生之所难的实际效果。

二 《实施方案》的特点与创新

《实施方案》作为新阶段学校思政课改革的重要部署,始终把高质量发展这一主题体现在课程建设的各个要素、各个环节和各个方面,在延续和继承过去方案优点的基础上,从课程目标、课程设置、内容布局以及教材体系和教学要求等方面作出了重大改进,体现出许多新的特点与创新,充分体现了思政课改革"因事而化、因时而进、因势而新"的推进理路。

1. 课程目标规定突出一体化和层次性

习近平总书记在学校思想政治理论课教师座谈会上指出:"在大中小学循序渐进、螺旋上升地开设思想政治理论课非常必要,是培养一代又一代社会主义建设者和接班人的重要保障。"① 为深入贯彻这一重要精神,2020 年 12 月,教育部办公厅印发了《关于成立教育部大中小学思政课一体化建设指导委员会的通知》,旨在统筹学校思政课一体化建设中的各项工作。在以往思政课建设过程中,小学、初中、高中、大学各学段都在课程目标方面作出了具体安排,如要实现的情感态度目标、知识能力目标、基本素养目标等由负责各学段的相关部门进行规划,虽然在一定程度上强化了学段差异,但却忽视了全程培育以及学段间的有序衔接。《实施方案》在 "85 方案" 和 "98 方案" 提出各学段思政课建设的基本要求,强调要注重课程衔接和结构合理的基础上,进一步加强了课程目标的整体性设计。《实施方案》强调大中小学在培养德智体美劳全面发展的时代新人这一根本目标方面具有明显的层次性和衔接性,因而在课程目标体系的设计上要突出一体化,对小学、初中、高中和大学各学段思政课所要实现的目标和依托的重点作出了明确规定,有针对性地破解了过去大中小学在课程

---

① 《习近平谈治国理政》第 3 卷,外文出版社,2020,第 329 页。

目标设计方面缺乏沟通、各自为政的局面。

习近平总书记强调："人的成长、成熟、成才不是一蹴而就的，而是一个渐进的过程，就跟人的生理发育一样，所以要把这几个阶段都铺陈好。"① 2014 年，教育部颁布的《关于全面深化课程改革落实立德树人根本任务的意见》明确指出了大中小学课程目标有机衔接不够的问题。学校思政课课程目标重在让青少年学生坚定理想信念，增强"四个自信"，强化使命担当，这需要从娃娃抓起。基于此，《实施方案》着眼于当前学校思政课建设实际，坚持问题导向和目标导向相结合，强调要将学习贯彻习近平新时代中国特色社会主义思想体现在大中小学各学段的课程目标中，按照循序渐进、螺旋上升的原则，对政治认同、家国情怀、道德修养、法治意识、文化修养等方面要达到的目标进行了一体化设计，在突出整体性和衔接性的同时也兼顾了差异性和层次性，遵循了学生成长成才规律，是落实大中小学思政课一体化建设这一工程的重要体现。

2. 课程体系设置注重历史性和全面性

新中国成立以来，我们党高度重视学校思政课建设，思政课课程设置经历了多次调整，尤其是改革开放以来在不断改进中逐步趋于稳定，为促进学校思政课高质量发展提供了重要保障。习近平总书记指出："课程设置要相对稳定，坚持大中小学纵向主线贯穿、循序渐进，各类课程横向结构合理、功能互补的原则。"②《实施方案》充分吸收了以往课程方案在课程设置方面的优势，既保持了课程体系的相对稳定性，又结合时代发展要求增设了新的内容。《实施方案》在课程设置中对小学、初中、高中、大学阶段的课程设置作了全面安排，并规定了各学段要达到的学时学分，从而对大中小学的课程设置作出了系统规划，对各学段的内在关系作了明确阐释。《实施方案》对本科、硕士研究生和博士研究生阶段必修课的部分课程名称作了调整，并且要求全国重点马克思主义学院率先全面开设"习近平新时代中国特色社会主义思想概论"课，明确了课程建设的主线是了解学习、理解把握习近平新时代中国特色社会主义思想，这充分体现了课程设置的基本导向，具有鲜明的时代性。《实施方案》对"纲要"课

---

① 习近平：《思政课是落实立德树人根本任务的关键课程》，人民出版社，2020，第 6 页。
② 习近平：《思政课是落实立德树人根本任务的关键课程》，人民出版社，2020，第 27 页。

的学分设置由原来的"2 学分"增加为"3 学分",要求围绕马克思主义经典著作,党史、新中国史、改革开放史、社会主义发展史,中华优秀传统文化、革命文化、社会主义先进文化,宪法法律等开设选修课,并且要确保学生从"四史"中选修一门课程,这继承了"85 方案"注重社会发展史教育和"95 方案"强调理论发展史教育的传统,又更加突出"四史"学习的重要性,这有利于学生在历史的学习中深刻领悟党的思想理论的重要指导作用。

3. 课程内容布局彰显丰富性和系统性

《实施方案》在课程内容的布局上既要求保持原有基本格局,又突出强调推进习近平新时代中国特色社会主义思想的融入,注重课程内容结构合理、功能互补。《实施方案》在课程内容方面最鲜明的特征就是对小学、初中、高中阶段课程要讲授的重点作了系统性规定,并且有效区分了各学段学生的成长特点,以学生的生活、体验、认知为基础,循序渐进对课程内容进行深化和拓展,旨在实现学段纵向衔接、内容逐次推进。从小学、初中和高中的课程内容来看,《实施方案》在小学和初中课程内容设计上,注重围绕学生与自我、社会、自然关系这三条线索展开讲授,并教会学生在生活和体验中,把握当代中国从站起来、富起来到强起来的奋斗历程,认识社会规则、社会责任、宪法和法律、国家利益等内容。在高中阶段则以讲授中国特色社会主义的开创与发展为主题,突出了习近平新时代中国特色社会主义思想的丰富内涵、思想精髓和理论意义,引导学生把握中国道路、理论、制度和文化等内容,中小学课程内容设计的系统性和渐进性在避免内容重复、强化课程体系衔接的同时,也为推动高校思政课高质量发展筑牢了基础。

从高校思政课课程内容的布局看则更加注重丰富性。例如,"原理"课在"05 方案"中注重讲授马克思主义的世界观和方法论,注重让学生理解马克思主义是什么,认识人类社会发展规律,《实施方案》则在此基础上注重让学生提升运用马克思主义基本原理分析世界的能力,并且特别强调要增强对中国特色社会主义发展规律的认识,这意味着《实施方案》不仅要求对马克思主义真学、真懂,而且还要做到真信、真用;"概论"课不仅注重对马克思主义中国化时代化理论成果"是什么"的讲授,而且更重要的是要引导学生深刻理解"为什么"的问题;"纲要"课则从强调讲授争取民族独立、人民解放的历史，帮助学生领会历史和人民为什么选择了马克思主义、选择了中国共产党、选择了社会主义、选择了改革开放，在此基础上还要注重讲授国家富强、人民幸福的历史以及为什么选择了中国特色社会主义，更加强调要树立"大历史观"、增强历史自信；"德法"课则由原来的注重道德教育和法制教育拓展到对马克思主义的人生观、价值观、道德观、法治观的教育，并注重对学生的职业道德教育；"形势与政策"课则从强调讲述党的基本理论、路线、方针以及在世界重大事件中我国立场态度的基础出发，注重讲授新时代坚持和发展中国特色社会主义的生动实践，引导学生形成"四个正确认识"。

4. 教材体系建设强化生动性和针对性

编写、审核和选用高质量教材是新时代学校思政课改革创新的重要着力点。教材的事情不是小事情，而是关乎青少年精神塑造、关乎培养什么人的大问题。《实施方案》把思政课教材体系建设单独作为一部分进行部署，在教材的编审、研究以及突出立体化和一体化等方面作了明确要求。在教材的性质方面，更加强调权威性和生动性的结合。2005 年，《中共中央宣传部、教育部关于进一步加强和改进高等学校思想政治理论课的意见》指出："保证教材的科学性、权威性、严肃性。"针对当前学校思政课"教材内容还不够鲜活，针对性、可读性、实效性有待加强"等问题，《实施方案》强调要"重视和加强思政课课程教材建设的基础理论、基本概念、基本规律、重大问题研究。持续开展课程教材一体化研究，每门思政课教材内容、不同学段及同一学段各门思政课教材内容的相互关系研究，教材文献资料、学术话语、表述方式、呈现形式研究，以及思政课课程与教材、教学评价之间的互动研究等"，把思政课教材的科学性、权威性与生动性、针对性有机结合起来，通过教材体系的改革提高思政课教学的质量。

在教材的编写、审核和选用方面，则强调针对性和立体化。2016 年10 月，中共中央办公厅、国务院办公厅颁布了《关于加强和改进新形势下大中小学教材建设的意见》，首次对大中小学建材建设作了全面部署。为全面贯彻落实这一部署，进一步强化国家事权，教育部相继印发了《全国大中小学教材建设规划（2019—2022 年）》《中小学教材管理办法》《职业院校教材管理办法》《普通高等学校教材管理办法》《学校选用境外教材管理办法》等文件，而且适时组织编写了以习近平新时代中国特色社会主义思想为主题的系列教材，这不仅从总体上指明了大中小学教材贯彻习近平新时代中国特色社会主义思想的实施要求，而且具体明确了中小学、职业学校以及普通高校的教材建设标准，具有较强的针对性。为保证党和国家关于教材建设部署的有效落实，《实施方案》明确要求国家教材委员会指导和统筹大中小学教材课程标准、教学大纲和教材的统编统审统用，并提出建立健全一体化教材编审专家库和检测反馈机制，这为巩固马克思主义在意识形态领域的指导地位，增强学校哲学社会科学理论研究和教育教学水平，推动习近平新时代中国特色社会主义思想进教材、进课堂、进学生头脑提供了重要保障。

三　贯彻落实《实施方案》的关键环节

贯彻落实《实施方案》，关键要从顶层统筹、理念引领、体系整合、队伍支撑等维度瞄准新时代学校思政课改革创新的着力点，持续推动马克思主义理论教育高质量发展。

1. 强化思政课改革创新的规划指导和全面保障

贯彻落实《实施方案》是一项复杂的系统工程，党委承担着主体责任，要强化政治领导、做好规划指导、落实全面保障工作。一是将党的政治领导落实在对思政课改革创新发展方向的把控上。提升政治站位，要把思政课改革创新放在世界百年未有之大变局和中华民族伟大复兴战略全局中，深刻认识思政课改革创新的重要性与迫切性；坚定政治立场，要始终坚持为人民服务、为中国共产党治国理政服务、为巩固和发展中国特色社会主义制度服务、为改革开放和社会主义现代化建设服务的政治方向；坚守政治目标，要切实发挥思政课在立德树人中的不可替代作用，不断巩固为党育人、为国育才的关键课程地位。二是将党和国家的规划指导体现在对思政课改革创新实施细节的把握上。坚持总体推进，遵循铸魂育人、一体化体系建设、创新引领的总体思路，推动新时代思政课改革创新的整体落实；坚持分类指导，要根据思政课改革创新目标体系、课程体系、教材体系等各个环节的具体目标与要求进行分类指导与规划；坚持分步实施，要切实根据《实施方案》的总体要求，结合实际，规划具体路径，有步骤、分阶段推进思政课改革创新。三是将党的全面保障体现在对思政课改革创新所需人力、物力、财力的支持保障上。各级党委、各地各级教育部门和学校要出台相关政策，为思政课改革创新提供有力的组织保障。

2. 树立和坚持大思政工作理念

以什么样的理念落实《实施方案》，决定着思政课改革创新的根本方向、主要原则与重要方法，也深刻影响着立德树人目标和任务的实现程度。马克思主义理论教育环境的复杂性和任务目标的艰巨性，决定了推进新时代学校思政课高质量发展必须秉持大思政工作理念。

一是推进课程思政和思政课程同向同行。用习近平新时代中国特色社会主义思想铸魂育人，靠思政课在学生成长和学校教育的时空格局中孤军奋战是远远不够的。习近平总书记指出："其他各门课都要守好一段渠、种好责任田，使各类课程与思想政治理论课同向同行，形成协同效应。"①立德树人目标的同向性、功能的耦合性和内容的契合性决定了课程思政和思政课程二者之间同向同行的关系。要充分发挥思政课程对课程思政的示范性与引领性作用，同时要充分彰显课程思政对思政课程的拓展性功能，深度挖掘各学科门类专业课程蕴含的思想政治教育资源，解决好各类课程与思政课相互配合的问题，构筑成熟稳定、志同道合的"思想政治教育共同体"，拓宽新时代学校思政课改革创新的视野与渠道。

二是巩固主渠道和主阵地协同育人格局。学校思政课是学生思想政治教育的主渠道，日常思想政治教育是学生思想政治教育的主阵地。新时代学校思政课改革创新要始终坚持主渠道与主阵地同频共振，形成协同育人的良好格局。深入推动主渠道与主阵地价值旨归相通、教育方式互鉴和教育内容贯通。日常思想政治教育要充分借助思政课理论性强的特点，以理论为指引和基础，积极开辟实践教学阵地，同时顺应信息化趋势，积极打造"互联网+"思想政治教育阵地。思想政治理论教育要充分利用日常思想政治教育实践性强的特点，以实践成果丰富理论内涵，促进理论教育内容贯穿于实践教育全过程，引导学生把理论学习与社会实践结合起来。

三是促进必修课程和选修课程相互协调。坚持主导性理念，建立严格的管理体制与考核机制，确保学生扎实完成必修课程，奠定坚实学理基础。坚持主体性理念，围绕学生的兴趣点、疑点、难点，结合时代热点，

---

① 《习近平谈治国理政》第 2 卷，外文出版社，2020，第 378 页。

系统部署满足学生成长成才个性化需求、顺应时代发展趋势的选修课程，吸引学生积极主动学习课程，提升政治素养。在重视必修课程对选修课程的引领与基础作用的同时，也要科学把握选修课程对必修课程的辐射与深化作用，推动必修课程与选修课程协调发展，进一步丰富课程体系。

3. 加强专题教学体系建设

贯彻落实《实施方案》，推动新时代学校思政课改革创新，要在遵循教材体系指导和课程体系引领下解决好向学生"讲什么"和"怎么讲"的问题。实践表明，专题教学体系是实现教材体系转化为教学体系、教学体系转化为学生知识和信仰体系的有效方式，能够切实解决思政课内容多与课时少、教材内容与学生学习兴趣之间存在矛盾等问题。专题教学体系建设要遵循课程与教材建设的指导思想，围绕核心问题与学生诉求，以教材内容为基本遵循，按照一体化教学的思路整合、归纳、分析与讲授相关内容，形成逻辑清晰、层次分明、覆盖全课程体系的一体化专题教学体系。

从大中小学思政课一体化建设维度来看，要遵循循序渐进、螺旋上升的总体要求，坚持整体设计、循序渐进、逐步深化的基本方针，组织大中小学思政课教师进行专题研修，通过对不同学段教材文献资料、学术话语、表述方式、呈现形式的深入研究，以预设的专题设计为基本依据，结合已有内容和各学段学生认知特点进行内容分配与整合，科学处理重复内容，构建逐级递进的一体化专题教学体系。

从高校本科学段思政课一体化建设维度来看，一要构建以思政课总目标为轴线的一体化教学专题群。要紧紧围绕以习近平新时代中国特色社会主义思想铸魂育人的总目标与总要求这一轴线，明确本科五门思政课的整体定位，吃透教材，遵循思想政治工作规律、教书育人规律、学生成长规律，从理论与实践、历史与现实、国内与国外、个人与社会等不同维度全面展开，构建一体化教学专题群。二要紧扣课程特性建立一体化专题教学模块。在一体化教学专题群建立之后，要依据课程特性，确定单一课程与整体课程之间的关系，从而确立不同课程教学专题与一体化教学专题群的逻辑支撑关系，围绕不同课程主题确立不同专题模块的层次和内容。比如，以塑造学生的马克思主义理论信仰为主题确立"原理"课教学专题的层次和内容，以坚定学生对中国特色社会主义道路认同为主题确立"概论"课教学专题的层次和内容，以引导学生对中国特色社会主义历史进程和历史规律的认知为主题确立"纲要"课教学专题的层次和内容，以筑牢学生正确的人生观、价值观、生活观为主题确立"德法"课教学专题的层次和内容，以深化学生对世界和中国发展大势、中国特色和国际比较、时代责任和历史使命、远大抱负和脚踏实地的认知为主题确立"形势与政策"课教学专题的层次和内容。三要根据专题教学体系设计教学方法。专题教学体系的建立解决了"讲什么"的问题，"怎么讲"的问题还需要通过教学方法的设计来呈现。要从课上与课下衔接、线上与线下结合、理论提升与实践创新联动的维度，深化对一体化专题教学方法的认识与探索。通过对具体问题的深度解读与解决，形成以点带面的"集成式""一体化"的专题教学方法。

4. 全面加强教师职业素养建设

职业素养是职业发展的持久内在动力，是从业者职业品质的综合反映，是衡量社会文明的重要尺度。对于思政课教师而言，职业素养的高低直接决定着其专业水平和思政课教学目标的实现程度，同时也影响着思政课改革创新的实践进展。加强思政课教师职业素养建设，要深刻把握教师职业一般属性和思政课教师特殊属性的关系。一要提升政治素养。思政课教师要具备更为坚定的政治立场、政治信仰与政治理想。要在深刻认识思政课教师职业特质、坚决抵制错误思潮中提升政治方向素养，在深刻领会民族精神和时代精神中提升精神素养，在深刻认识我们为什么选择了马克思主义、为什么选择了中国共产党、为什么选择了社会主义、为什么选择了改革开放等历史与现实问题中提升政治理想与信仰素养，增强政治坚定性。二要提升理论素养。思政课教师在具体理解教育过程基本规律和本质特点、教育教学主要方法和优秀经验基本素养的基础上，要有更高的理论觉悟和更广的理论视野。要通过经典著作学习、实践锻炼、多元学习等渠道积淀精深的马克思主义理论素养、广博的人文社会科学知识素养、必要的自然科学知识素养，厚植职业理论根基。三要提升道德素养。思政课教师作为道德教育的施教者，应当具备更为深厚的道德素养和更高的道德境界。要做到课上与课下一致、网上与网下一致、隐蔽处与细微处一致、生活中与教学上一致，在自我约束、自我反省、自我教育、自我改造中铸就优秀高尚的人格品质、深邃高雅的行为魅力、严谨廉洁的教学风气、无怨无悔的精神境界。四要提升实践能力素养。紧紧围绕思政课"知行合一"

的课程特色，遵循理论阐释与实践锻炼并举的思路，形成完备的实践能力素养。在课前教学设计中培育预测应变素养，在课堂教学实施中提升教学教导素养，在课后教学反思中提升科研创新素养，在内外教学实践设计与开展中提升管理组织素养，拓宽教育教学的实践宽度。五要提升发展性素养。马克思主义与时俱进的品质以及思想政治教育的时代性决定了思政课需要不断更新教学内容，创新教学方式方法。满足这些要求的根本前提是教师必须具备适应时代环境不断变化的发展性素养，其中的信息素养、心理素养、审美素养尤为重要。这些素养的形成，是教师面对思政课发展新挑战的自我观照，在一定程度上折射出综合素养的高低。

第四节　新时代高校思政课的"守正"与"创新"①

高校思政课是落实立德树人根本任务的关键课程。面对复杂多变的国内外形势，新时代高校要落实立德树人根本任务，办好思政课是关键；而办好高校思政课必须坚持守正创新。守正，就不会偏离方向，就不会失去初心；创新，就不会僵化，就不会过时。因此，新时代高校思政课必须正确处理守正与创新的辩证关系，在守正的基础上，不断推动教学改革创新。

一　守立德树人之正，创教学机制之新

世界百年未有之大变局和中华民族伟大复兴战略全局正在发生历史性交汇，这是新时代高校思政课改革创新所面临的鲜明时代背景。从世情看，当今世界正经历百年未有之大变局，经济全球化不断深入，世界多极化趋势不断加强，社会信息化特别是互联网快速发展，文化多元化使各国间文化交往的范围不断扩大，国际体系和国际秩序正发生深度调整，错综复杂的国际形势和不断凸显的全球性难题不容忽视。在思想文化领域，国际范围内思想文化的交融、交锋裹挟着意识形态领域的激烈斗争，伴随国

---

① 本节内容选编自余远富、许思宇《新时代高校思想政治理论课的"守正"与"创新"》，《现代教育管理》2021 年第 7 期。

际上某些敌对势力对我国的"西化""分化"图谋和意识形态渗透，各种"反马""非马"思潮与言论时有出现，极大冲击着青年一代的马克思主义信仰和共产主义信念。从国情看，中国特色社会主义进入新时代，面对中华民族伟大复兴的战略全局，我国正经历着历史上最为广泛而深刻的社会变革，也正在进行着人类历史上最为宏大而独特的实践创新，我国经济、政治、文化、社会、生态等各领域取得长足发展，综合国力不断增强，为推进新时代思想道德建设提供了坚实的物质基础、有力的政治保障和优良的环境条件。但必须清醒认识到，随着世情、国情的变化，各领域多元发展的各种矛盾正在逐渐显现，在意识形态领域则反映为激烈的矛盾斗争和思想碰撞，消费主义、历史虚无主义、新自由主义等思潮沉渣泛滥，使当代青年的思想道德建设面临更多的新情况、新问题。新时代，我国高校思政课必须回答好培养什么人、为谁培养人、怎样培养人这个根本问题，"落实立德树人的根本任务"正是习近平总书记站在"两个大局"高度对科学回答这一根本问题的"总思考""总要求"。

立德树人教育理念是马克思主义人学理论在教育领域的具体体现，是对中华优秀传统文化中德育思想的创造性转化和创新性发展，更是对建党百年以来长期教育实践经验的科学总结，具有深厚的理论支撑、历史渊源和实践基础。高校思政课落实立德树人的根本任务，必须以科学有效的教学机制作保障。教学机制是指教学各要素之间的结构关系和运行方式，具体包含教学组织机制、教学运行机制、教学管理机制、教学保障机制、教学评价机制等。根据相关调查分析，现阶段的整体教学机制是可以满足高校思政课教学实际需要的，但也存在一些需要进一步改进和完善的方面。①如：高校思政课建设的领导、组织与管理体制还需要进一步完善；高校思政课教师的队伍建设需要进一步加强，特别是专任教师数量与结构不够合理、能力与水平有待提升；高校思政课实践教学环节比较薄弱，教师的积极性、学生的参与度与覆盖面等都不够；高校思政课与专业课协调教学、协同育人机制仍然需要加强，特别是高校思政课教学与第二课堂（校园文化活动）、第三课堂（社会实践）之间的协同机制不够完善；思政课作为

---

① 程佳：《关于高校思政课教学机制状况的调查研究》，《法制与社会》2018 年第 4 期，第186~187 页。

"关键课程"的思想认识还有待进一步提高,立德树人的重要地位还有待进一步彰显,投入保障机制还有待进一步强化;高校思政课的教学质量监控机制需要进一步完善,评价考核机制需要进一步改进;等等。

新时代高校思政课既要认真落实好立德树人的根本任务,又要与时俱进创新教学机制。一要坚持党对高校思政课建设的全面领导,不断创新教学组织机制。"办好中国的事情,关键在党"①,党的领导为高校思政课确立了根本导向。高校必须切实把思政课作为落实立德树人根本任务的关键课程,摆在重要地位、列入重要议程,成立由党委书记挂帅、学校主要职能部门参加的思政课建设工作领导小组,聚焦研究解决制约思政课建设的突出问题,着力把好思政课建设的方向关、人才关、改革关;马克思主义学院要把思政课建设作为立院之本,不断提高思想认识,不断增强使命意识和责任担当,不断深化教学改革,以各门思政课程为单位成立教研部、组建教学团队,探索将党支部建在教研部和教学团队。二要完善高校"三全育人"的大思政工作格局,不断创新教学管理运行机制。高校要围绕"全员、全过程、全方位"育人要求,把立德树人根本任务贯穿高校办学全过程、融入教育教学各环节,以思想价值引领为主线,推进思政课程与课程思政同向发力,形成文化、科研、实践、管理、服务、组织、环境等多元育人、全员育人、全面育人的协同机制;要强化实践教学环节,增加实践教学学分,充分利用各种实践资源,通过社会考察、现场教学、社会调研、顶岗实习、实践感悟等多种形式,灵活机动地开展实践教学活动,让实践教学覆盖每一门思政课程、每一名学生。三要不断加大资源投入,不断健全高校思政课建设的支撑保障机制。要严格以1:350的师生比核定专职思政课教师岗位,选优配齐建强思政课专任教师队伍;要建立健全各项规章制度,因校制宜出台一系列"政策红利",为思政课建设提供政策支持和绿色通道;要切实提高思政课教师待遇,增强思政课教师职业的吸引力和竞争力,激发思政课教师的积极性和创造性,让广大教师能够安心、静心、舒心、热心地从事教育教学工作。四要强化校内教学质量监控,不断优化思政课教学评价考核机制。要克服"五唯"弊端,合理增加教学成果的权重,使评价真正向教学倾斜;要克服评价主体单一的传统做

---

① 《习近平谈治国理政》第2卷,外文出版社,2017,第43页。

法，推进评价主体的多元化，使思政课评价考核从重"评教"向"评教"与"评学"有机融合转变；要克服重形式轻内容、重理论轻实践、重表象轻实效等不良倾向和问题，坚持"以人为本、以质为本"，优化评价标准、细化评价指标、创新评价方法、善用评价结果。

二 守马克思主义指导地位之正，创教学内容之新

高校思政课教学内容自新中国成立以来已进行五次系统调整，2018年、2021年中共中央宣传部、教育部又先后两次对高校思政课教材进行了全面修订。马克思主义和马克思主义中国化理论作为中国共产党治国理政的指导思想，集中体现我国的主流意识形态，高校思政课始终以其作为教学核心内容，指导自身主渠道、主阵地作用的发挥。当前，中国特色社会主义进入新时代，这是一个国内外形势已发生复杂深刻变化、我国发展前景面临重要机遇挑战的新时代。以习近平同志为核心的党中央，准确研判时代发展变化，直面改革进程突出矛盾问题，创造形成习近平新时代中国特色社会主义思想，内容涵盖内政外交国防、治党治国治军、改革发展稳定等多方面，统筹协调并具体指导我国经济社会各领域发展，是马克思主义中国化的最新理论成果，是当代中国的马克思主义。推进习近平新时代中国特色社会主义思想融入高校思政课，是新时代高校思政课教学内容与时俱进的重要体现。此外，高校思政课教学内容必须注重对反映新时代特征的国内外热点问题的及时捕捉和转化，使其成为青年学生认识世界、感知社会的"活教材"。

高校思政课教学内容总是因应时代之变加以变化完善，在用党的最新理论成果武装大学生的过程中，必须始终坚持马克思主义的指导地位不变。这种"不变"一是源于中国共产党思想政治教育的优良传统。中国共产党自诞生起就把马克思主义写在自己的旗帜上，党的历代领导核心始终紧抓这一基本经验。毛泽东同志曾有"领导我们事业的核心力量是中国共产党。指导我们思想的理论基础是马克思列宁主义"① 的论述。邓小平同志曾说："把马克思主义的普遍真理同我国的具体实际结合起来……这就

---

① 《毛泽东年谱（一九四九——一九七六）》第 2 卷，中央文献出版社，2013，第 283 页。

是我们总结长期历史经验得出的基本结论。"① 党的十八大以来，习近平总书记多次强调，"马克思主义是我们立党立国的根本指导思想，也是我国大学最鲜亮的底色"②。让马克思主义意识形态在高校筑牢根基，是我国高校思政课建设坚持党的领导、延续党的优良传统的必然选择。二是源于社会主义大学人才培养的一贯要求。高校的根本任务是坚持立德树人、培养德智体美劳全面发展的社会主义建设者和接班人，而实现人的全面发展正是马克思主义对未来社会的价值追求。马克思针对资本主义社会人的异化现象，将共产主义理解为"以每一个个人的全面而自由的发展为基本原则的社会形式"③，并从人的活动、社会关系、个性自由等多方面就"人的全面发展"做出规定，对高校思政课立德树人目标的落实具有宏观指导意义。三是源于马克思主义科学性、人民性、实践性、开放性的理论特质。马克思主义为高校思政课提供了辩证唯物主义和历史唯物主义的思维工具，提供了源源不绝的教育资源和精神养料，帮助青年学生树立以人民为中心的根本立场，领会马克思主义思想方法和工作方法的实践要求，提升自身分析、判断、解决问题的能力素质，从而坚定不移走中国特色社会主义道路，为实现中华民族伟大复兴的中国梦矢志奋斗。

新时代高校思政课既要坚持马克思主义的指导地位，又要与时俱进创新教学内容。一要厘清马列主义、毛泽东思想、中国特色社会主义理论体系间既一脉相承又与时俱进的关系。十月革命一声炮响，给中国送来了马克思列宁主义，马克思主义在中国的民族化、本土化，催生了毛泽东思想和中国特色社会主义理论体系。作为马克思主义中国化的最新理论成果，习近平新时代中国特色社会主义思想延续了马克思主义一贯的理论品质和价值旨归，新时代，坚持这一思想就是坚持马克思主义的指导地位。高校思政课要积极推进传统教学内容与最新教学内容的理论融合与价值融通，指导学生通过读原著、学原文、悟原理，领会其中一脉相承的思想内核。二要切实推进习近平新时代中国特色社会主义思想"三进"工程。高校思政课教学内容的理论供给主要为由"马工程"组织编写的教材，统编教材既要加强对马克思主义基本原理及其创新成果的学理性阐释，剔除脱离时

① 《邓小平文选》第 3 卷，人民出版社，1993，第 3 页。
② 习近平：《在北京大学师生座谈会上的讲话》，人民出版社，2018，第 8 页。
③ 《马克思恩格斯选集》第 2 卷，人民出版社，2012，第 267 页。

代发展的教条主义理论逻辑，保证教材的"权威性"，又要通过教学辅助资料体系的建立来应对自身缺乏"生动性"的问题。通过开设"习近平新时代中国特色社会主义思想概论"课并推进其融入高校五门基础思政课程，帮助大学生深刻认识这一新思想的时代背景、历史地位、理论体系、科学内涵和实践要求，树立正确的世界观、人生观、价值观，夯实自身成长成才的思想基础。三要构建聚焦时代问题的思政课"多元素材库"。要根据不断变化的世情、国情，及时更新教学素材，引导学生通过观察感知发现时代问题、调查研究分析时代问题、实践历练培养解决时代问题的责任意识，在比较批判中理性直观地认识当代世界和中国，汲取知识、增长见识、提升认识、凝聚共识，实现"四识兼备"的立德树人教育目标。四要将"四史教育"有机融入思政课教学。学习中共党史、新中国史、改革开放史和社会主义发展史，实质就是感悟中国共产党为人民谋幸福、为民族谋复兴、为世界谋大同的实践史。"四史教育"与思政课教学内容相通、目标一致，是相辅相成、相互促进、缺一不可的关系。要坚持以中国共产党的领导为主线，以立德树人为旨归，以反对历史虚无主义、强化理想信念教育为关键，以常态化、制度化教育为抓手，实现"四史教育"与高校思政课教学体系、教材体系和话语体系的有机融通。

三 守教学规律之正，创教学方法之新

教学方法是为完成教学任务而采用的方法，包括教师教的方法和学生学的方法，是教师引导学生探讨与掌握知识技能、获得身心发展而共同活动的方法。① 改革开放以来，高校思政课教学方法伴随课程改革的推进经历了一系列发展变化。1978 年出台的《关于加强高等学校马列主义理论教育的意见》，开启了对思政课教学方法的探索。1984 年印发的《关于加强和改进高等院校马列主义理论教育的若干规定》指出："要大力改进教学方法，实行启发式教学。"由此，启发式教学方法成为马列主义理论课的主要教学方法。90 年代以后，思政课更多关注"注入式"教学向"启发式""讨论式""互动式""参与式"等多种教学方法的转变及现代化教学手段的运用。2005 年，《中共中央宣传部、教育部关于进一步加强和改进

---

① 王道俊、郭文安主编《教育学》第七版，人民教育出版社，2016，第215页。

高等学校思想政治理论课的意见》下发，强调推动实现教学手段现代化，并进一步强化实践教学的重要作用。2016 年，在全国高校思想政治工作会议上，习近平总书记发表的重要讲话为新时期高校思政课教学方法改革指明了方向。2018 年，教育部印发《新时代高校思想政治理论课教学工作基本要求》，从课堂教学、实践教学、网络教学等方面对高校思政课创新教学方法提出明确要求。2019 年 8 月，中共中央办公厅、国务院办公厅印发《关于深化新时代学校思想政治理论课改革创新的若干意见》；2020 年 12月，中共中央宣传部、教育部印发《新时代学校思想政治理论课改革创新实施方案》，从顶层设计上对新时代学校思想政治理论课改革创新提出具体思路与明确要求。总体而言，高校思政课教学方法的发展特点表现为"三个转变"：一是由单一理论灌输向多元教学方法转变，互动式、参与式、探究式等教学方法不断涌现；二是由传统教学手段向现代教学手段转变，以大数据融媒体为支撑的智慧教学广泛应用；三是由课堂理论教学向理论教学与实践教学相结合转变，实践活动内容形式丰富多元。新时代，互联网信息技术的飞速发展、思想观念的多元转变、学生个性特点的不断凸显都在呼唤教学方法的创新发展。

　　教学方法不仅是对各种教学方式手段的运用，还是对教学活动所包含科学规律的反映，是解决教学活动内在矛盾和处理教学关系的规律、原则、准则的具体化。[①] 所以，高校思政课应当以一以贯之的方向原则与教学规律作为其教学方法创新的内在机理。方向关乎教学的根本和全局，决定教学的长远发展。高校思政课必须把坚定正确的人才培养方向放在首位，应当不忘育人初心，始终坚守国家立场、政治立场和青年立场，将满足国家需要与实现青年成长发展统一起来，培养中国特色社会主义合格建设者和可靠接班人，使我国高等教育实现"为人民服务，为中国共产党治国理政服务，为巩固和发展中国特色社会主义制度服务，为改革开放和社会主义现代化建设服务"[②]；教学规律是教学过程中客观存在的，具有必然性、普遍性的联系。习近平总书记指出："做好高校思想政治工作，要遵

[①] 宇文利：《努力掌握并用好思想政治理论课教学的科学规律》，《思想理论教育导刊》2017年第 9 期，第 139~142 页。

[②] 《习近平谈治国理政》第 2 卷，外文出版社，2017，第 377 页。

循思想政治工作规律，遵循教书育人规律，遵循学生成长规律。"① 此外，高校思政课还要遵循知行统一规律、灌输与疏导统一规律、间接经验和直接经验相结合规律、继承性与时代性相结合规律等思政课程教学的一般规律。

新时代高校思政课既要遵循教学规律，又要与时俱进创新教学方法。面对相对稳定的方向原则与教学规律，创新高校思政课教学方法既要服从和服务于教学目标与教学内容，又要结合教师专业发展与学生实际情况。第一，服从和服务于教学目标的规约性。高校思政课教学目标决定于国家人才培养需要。培养勇担民族复兴大任的社会主义建设者和接班人是新时代高校人才培养的根本目标，也是高校思政课教学方法改革的基本方向。第二，服从和服务于教学内容的规定性。形式决定于内容。高校思政课教学方法的改革往往受到教学内容的牵引，即以马克思主义中国化最新理论成果和相关教育政策为导向，具体包括依据教学内容的性质变革教学方法和教材体系向教学体系转化时教学方法的变革两个方面。② 第三，发展教学手段的创新性。近年来，我国媒体融合持续发展，微课、慕课、翻转课堂等不断涌现，大数据时代的到来更催动着高校思政课从多媒体辅助教学向深度技术应用的网络教学转变。现代信息技术和传播方式的变革要求高校思政课教师积极树立"互联网+"思维，提升自身媒介素养，充分运用新媒体、新技术改进教学方法，拓展教学空间、整合教学资源、增强教学互动、提升教学实效。同时合理结合传统教学方法的有效做法，规避知识碎片化、教学技术化、学习娱乐化等现代教学手段运用可能带来的异化现象。第四，依托教师专业发展与学生实际情况的制约性。学生的认知特点、成长规律、心理状态及教师的知识水平、教学能力、专业素养等在很大程度上影响着教学方法的运用效果。高校思政课教学方法的创新，一方面要注重结合新时代大学生的接受特点和实际需求，另一方面要结合对思政课教师的专业化培养。可以通过加强关于各种教学方法适用条件、注意事项等的培训，提升教师对教学方法优化组合和综合运用的能力；也可以通过夯实基本教学方法理论，进一步激发教师参与教学方法变革的积极性

---

① 《习近平谈治国理政》第 2 卷，外文出版社，2017，第 378 页。
② 李芳：《高校思想政治理论课教学方法科学化研究》，中央编译出版社，2019，第 128～129 页。

与主动性。

四　守思想性、理论性教学要求之正，创教育理念之新

教育理念是人们在教育实践过程中形成的对教育发展的指向性的理性认识。① 改革开放以来，以市场体制改革为特征的一系列制度与观念变革，使自由与竞争的现代价值观念在各领域持续渗透，国家高等教育理念在经济转型中迈向现代化则是其在教育领域的反映，以"三个面向""教育优先发展"思想及"科教兴国""人才强国"战略等的提出为具体表现。从国家如何看待高等教育、如何管理高等教育、高等教育培养什么样的人才等不同视角分析，改革开放以来，我国高等教育理念的变化主要体现在三个方面：一是高等教育的社会身份由"服务政治"转向"科教兴国"，二是高等教育管理从"高度集权"转向"适度放权"，三是人才培养从"专才为主"转向"通专结合"。② 教育离不开教学，高等教育理念在指导高校思想政治教育发展的同时，也深刻影响着高校思政课教学理念的革新。新时代，高校思政课更加注重坚持主体性教育教学理念，激发学生学习内生动力，充分尊重学生在教学过程中的主体地位；更加注重坚持整体性教育教学理念，将思政课各门课程内容与其他专业课程联系起来，构建"大思政"育人格局；更加注重坚持发展性教育教学理念，关注教学过程，使学生实现知识、情感、态度、能力等综合发展，助力成长成才。

高校思政课教育理念的革新同样有其基本遵循，习近平总书记明确指出："推动思想政治理论课改革创新，不断增强思政课的思想性、理论性和亲和力、针对性。"③ 思想性、理论性的教学要求是高校思政课课程本质与功能定位的集中体现。"思想性"是高校思政课的首要特点，高校思政课传递理论知识，但更重要的是传递知识的事实判断中所包含的价值判断基因，立足为人类解放而奋斗的价值追求，凸显习近平新时代中国特色社会主义思想的人民立场和家国情怀，帮助青年学生解决思想困惑、甄别思

---

① 蔡克勇：《以学生全面发展为本——一个重要的教育理念及教育改革》，《高等教育研究》2000 年第 5 期，第 11~15 页。

② 刘献君、李培根主编《教育理念创新与建设高等教育强国》，高等教育出版社，2016，第 74~75 页。

③ 习近平：《思政课是落实立德树人根本任务的关键课程》，人民出版社，2020，第 17 页。

想观点、提升思想境界。"理论性"是高校思政课与中小学思政课的重要区别，超越"是什么""怎么做"的问题层面，立足"为什么"开展教学。通过夯实学科基础、加强理论研究、提升思政课教师的学术素养和理论水平，开展系统的马克思主义理论教育，引导学生掌握马克思主义的立场、观点和方法，帮助大学生把握理论知识、提升理论素养、强化理论思维。习近平总书记强调，要"以透彻的学理分析回应学生，以彻底的思想理论说服学生，用真理的强大力量引导学生"①，充分凸显了对思想性、理论性的坚守，体现了高校思政课内涵式发展的根本要求。

新时代高校思政课既要坚持思想性、理论性的教学要求，又要与时俱进创新教学理念。教育理念的更新必须坚持"三个统一"。一是坚持国家发展需要与个人成才需求的统一。要树立以学生为中心的教育教学理念，充分尊重学生在教学过程中的主体地位，激发学生学习内生动力，引导学生从"要我学"转向"我要学""我会学"，真正成为学习的主人。需要注意的是，"以学生为中心"教学理念的更新不是一味迎合，不是纯粹的标新立异，更不是低俗、恶搞等假需求的呈现，而是真正满足学生对真、善、美的期待。少数思政课为了追求课堂"听课率""抬头率"，盲目牺牲思政课教学的理论深刻性和思想严肃性，出现"学生需要什么、爱听什么就讲什么"的异变和"去思想化"的现象，这是坚决不能容忍的。二是坚持立足本国实际与开放国际视野的统一。在学习和借鉴国外先进教育理念的同时，必须立足本国实际，守望文化传统，坚持文化自信，保持文化自觉，认真研究我国教育理念变革历史，从自身发展的经验教训中去总结和学习，并从解决我国高校思政课教育教学存在问题的实际需要出发，在坚守思想性、理论性的前提下创新与变革教育理念。三是坚持党的创新理论指导与教育实践检验的统一。习近平总书记提出了思政课改革创新"八个相统一"的要求，为新时代高校思政课守正创新提供了根本遵循。既要坚持党的最新理论指导，又要立足教育实践，强化民主化、整体性、发展性等先进教育理念对新时代高校思政课教学的正确指引，立足思想政治素养的提升，强化释疑解惑，使学生既"知其然"又"知其所以然"，实现思想、道德、知识、能力、情感、态度等综合发展。

---

① 习近平：《思政课是落实立德树人根本任务的关键课程》，人民出版社，2020，第 18 页。

五　守亲和力、针对性教学目标之正，创教学模式之新

教学模式是在一定教学思想或教学理念指导下，通过教学实践逐步形成的，具有可借鉴性、可推广性的教学形式。从系统论视角看，任何学科的教学系统一般包括理念系统、内容系统、形式系统三个子系统，教学理念、教学内容、教学形式所解决的问题各有侧重。[①] 教学模式是教学形式系统的重要组成部分，一般意义上，教学模式具有指向性、完整性、操作性、灵活性等基本特点。从演变发展历程看，教学模式可分为传统型和现代型；从组织形式看，教学模式可分为讲授式、启发式、讨论式、体验式、探究式等。传统教学模式一般采用"教师教—学生学"的讲授式组织形式，教师处于主导地位，学生处于被动接受状态，一定程度上将教师的"教"与学生的"学"割裂开来，影响了教学效果与教学目标的达成。现代教学模式需要遵循以教师为主导、学生为主体的现代教育理念，讲求师生互动、教学相长、教有所获、学有所得、双向提升，呼唤研究型教学模式的不断创新，从而最大限度地激发教学双方的积极性、主动性、创造性。

习近平总书记指出，高校思政课教师在发挥自身主导作用的同时，要"坚持以学生为中心，加大对学生的认知规律和接受特点的研究，发挥学生主体性作用"[②]，这同时也体现了提升高校思政课亲和力和针对性的内在要求。思政课亲和力指的是思政课整体教学过程对大学生所具有的说服、吸引、感染的功能。这种亲和力不是对学生的过度迎合和迁就，而是通过恰当的教学设计，探寻教学目标与学生成长成才需求、教学内容与学生学习生活实际的耦合点，使学生在对思政课建立兴趣和喜爱的基础上，围绕学习内容进行深入探索，形成内在认同。思政课针对性则是对思政课教学的一种指向性要求，既要针对世情国情、课程性质、培养目标和教学内容，又要针对学生的认知水平、理论储备、专业特点和个性特长，从而使高校思政课实现其目标定位和本质功能。新时代，高校思政课坚持亲和力和针对性的教学目标是推进习近平新时代中国特色社会主义思想入脑入

---

① 蔡伟：《论教学形式系统》，《课程教材教法》2005 年第 5 期，第 19~25 页。

② 习近平：《思政课是落实立德树人根本任务的关键课程》，人民出版社，2020，第 21 页。

心、牢牢掌握意识形态工作领导权的必然要求，有利于进一步提升高校思政课的质量和水平，帮助大学生夯实理想信念之基，扣好人生的第一粒扣子。

新时代高校思政课既要坚持亲和力和针对性的教学目标，又要与时俱进创新教学模式。第一，创新教学模式，提升高校思政课亲和力、针对性的核心在教师。"亲其师"方能"信其道""践其行"，高校思政课教师要不断提升自身的理论魅力、语言魅力、人格魅力。理论魅力蕴含真理力量，马克思指出，"理论只要彻底，就能说服人"①。思政课教师作为教学主体之一，只有在对讲授理论做到透彻把握的基础上，才有可能在对学生进行系统的马克思主义理论教育的过程中做到深入浅出、贴近实际，用马克思主义的立场、观点、方法解决学生的思想困惑和关注的热点难点问题。语言魅力蕴含说服力量，当代大学生追求独立思考和个性张扬，"填鸭式""灌输式"的说教已难以唤起他们对课堂的兴趣和关注。思政课专任教师要善于汲取多领域、多元化的语言资源，积极推进政治话语向大众话语、学术话语向生活话语、教材话语向教学话语的转变，用学生喜闻乐见的语言开展教育教学，为课堂注入生机活力。人格魅力蕴含榜样力量，反映在教师的性格、气质、道德品质等各方面。学生不仅关注教师在课堂内的理论传授，还会关注教师在课堂外的率先垂范，这就要求思政课教师既要做"经师"，又要做"人师"，在对学生进行真诚情感付出的同时，做到表里如一、言行一致，用以身作则的行为态度去注解传授的理论知识。第二，创新教学模式，提升高校思政课亲和力、针对性的关键在教学改革。要强化"与时俱进、常讲常新""在改进中加强、在加强中创新"的教学理念，深化思政课教学改革，多措并举让思政课强起来实起来活起来。如：创新思政课教师培养模式，搭建多种平台，提供多层次、全方位、个性化的教师培训体系，促进教师专业化成长；创新教学组织形式，通过吸纳跟进式的教学素材、开辟移动式的教学场域、挖掘本土式的教学案例、开展体验式的教学考察等，鲜活教学载体，增强说服力；创新教学载体模式，通过理论宣讲、榜样激励、情景教学、研究性课堂教学、研究性实践教学等，强化互动性，提高吸引力、感染力。第三，创新教学模式，提升高校思政

---

① 《马克思恩格斯选集》第 1 卷，人民出版社，2012，第 10 页。

课亲和力、针对性的宗旨在增强教学实效。应始终坚持以学生为主体，基于学生的认知特点选取教学方法、根据学生的学习习惯选择教学手段、依照学生的成才需求深化教学改革，通过创新教学模式，不断提升高校思政课对学生的说服力、吸引力、感染力，增强学生的参与感、获得感、满足感。

【延伸阅读】

1. 习近平总书记在学校思想政治理论课教师座谈会上的讲话（2019年3月18日）。

2. 中共中央办公厅、国务院办公厅《关于深化新时代学校思想政治理论课改革创新的若干意见》（2019年8月14日）。

3. 中共中央宣传部、教育部《新时代学校思想政治理论课改革创新实施方案》（2020年12月18日）。

【课后作业】

梳理习近平总书记关于学校思想政治理论课建设的系列重要讲话、重要论述。

【课程考核】

1. 课程结束时开展思政课教学展示，根据教学展示成绩确定课程成绩。

2. 每位博士研究生从高校5门思政课中选择一门课程，选取所选课程中的某一章节或某一章节中的某个知识点作为参赛的教学内容进行备课。展示时长每人不超过20分钟，其中讲课时间15分钟，回答问题5分钟。评委现场提问的范围包括：展示现场授课内容或高校本科生思想政治理论课教学中存在的理论、实践问题。

3. 班长要做好展示课程统筹，确保"教学展示"覆盖高校本科生5门思政课。

第二章
思想政治理论课的性质和任务

对于高校而言，思想政治理论课的性质与任务主要体现在两个方面：一是思想政治理论课是对大学生进行思想政治教育的主阵地和主渠道，要通过思想政治理论课引导其树立正确的世界观、人生观、价值观，使其掌握科学的理论和先进的思想，具备分析问题、解决问题、明辨是非、认识社会的能力；二是思想政治理论课是在大学生培养过程中落实立德树人根本任务的关键课程，着力解决的是"培养什么人""怎样培养人""为谁培养人"这个根本问题，从而坚定大学生对中国特色社会主义的道路自信、理论自信、制度自信、文化自信，激发其为实现中华民族伟大复兴而奋斗的热情。

第一节　思想政治理论课的性质

关于思想政治理论课的性质问题，习近平总书记在多种场合的讲话中有所阐述，国家相关部门和机构也有明确表述，基本上形成了思想政治理论课是"巩固马克思主义在高校意识形态领域指导地位，坚持社会主义办学方向的重要阵地，是全面贯彻落实党的教育方针，培养中国特色社会主义事业建设者和接班人的主干渠道，是落实立德树人根本任务的关键课程"[1] 的政治和思想认识。由此来看，思想政治理论课的性质至少具有思想性、政治性、理论性、时代性、开放性、实践性六个要素表现。也就是

---

[1] 国务院学位委员会第七届学科评议组编《学术学位研究生核心课程指南（一）（试行）》，高等教育出版社，2020，第136页。

说，在当前高校思想政治理论课教学体系中无论是哪门课程，其内容总是关于进步、崇高、积极思想的理论，总是关于政治准则、政治价值、政治导向的理论。同时，这些理论又必须是科学的，是具有真理性的，是经得起历史考验的；必须弘扬正能量，传播真善美，承担为中国特色社会主义建设培养高尚道德品质人才的重任；必须有血有肉，密切联系实际，指导实践活动，经得起实践的检验。

一　思想性

顾名思义，思想政治理论课程的首要性质即思想性。与专业课程内容不同，思想政治理论课程的内容侧重于思想、观念、信仰的传扬，以及对学生科学思维方法、认识方法的培养。这一特质规定了思想政治理论课包括以下内容。

（一）哲学思想

哲学有什么用？关于这个问题的讨论几乎与哲学本身一样历史悠久，不同时代的哲学家对哲学作用的认识也大不相同。有学者认为，"在哲学作用观的历史衍化中，其重点不断发生转移，由亚里士多德的'满足好奇心'说到中世纪的'神学奴仆'说，再到近代培根的实际功用说"[①]。而从实际功用角度又有了实用主义哲学、经验主义哲学、功利主义哲学、科学主义哲学等思想观点。到了现代，关于哲学作用的阐述更为多元和开放，不同的人可以从不同的视角阐释哲学新的作用。不过，大多数观点都把哲学和智慧、思辨、真理、知识紧密联系在一起，认为人一旦有了正确的哲学思想，便具有极强的思辨能力，就会建立明确的是非判断标准。马克思主义哲学思想是科学的理论体系，包括丰富的理论内涵和科学的思维方法，思想政治理论课要实现把马克思主义哲学辩证唯物主义、历史唯物主义的观点、立场和方法贯穿全部教育教学过程，使其进教材、进课堂、进学生头脑，从而引导学生掌握正确的哲学思维方法，树立起正确的世界观和方法论，而"人们必须有了正确的世界观、方法论，才能更好观察和解释自然界、人类社会、人类思维各种现象，揭示蕴含在

---

① 宫敬才：《哲学作用论》，《河北学刊》2016年第4期，第21页。

其中的规律"①。

（二）历史思维

人类每前进一步都需要从过去的历史中吸取经验和教训，如习近平总书记所讲，"历史是最好的老师"② "历史是最好的教科书，也是最好的清醒剂"③ "忘记历史就意味着背叛"④。因此，思想政治理论课还要有科学的历史思维，培养学生完整看待历史进程、正确认识历史事件、客观评价历史人物的能力，使其在评价历史人物时"放在其所处时代和社会的历史条件下去分析，不能离开对历史条件、历史过程的全面认识和对历史规律的科学把握，不能忽略历史必然性和历史偶然性的关系"，更不可以"用今天的时代条件、发展水平、认识水平去衡量和要求前人，不能苛求前人干出只有后人才能干出的业绩来"⑤。这一点是思想政治理论课在涉及中共党史、新中国史、改革开放史、社会主义发展史等相关内容时必须要坚持的，也是课堂教学必须遵循的一项原则。

（三）道德观念

与专业课主要传授专业知识和技能不同，思想政治理论课侧重于对学生"德育"方面的教育，即努力提高学生的道德素质和思想修养。因此，课程内容不仅仅包括我国传统文化中德育思想的精髓，更是以社会主义核心价值体系为核心内容，向学生传授我国近代以来社会各时期形成的伟大精神，引导学生深刻体悟社会主义核心价值观的要义，号召他们树立共产主义远大理想和中国特色社会主义共同理想，自觉成为社会主义核心价值观的坚定信仰者和模范践行者，成为有理想、有热情、有抱负、有担当同时又具有极高道德修养的新时代中国特色社会主义建设者。

（四）法治思想

依法治国是党领导人民治理国家的基本方式，是实现国家治理体系和

---

① 习近平：《在哲学社会科学工作座谈会上的讲话》，人民出版社，2016，第 11 页。

② 《习近平谈治国理政》第 2 卷，外文出版社，2017，第 508 页。

③ 《习近平谈治国理政》第 4 卷，外文出版社，2022，第 287 页。

④ 习近平：《在纪念中国人民抗日战争暨世界反法西斯战争胜利 70 周年系列活动上的讲话》，人民出版社，2015，第 12 页。

⑤ 习近平：《在纪念毛泽东同志诞辰 120 周年座谈会上的讲话》，人民出版社，2013，第 11 页。

治理能力现代化的必然要求，是"四个全面"战略布局的重要组成部分。尊法、学法、守法、用法是当代学生必须具备的基本素质之一。思想政治理论课承担着向学生讲授我国社会主义法制体系建设的历史过程、取得的成就及其意义，讲解基本的法律法规、法律常识、法律条文与社会活动的关系的重要任务，进而引导学生用全面、辩证、发展的眼光看待问题、分析问题，培养学生树立正确的法制观念，主动守法、用法。

（五）崇高理想

理想是人生航程的灯塔，是人生奋斗的目标。人一旦确立了坚定的理想，就有了奋斗的动力和方向，崇高远大的理想更能激发奋斗的热情，提高人生的境界和追求。风华正茂的学生正处于逐梦筑梦的关键时期，对未来抱有很多期盼和畅想，这个时期对他们进行理想信念方面的引导非常及时。要用先进的理论、伟大的精神引导他们树立崇高理想，立鸿鹄志，做中国梦的筑梦人。

（六）为幸福去奋斗

"幸福生活都是奋斗出来的。"[1] 奋斗的人生最充实，最有意义，艰苦奋斗也是青年最亮的人生底色，我国目前取得的伟大成就离不开一代又一代青年人的努力与奉献，也就是说，"五四运动以来的 100 年，是中国青年一代又一代接续奋斗、凯歌前行的 100 年，是中国青年用青春之我创造青春之中国、青春之民族的 100 年"[2]。新时代的大学生生逢盛世，他们一路成长衣食无忧，享受着中国社会快速发展带来的物质和文化成果，虽然有理想有抱负，但是没有苦难的经历，这也会让他们对于艰苦奋斗的理解少了些感同身受，所以为什么要艰苦奋斗、怎么去艰苦奋斗是他们人生实践课堂中缺少的内容。因此，思想政治理论课中必须开展"奋斗"方面的教育，引导他们理解"奋斗"的重要性，从而确立奋斗意识。

二 政治性

政治性是思想政治理论课最明显、最突出的特征，当前很多人还习惯把这些课程简称为"政治课"，把负责授课的老师称为"政治老师"。习近

---

[1] 《习近平谈治国理政》第 4 卷，外文出版社，2022，第 142 页。
[2] 习近平：《在纪念五四运动 100 周年大会上的讲话》，人民出版社，2019，第 5 页。

平总书记在学校思想政治理论课教师座谈会上，针对思想政治理论课程的改革提出了"八个相统一"，其中第一个"统一"即"坚持政治性和学理性相统一"。① 因此，政治性是思想政治理论课程众多属性中的核心属性，是其本质属性，这种性质体现在思想政治理论课的政治知识讲授、政治导向引领、政治信仰确立等方面。

（一）政治知识讲授

思想政治理论教育是哲学社会科学的一个分支学科，有其自身的学理性特点，有固定的研究对象、研究领域，有明确的基本概念、基本范畴，有完整的理论体系框架。面向学生开设的思想政治理论课程，不仅要向学生系统地讲授马克思主义的世界观、方法论；近代以来中国人民抵御外来侵略、争取民族独立和人民解放的斗争历程；中国共产党把马克思主义基本原理与中国实际相结合产生的中国化的马克思主义理论成果，为了解决中国社会发展过程中出现的实际社会问题而制定的方针、政策、措施，不同阶段的发展目标和战略步骤；社会主义核心价值观、社会主义法治思想等具体知识点，还要在此基础上传授专门的政治概念、政治理论、执政能力、发展规律等学术性知识，学生通过对这些课程内容的学习，实现对"政治"的清晰认识，自身的政治素质也相应得到提升。

（二）政治导向引领

2013年8月在全国宣传思想工作会议上，习近平总书记提出了"意识形态工作是党的一项极端重要的工作"② 的科学论断。我们必须牢牢把握意识形态工作的领导权，因为"一个政权的瓦解往往是从思想领域开始的，政治动荡、政权更迭可能在一夜之间发生，但思想演化是个长期过程。思想防线被攻破了，其他防线就很难守住。我们必须把意识形态工作的领导权、管理权、话语权牢牢掌握在手中，任何时候都不能旁落，否则就要犯无可挽回的历史性错误"③。学生是民族的未来和希望，这个群体是否具有正确的政治观念和坚定的政治立场关乎国家的命运。因此，思想政治理论课必须坚持明确的政治导向，通过讲授近代以来我国社会发展的艰

---

① 习近平：《思政课是落实立德树人根本任务的关键课程》，人民出版社，2020，第17页。
② 《习近平谈治国理政》，外文出版社，2014，第153页。
③ 《习近平关于总体国家安全观论述摘编》，中央文献出版社，2018，第100页。

辛历程、取得的非凡成就、积淀的伟大精神，彰显中国共产党领导人民群众开展救国救民和强国富民过程中指导思想的科学性、社会制度的优越性、发展道路的正确性、人民民主的真实性，彰显我国人民群众艰苦奋斗的优秀品质、中国共产党以人民利益为最高宗旨的奋斗理念。让学生在掌握基本政治知识的基础上，能够正确地判断和鉴别某些政治事件、政治现象，分析和解决实际问题，提高他们的政治参与热情与能力。

（三）政治信仰确立

当前人类社会正经历着百年未有之大变局，人们的思想观念和价值取向日趋多元。人生经验不丰富、社会认识不深刻、政治意识不敏感的大学生非常容易受到各种观念的冲击和影响，尤其是当前意识形态领域内的斗争异常激烈，个别西方国家大搞"价值观外交"，搭建自己的"小圈子"，鼓吹"共同价值观"，不断对外输出与传播自己的价值观，以此来评判全球不同国家政治制度的优劣，要么以利益交换、亲疏远近来判断一个国家的民主、自由和人权，要么打着"民主价值"的旗号干涉别国内政，企图将其转化为全球的共同价值伦理。面对这样的斗争形势，思想政治理论课教育教学有了更大的挑战，有了更高的要求。通过思想政治理论课的讲授帮助学生树立正确的、坚定的政治信仰显得尤为必要，让学生深刻懂得"中国共产党为什么能""中国特色社会主义为什么好""关键在于马克思主义行"的真谛；深刻理解我国政治发展道路、政治制度、发展模式适合我国国情；切身感受到我国全过程人民民主是全链条、全方位、全覆盖的民主，是最广泛、最真实、最管用的社会主义民主，使其用坚定的政治信仰来自觉抵御各种不良思想、错误观点的影响，增强"四个意识"，坚定"四个自信"，做到"两个维护"。

三 理论性

任何国家和民族都必须有独立的理论体系，这个理论体系体现自己的民族特征，包含国家和社会需要的主流价值观念，符合国家意识形态的要求，也标志着一个国家或民族的文明发展程度。对此，恩格斯曾经说过："一个民族要想站在科学的最高峰，就一刻也不能没有理论思维。"[1] 在中

---

[1] 《马克思恩格斯文集》第 9 卷，人民出版社，2009，第 437 页。

国共产党领导人民群众进行的革命、建设和改革开放的伟大实践中，我国逐渐形成了完善的、科学的、不断丰富和发展的具有中国特色的社会主义理论体系，它具有丰富的内涵，并借助思想政治理论课向学生传达。因此，理论性是思想政治理论课的一种内在属性。

（一）形成完整理论体系

经过 1949 年新中国成立以来 70 余年的建设，思想政治理论课已经是逻辑严谨、体系完整的理论课程，主要讲授两大内容：一是马克思主义基本原理，二是马克思主义中国化的理论成果。课程的理论性定位从中共中央关于高等学校思想政治理论课改革的文件中可以看出。1985 年 8 月 1 日，《中共中央关于改革学校思想品德和政治理论课程教学的通知》下发，即 "85 方案"。该方案明确指出要对大学生 "进行以中国革命史为中心的历史教育，使学生了解具有悠久的历史文化传统的中国，是怎样根据历史的必然走上了以共产党为领导力量的社会主义道路的；进行马克思主义基本理论的教育，使学生了解马克思主义的哲学、历史学、经济学、政治学和科学社会主义等基本理论观点的历史渊源、主要内容和现代发展（包括在中国运用和发展）；进行中国社会主义建设和改革的理论、政策和实际知识的教育，使学生了解我国党和人民正在进行的有世界意义的伟大事业和青年一代的密切关系及崇高责任"[1]。

同样，"98 方案" 也有相应的论述。1998 年 6 月 10 日，中共中央宣传部、教育部印发的《关于普通高等学校 "两课" 课程设置的规定及其实施工作的意见》中规定面向普通高等学校开设 "马克思主义理论课" 和 "思想品德课"，有关这些课程的学习内容的规定显示了课程的理论性。其中，"'马克思主义哲学原理' 主要是进行辩证唯物主义和历史唯物主义基本原理的教育""'马克思主义政治经济学原理' 主要是进行马克思主义政治经济学关于资本主义部分基本原理的教育""'毛泽东思想概论' 主要是进行毛泽东思想基本原理的教育""'邓小平理论概论' 主要是进行建设有中国特色社会主义理论与实践的教育""'当代世界经济与政治' 主要是进行马克思主义关于当代世界经济政治和国际关系的基本观点的教育""'思

---

[1] 《中共中央关于改革学校思想品德和政治理论课程教学的通知》（1985 年 8 月 1 日），教育部社会科学司组编《普通高校思想政治理论课文献选编（1949—2008）》，中国人民大学出版社，2008，第 107 页。

想道德修养’主要是进行以为人民服务为核心、以集体主义为原则的社会主义道德教育，以及优秀的中国传统道德和革命传统教育”“‘法律基础’主要是进行社会主义法制教育”，其他基本课程也是如此规定。①

到了“05方案”，“思想政治理论课”的称谓正式确立。2005年2月7日，《中共中央宣传部、教育部关于进一步加强和改进高等学校思想政治理论课的意见》开篇分析了新形势下加强和改进高等学校思想政治理论课的重要性，明确指出课程开设的理论意义，认为：“充分发挥思想政治理论课的作用，用马克思列宁主义、毛泽东思想、邓小平理论和‘三个代表’重要思想武装当代大学生，是党的教育方针的具体体现，是社会主义大学的本质特征，是党和国家事业长远发展的根本保证。”② 针对此问题，党的十八大以来习近平总书记在多种场合的讲话中也有明确阐述，如在2016年全国高校思想政治工作会议上指出：“要坚持不懈传播马克思主义科学理论，抓好马克思主义理论教育，为学生一生成长奠定科学的思想基础。”③

（二）揭示社会发展规律

什么是理论？“通常是指人们在对某些事物进行分析、研究后所提出的一系列思想、观点、学说中所呈现出的系统性、内在关联性和逻辑性。”④ 其强调人类完整透彻地认识社会和自身的活动规律。从内容层面来看，思想政治理论课所涉及的理论都是揭示社会发展规律的思想、观点和学说，是介绍人类思想政治领域内基本概念、基本理论的学科，是把握哲学社会科学发展前沿的学科，是马克思主义基本原理及其与我国社会实际相结合所产生的真理，是为了解决社会发展中遇到的问题而形成的路线、方针、政策，是党和国家建设过程中积累的经验，是坚持和发展中国特色

---

① 《中共中央宣传部、教育部关于印发〈关于普通高等学校“两课”课程设置的规定及其实施工作的意见〉的通知》（1998年6月10日），教育部社会科学司组编《普通高校思想政治理论课文献选编（1949—2008）》，中国人民大学出版社，2008，第184~185页。
② 《中共中央宣传部、教育部关于进一步加强和改进高等学校思想政治理论课的意见》（2005年2月7日），教育部社会科学司组编《普通高校思想政治理论课文献选编（1949—2008）》，中国人民大学出版社，2008，第213页。
③ 《习近平谈治国理政》第2卷，外文出版社，2017，第377页。
④ 靳泽宇、周福盛：《思想政治理论课改革要坚持理论性与实践性相统一论析》，《思想教育研究》2020年第9期，第12页。

社会主义、建设社会主义现代化强国和实现中华民族伟大复兴的科学指南。这些理论共同构成了完整的科学的体系，各部分之间有着严密的内在逻辑关系，能够帮助学生正确认识人类社会发展规律，掌握人类思想政治现象的本质和规律。

（三）培养理论思维能力

理论思维能力是指人们以总结、概念或推理、判断的方式来认识社会，探究事物本质的能力。成熟的、严密的理论思维能力是一个社会人必备的素质之一，有了这种能力人们才可以用科学的方法来认识世界、描述世界和改造世界。而思维能力主要靠后天学习来获得，思想政治理论课担负着培养学生思维能力的重任。在思想政治理论课讲授的过程中，学生通过回答问题、课堂讨论或辩论、撰写论文、研究课题等形式参与其中，经过认真思考，用所学的理论来分析、解读社会现象，形成批判性思维，有独立的思考能力，提高自己的思维水平。

四 时代性

实践是不断发展的，理论也必须与时俱进。中国共产党领导中国人民奋斗的百年历程不仅仅是社会进步的历程，也是指导思想不断丰富的历程，从毛泽东思想、邓小平理论、"三个代表"重要思想、科学发展观到习近平新时代中国特色社会主义思想，无不是马克思主义基本原理与中国社会各个时期相结合的理论成果，体现了每个时期的社会实践成果和社会发展需求。"中国共产党坚持马克思主义基本原理，坚持实事求是，从中国实际出发，洞察时代大势，把握历史主动，进行艰辛探索，不断推进马克思主义中国化时代化，指导中国人民不断推进伟大社会革命。"①

（一）满足时代需求

思想政治理论课的内容设置依据社会实践的需求确定，也随着实践的发展及时更新，针对社会出现的新情况、新问题、新现象不断改进。1949年新中国成立以来，我国高等学校思想政治理论课从课程名称到课程设置再到课程内容经历了多次调整，每次调整都有着深刻的社会背景，带有鲜

---

① 习近平：《在庆祝中国共产党成立100周年大会上的讲话》，人民出版社，2021，第12~13页。

明的时代印迹。有学者经过梳理将 70 余年来思想政治理论课的发展过程概
括为四个阶段：创立构建、曲折发展、改革探索、深化创新。① 从称谓方
面来看，思想政治理论课经历了 "政治课—政治理论课—马列主义理论
课—共产主义思想品德课—两课—思想政治理论课"② 的嬗变过程。从课
程设置来看，1949 年新中国成立之初，为了巩固新生的人民政权并为向社
会主义社会过渡奠定思想基础，以及落实《中华人民共和国政治协商会议
共同纲领》中提出的 "人民政府的文化教育工作，应以提高人民文化水
平，培养国家建设人才，肃清封建的、买办的、法西斯主义的思想，发展
为人民服务的思想为主要任务"③ 的教育方针，高校普遍开设了 "社会主
义发展史""新民主主义论""政治经济学" 三门思想政治理论课。1956
年调整为 "马列主义基础""中国革命史""政治经济学""辩证唯物主义
与历史唯物主义" 四门课程。然而，自 1957 年开始，受 "左" 的思想的
错误干扰，政治挂帅、阶级斗争为纲也冲击到高等教育领域，在此背景
下，高校思想政治理论课的开设受到极大冲击，一度被停开。"文化大革
命" 结束后，1977 年恢复了高考，高等教育回到正常的发展轨道并迎来了
繁荣发展时期，为了适应改革开放新的时代要求，思想政治理论课不断地
探索、调整和改革，课程设置体系日趋完善，教学内容不断更新。1978
年，教育部决定在高校开设 "辩证唯物主义与历史唯物主义""政治经济
学""中共党史""国际共产主义运动史" 课程。1985 年，《中共中央关于
改革学校思想品德和政治理论课程教学的通知》发布，指出 "为了适应我
国社会主义现代化建设的需要，适应现代科学技术和现代经济政治的巨大
发展变化，适应新时期青少年心理发展的具体状况，以及各方面改革的需
要"，对当时的思想品德和政治理论课的课程设置、教学内容和教学方法
也必须进行认真的改革，首次明确 "两课体系"，按照通知的精神，"两
课" 设置不断调整，思想政治理论课体系越来越规范。进入 21 世纪以后，

① 骆郁廷、秦玉娟：《新中国 70 年高校思想政治理论课建设的回顾与展望》，《思想理论教
育导刊》2019 年第 11 期，第 67 页。
② 马和平：《新中国成立以来高校思想政治理论课称谓的嬗变》，《高校辅导员学刊》2020
年第 1 期，第 39 页。
③ 《中国人民政治协商会议共同纲领（节录）》（1949 年 9 月 29 日），教育部社会科学司组
编《普通高校思想政治理论课文献选编（1949—2008）》，中国人民大学出版社，2008，
第 1 页。

在全球化背景下各种西方思潮对我国青少年产生巨大影响，对大学生进行思想政治教育的需求极为迫切。2005 年，中共中央宣传部、教育部公布的"05 方案"，将思想政治理论课整合为"马克思主义基本原理概论""毛泽东思想、邓小平理论和'三个代表'重要思想概论""中国近现代史纲要""思想道德修养与法律基础"四门课程。党的十八大以来，党中央、国务院不断加大对思想政治理论工作的重视力度，思想政治理论课被作为"立德树人"的关键课程。2020 年 12 月，中共中央宣传部、教育部联合印发《新时代学校思想政治理论课改革创新方案》，进一步整合与优化高校思想政治理论课，除了要求全国重点马克思主义学院率先开设"习近平新时代中国特色社会主义思想概论"课程之外，将"马克思主义基本原理概论"简称为"马克思主义基本原理"，"思想道德修养与法律基础"则改为"思想道德与法治"。应该指出的是，习近平总书记也在多个场合强调思想政治理论课程的重要性，从教学体系、教学内容、教学方法、教学手段等方面进行详细指导并作出具体要求。在这种环境下，高校思想政治理论课程进入质量提升的发展阶段，能够更好地担负起培育社会主义建设者的重任，满足时代的需求。

（二）彰显时代特征

从理论发展层面来讲，由于社会处于持续发展中，新现象、新事物层出不穷，理论就不能僵化静止，必须能够反映最新时代成果，"哲学社会科学是人们认识世界、改造世界的重要工具，是推动历史发展和社会进步的重要力量，其发展水平反映了一个民族的思维能力、精神品格、文明素质，体现了一个国家的综合国力和国际竞争力。一个国家的发展水平，既取决于自然科学发展水平，也取决于哲学社会科学发展水平。一个没有发达的自然科学的国家不可能走在世界前列，一个没有繁荣的哲学社会科学的国家也不可能走在世界前列"[①]。从教育效果层面来看，高校思想政治理论课的开设对象是高校学生，这个群体对时代发展前沿、科技最新成果感受极为敏感，适应、接受新事物能力较强，无论是生活方式还是思想观念都是最"时髦"的群体。1949 年以来，不同时期我国生产力水平不同，反映到生活方式、思想观念、社会环境方面差异也很明显，不同时期的大学

---

① 习近平：《在哲学社会科学工作座谈会上的讲话》，人民出版社，2016，第 2 页。

生价值取向、判断标准、喜好选择千差万别，为了达到良好的教学效果，实现教学目标，思想政治理论课的教学体系、教学方法、授课内容必须与时代同步，承认大学生的代际差异。尤其是处于百年未有之大变局的今天，"00后"大学生的学习方式、思维方式、行为方式深受网络影响，他们出生成长在我国社会主义事业快速发展的时期，物质生活和精神生活都非常富裕，这使他们更加自信、自立。不过，生活节奏加快，各个领域内竞争激烈残酷，各种信息搭载着智能设备快速传送给他们，使他们也面临新的挑战和压力。因此，必须对思想政治理论课进行供给侧方面的改革，无论是教学内容还是教学方式都必须体现时代特征，必须与高校学生关注的、困惑的社会现象密切相连，这样才能够避免与学生的现实状况出现"违和感"，才能够满足高校学生的需要，完成培养肩负起民族复兴重任的社会主义新人的使命。

五 开放性

经过几十年的改革和探索，思想政治理论课逐渐有了从属的学科体系，有了独立的教学目标、教学内容、理论框架，有了专门的教材、教辅材料，但是这个体系、内容和框架不是封闭的、一成不变的。它的内容和教学方式不仅随着社会实践的发展不断丰富，而且兼收并蓄，不同学科的知识、教学方法，不同的教学手段和设备都可以甚至必须融入思想政治理论课的教学过程之中。

（一）多学科知识交叉

单从知识层面来讲，思想政治理论课所包含的基本课程要求任课教师具有渊博的知识，"除了具有马克思主义理论功底之外，还要广泛涉猎其他哲学社会科学以及自然科学的知识"[1]。比如，"马克思主义基本原理"要求任课教师掌握哲学的相关知识，"毛泽东思想和中国特色社会主义理论体系概论"要求任课教师有历史学、政治学的知识储备，"中国近现代史纲要"需要任课教师有丰富的历史学知识储备，"思想道德与法治"要求任课教师掌握法学、心理学、伦理学等学科的知识。但是，有这些学科

---

[1] 习近平：《思政课是落实立德树人根本任务的关键课程》，人民出版社，2020，第14~15页。

背景或求学经历只是基础，要想出色地完成教学任务，讲出学生听得懂、喜欢听的"思政课"就要求任课教师具备多学科的知识储备。以"毛泽东思想和中国特色社会主义理论体系概论"课程为例，该课程内容涉及政治、经济、文化、社会、生态各个领域，包括内政、外交、实现祖国统一、国家安全、国防和军队现代化等方面的内容，但凡社会上所发生的现象在该课程中基本都能找到相关的理论。任课教师想完成这门课的教学任务，除了要有扎实的政治学、历史学、马克思主义哲学的基本功之外，还必须有相应的经济学、军事学、社会学甚至自然科学等学科的知识，必须对我国传统文化有了解，对其他国家的基本情况有所了解，必须时刻关注时事政治，把握领悟理论最前沿，及时将最新会议精神、理论成果带入课堂，必须有国际视野和历史视野，否则很难做到知识融会贯通，理论与时俱进，事例信手拈来，讲授深入浅出。没有海量的知识储备和每日的热点关注，很难讲出学生感兴趣的、对他们有强烈现实指导意义的概论课，如此一来，教学效果就会大打折扣，教学目的也难以完全实现。因而，思想政治理论课绝对不是抽象的理论、僵化的教条、封闭的体系，而是开放的、不断发展的、有丰富内容的，它本身的学科体系需要吸收多学科的内容和理论，只有这样才能让理论"活"起来，让课堂更有趣。

（二）多渠道齐抓共建

思想政治理论课程是立德树人的关键课程，但绝非唯一课程。"要用好课堂教学这个主渠道，思想政治理论课要坚持在改进中加强，提升思想政治教育亲和力和针对性，满足学生成长发展需求和期待，其他各门课都要守好一段渠、种好责任田，使各类课程与思想政治理论课同向同行，形成协同效应。"①"思政课程"虽然承担着把握政治方向、引领价值观念的重任，但是"课程思政"建设同样重要。将专业知识与价值引领有机结合，将专业技能与爱国情怀、社会责任有机统一，让学生不仅能够学习知识，还能懂得为什么学、学会之后怎么用。只有这样才能培养出专业技能过硬、思想觉悟较高的有担当的社会主义新人。也就是说，思想政治理论课是对高校学生进行思想政治教育的主渠道，但并不是唯一渠道。2021年3月6日，习近平总书记在看望参加全国政协会议的医药卫生界、教育界

① 《习近平谈治国理政》第2卷，外文出版社，2017，第378页。

委员并参加联组会时强调，"思政课不仅应该在课堂上讲，也应该在社会生活中来讲"，"'大思政课'我们要善用之，一定要跟现实结合起来"①。学校课堂当然是大学生学习知识的最理想场所，但是对于一个人的一生来说，学校教育毕竟是短暂的，人生绝大部分时间是在社会这个"大课堂"中摸爬滚打，将学校课堂中学习的知识运用到社会课堂中去，与此同时，在社会课堂中不断学习新的知识。因此，学校课堂与社会课堂不能泾渭分明、完全割裂，学校课堂教育过程中必须善用社会这个"大思政"课堂，充分发掘社会中所展现的波澜壮阔的百年党史、成就斐然的脱贫攻坚、人民幸福的小康社会、艰苦卓绝的抗疫斗争、勇于担当的大国形象、全球瞩目的中国方案，以及这些成就和形象背后默默奉献的平凡的英雄。这些鲜活的素材都是"大思政课"可以使用的有力论据，通过学习这些实践材料，学生才能深刻理解"中国共产党为什么能""马克思主义为什么行""中国特色社会主义为什么好"，进一步增强"四个意识"、坚定"四个自信"，把爱国情、强国志、报国行自觉融入坚持和发展中国特色社会主义事业、建设社会主义现代化强国、实现中华民族伟大复兴的奋斗之中。用好"大思政课"，就需要"开门办思政课"，"坚持开门办思政课，推动思政课实践教学与学生社会实践活动、志愿服务活动结合，思政小课堂和社会大课堂结合，鼓励党政机关、企事业单位等就近与高校对接，挂牌建立思政课实践教学基地，完善思政课实践教学机制"②。

六　实践性

理论与实践相辅相成，紧密相连。任何理论都来源于实践，是对实践活动的经验总结和理论概括。理论又必须回到实践中去，只有用于指导实践才有价值，只有在实践中不断创新和发展才有生命力。同时，实践活动也需要科学的理论来指导，以保证正确的方向。思想政治理论课是理论课，主要向学生传授基本理论知识，但是，这些理论绝对不是空洞的说教，不是抽象的教条，更不是简单的文字组合，而是建立在实践基础之上的有血有肉、有丰富内涵、有灵魂的真理，它是方法，是行动指南。因

---

① 杜尚泽：《"大思政课"我们要善用之》，《人民日报》2021年3月7日，第1版。
② 《深化新时代学校思想政治理论课改革创新》，《人民日报》2019年8月15日，第1版。

此，思想政治理论课"要坚持理论性和实践性相统一，用科学理论培养人，重视思政课的实践性，把思政小课堂同社会大课堂结合起来"①。

（一）理论源于实践

高校思想政治理论课的理论并非无源之水，无本之木，而是对社会实践经验的总结，是对社会活动的理论概括和升华。这一点无论是在教材内容的编写过程中还是在课程讲授的过程中都有明显的体现。理论本身固然是讲授或者学习的重点，但每个理论都有它产生的背景、条件和过程，讲授时都会介绍它的来龙去脉，以及它提出或形成的必要性。没有理论是理论家们在书房凭空创造的，也没有任何路线、方针、政策不是针对具体社会问题而出台的。思想政治理论课中的理论只有与实践相结合，才能把握时代发展脉搏，满足社会对理论的需要，才能提炼形成新的理论，保持课程永久的活力。马克思、恩格斯通过对无产阶级斗争的实践总结形成了马克思主义基本理论，近代以来中国人民艰苦卓绝的革命斗争实践、中国共产党领导人民群众披荆斩棘地创造出来一个又一个壮举的奋斗历程是党史、新中国史、改革开放史、社会主义发展史的重要内容，我们从中也提炼出了丰富的理论成果、制度成果和伟大精神。社会主义事业的指导思想不断发展，形成了包括马克思列宁主义、毛泽东思想、邓小平理论、"三个代表"重要思想、科学发展观、习近平新时代中国特色社会主义思想在内的丰富的理论宝库，社会各项制度不断完善，以建党精神为首的中国共产党人精神谱系更是从实践中淬炼出的理论精华。进入社会主义新时代，我们顺利实现了第一个百年目标，踏上了为实现第二个百年目标而奋斗的新征程，新的实践必定会产生新的理论，"我们必须坚持马克思列宁主义、毛泽东思想、邓小平理论、'三个代表'重要思想、科学发展观，全面贯彻新时代中国特色社会主义思想，坚持把马克思主义基本原理同中国具体实际相结合、同中华优秀传统文化相结合，用马克思主义观察时代、把握时代、引领时代，继续发展当代中国马克思主义、21世纪马克思主义"②。

（二）理论指导实践

理论不能取代实践活动，但是可以指导实践，如同马克思的名言：理

---

① 《习近平谈治国理政》第3卷，外文出版社，2020，第331页。
② 习近平：《在庆祝中国共产党成立100周年大会上的讲话》，人民出版社，2021，第13页。

论一经掌握群众，也会变成物质力量。① 将马克思主义基本原理与中国社会实际相结合是党领导人民在民主革命和国家建设过程中一直坚持的原则，1938 年党的六届六中全会上提出"马克思主义中国化"是我们党理论成熟的标志。综观中国革命、建设和改革的每一个时期，我们的事业都是在科学的理论指导下进行的。通过思想政治理论课向学生传授马克思主义基本原理、马克思主义中国化理论成果、近代以来我国社会发展的历程以及社会主义法制和道德的相关理论知识只是课程开设的初级目标，而让学生学会自觉运用马克思主义的立场、观点和方法来分析问题、解决问题，以提升他们的理论水平、政治素质、道德品质、法律素养才是课程开设的更高目标，而这些目标最终落实到行动能力提升层面上。

掌握理论、理解理论是为了应用理论，将理论中蕴含的方法内化为自己的行动指南，解决成长过程中遇到的问题、困难和困惑，以实现"从'理论教化'→'情感认同'→'观念内化'→'行为外化'的转换"②。比如，随着科学技术的发展，人们的生活方式逐渐发生变化，手机、电脑等智能设备为大学生获取知识提供了便捷的渠道，他们可以及时接收到海量的信息，可谓达到了"足不出户可尽知天下事"的状态。每天面对海量的信息，当前大学生必须具备"选择""判断"的能力，这种能力的急迫性甚至超过了主动去"寻找"知识的能力。哪些观点是正确的？哪些行为是错误的？哪些现象是真实的？哪些信息是可信的？这都需要去甄别、去取舍，而甄别和取舍需要科学的理论和方法。思想政治理论课可以为他们提供科学的理论和正确的方法，大学生将学习的理论内化为自己的能力，用于处理现实生活中遇到的问题，就能够正确对待生活、学习中遇到的挫折，在纷繁复杂的社会现象中保持清醒和理性，经得起各种诱惑，自觉抵御各种不良思想的侵蚀，从而更好地肩负起这个时代赋予他们的社会责任，更出色地将自己的奋斗与国家的发展紧密结合，如同习近平总书记所强调的："在理论和实践的结合中，教育引导学生把人生抱负落实到脚踏实地的实际行动中来，把学习奋斗的具体目标同民族复兴的伟大目标结合

---

① 《马克思恩格斯全集》第 3 卷，人民出版社，2002，第 207 页。
② 蔡小葵：《思想政治理论课理论性和实践性相统一的理论探析与实践要求》，《思想理论教育导刊》2020 年第 4 期，第 142 页。

起来，立鸿鹄志，做奋斗者。"①

第二节　思想政治理论课的任务

习近平总书记说："办好思政课，最根本的是要全面贯彻党的教育方针，解决好培养什么人、怎样培养人、为谁培养人这个根本问题。"② 确实，思想政治理论课在很大程度上体现并确保了我国的社会主义办学性质和方向，它是高校全面育人的中心环节。它的教学目标集知识教育和观念教育于一体，肩负宣传马克思主义理论，宣传党的方针路线政策，培育和弘扬社会主义核心价值观，为实现中华民族伟大复兴培养政治立场正确、道德品质高尚的社会主义建设者的重要使命。因而，思想政治理论课是对大学生开展思想政治工作的具体体现，而"思想政治工作从根本上说是做人的工作，必须围绕学生、关照学生、服务学生，不断提高学生思想水平、政治觉悟、道德品质、文化素养，让学生成为德才兼备、全面发展"③，这是思想政治理论课的任务所在。大体来说，思想政治理论课的任务主要体现在政治引导、价值引领、立德树人、理论自信四个方面。

一　政治引导

习近平总书记指出："政治引导是思政课的基本功能。"④ 一语点出了思想政治理论课担负的根本责任。确实，作为政治课，思想政治理论课承载着对学生进行政治教育的重要任务。政治性是一个成熟的社会人必备的社会属性，亚里士多德曾表示人"天生是政治动物"，作为群居社会中的个体，任何个人都必须与生活的社会环境发生各种联系，不仅必须学会协调、让步、合作、互助等"政治性"的生存法则，还必须具有整体意识、责任意识、公共精神等"社会性"的政治素质。当然，受个人性格、生活环境、受教育程度等因素的影响，个体的"政治性"表现会有差异，即个

---

① 习近平：《思政课是落实立德树人根本任务的关键课程》，人民出版社，2020，第 20～21 页。
② 习近平：《思政课是落实立德树人根本任务的关键课程》，人民出版社，2020，第 9 页。
③ 《习近平谈治国理政》第 2 卷，外文出版社，2017，第 377 页。
④ 习近平：《思政课是落实立德树人根本任务的关键课程》，人民出版社，2020，第 17 页。

体的政治意识不完全相同。而政治意识则是"政治生活与政治活动的心理反应和精神现象，是人们在特定的社会条件下形成的政治态度、政治情感、政治认知、政治信念、政治习俗、政治价值的复合存在形式"①。这实际上指明了政治意识是关于个体在政治方面价值取向的问题。显然，政治性可称为人与生俱来的一种属性，随之而来的是政治意识的形成，不过政治意识的形成和确立固然与个体生活有所联系，但更与后天的思想教育关系密切。只要经过正确的引导和教育，绝大部分个体能够形成主流的、符合社会发展需要的、正确的政治意识。

　　从近代以来我国社会发展的历程来看，青年学生历来具有较高的政治敏锐性，有强烈的政治意识，适逢关键时刻都能在政治舞台上看到他们的身影。从"五四"运动、"一二·九"运动到今天的脱贫攻坚、伟大的抗疫斗争，100多年来，青年学生出色地完成了时代使命，是革命、建设和改革事业不可缺少的一支力量。当前，在校大学生是出生于21世纪的"00后"一代，他们肩负着完成第二个百年奋斗目标、建设社会主义现代化强国、实现民族伟大复兴的中国梦的时代重任，他们的政治意识是否强烈、是否正确直接关系到我国未来社会发展的道路和方向。令人欣慰的是，在中国共产党的坚强领导下，经过多年的思想政治教育工作，这些"00后"大学生的政治态度、政治信念基本上是正确的，也都有责任意识和担当精神。不过，社会上的价值多元化、获取信息途径便捷化，尤其是互联网飞速发展之下的"自媒体"有泛滥的趋势，这导致网络上的不同声音、现象和观点在社会上广泛传播，某种程度上也在消解教育主渠道对学生的教育效果，给大学生的政治判断、政治价值取向带来干扰，使他们刚刚确立还不太稳定的政治观念、政治意识发生动摇，这实际上是高校思想政治课教学所面临的挑战，对思想政治理论课教学和研究提出了新要求。通过思想政治理论课对大学生进行政治引导，使他们坚定正确的政治意识和政治立场，自觉抵御错误思想的腐蚀，是一项不可动摇的教学任务。

　　当然，强调思想政治理论课的政治引导功能，绝不等于把思想政治理论课简单化为政治宣传，或者理论、路线、方针、政策的单向灌输，而是结合社会实践进行透彻的学理分析，用经得起实践检验的真理来感召学

----

① 吴大英、杨海蛟：《政治意识论》，山西教育出版社，2001，第1页。

生，让他们发自内心地认同理论、思想的强大魅力。思想政治理论课是理论课、思想课和政治课，但是这些理论、思想背后蕴藏着鲜活的故事和生动的人的活动，是从伟大的或者平凡的人的活动中总结、提炼或升华出来的，所以这些课程不排斥故事。人物活动中有奋斗、有牺牲、有奉献、有坚守、有信仰等激励人的正能量，有成功、有幸福、有自由、有进步、有创造等奋斗成果，以及团结、互助、协作、纪律、规则、秩序等社会行为。因此，思想政治理论课要引导学生正确认识中国 5000 多年中华文明史，500 多年的世界社会主义史，180 多年的中国人民斗争史，100 多年的中国共产党奋斗史，70 余年的中华人民共和国史，40 多年的改革开放史；引导学生正确认识我们今天的奋斗成果，我国社会制度、发展模式的优越性，以及存在的社会问题、面临的挑战；引导学生客观地分析当前我们所处的时代背景、国际环境，理性地分析中外差别，冷静清醒地对待国际敌对势力对我国的诋毁和攻击；引导学生坚持正确的政治立场和方向，明辨真假是非，提高自身的政治素质，确立坚定的理想信念，崇尚英雄，弘扬正气，立鸿鹄志，做奋斗者，为中华民族伟大复兴中国梦的实现不懈努力。

二　价值引领

任何国家、任何民族都需要主流的价值观念，需要核心价值观念的形成与流行，这是国家、民族凝心聚气的强大力量，是亿万民众的"最大公约数"，是关系到国家、民族认识"我是谁、我从哪里来，我到哪里去"的根本问题。对此问题，习近平指出："人类社会发展的历史表明，对一个民族、一个国家来说，最持久、最深层的力量是全社会共同认可的核心价值观。核心价值观，承载着一个民族、一个国家的精神追求，体现着一个社会评判是非曲直的价值标准。""如果一个民族、一个国家没有共同的核心价值观，莫衷一是，行无依归，那这个民族、这个国家就无法前进。"① 经过长期的探索总结，我国形成了以"富强、民主、文明、和谐，自由、平等、公正、法治，爱国、敬业、诚信、友善"为内容的社会主义

① 习近平：《青年要自觉践行社会主义核心价值观——在北京大学师生座谈会上的讲话》，人民出版社，2014，第 3~4 页。

核心价值观，它将国家层面、社会层面、公民层面的价值要求有机融合到一起，回答了我们要"建设什么样的国家和社会、培育什么样的公民"这些重大问题，三个层面的目标紧密相关，相互促进、相辅相成。在社会主义核心价值观的引领下，整个社会奋发图强、守正创新的风气成为主流，社会安定、和谐，人们的精神生活富足、精神面貌积极向上，社会主义核心价值观越来越融入人们的日常生活之中，成为很多人的行为准则。

青年兴则国家兴，青年强则国家强。青年大学生承担着民族的希望和未来，这个群体能否树立正确的价值观、能否践行社会主义核心价值观尤为重要，正所谓："青年的价值取向决定了未来整个社会的价值取向，而青年又处在价值观形成和确立的时期，抓好这一时期的价值观养成十分重要。这就像穿衣服扣扣子一样，如果第一粒扣子扣错了，剩余的扣子都会扣错。"① 当前，青年大学生总体精神面貌积极向上、充满活力，他们勇担时代重任，把个人奋斗、个人梦想融入中国梦的实现过程；他们求真向善，自觉践行社会主义核心价值观，并内化为自己的行为准则；他们充满自信，对我国的社会制度、发展道路、发展成就充满自豪，能够冷静理性地看待社会发展过程中面临的矛盾和问题。有学者对全国数十所高校大学生的价值观选择进行了连续性年度调查，调查结果显示：当代大学生普遍表现出积极理性的价值认知，以良好的精神风貌呈现崇高的价值追求，具有高度的"四个自信"，他们洋溢着爱国热情，彰显了青年一代在价值观上的自信、自觉和自强。②

同时，应该警惕的是，目前无论是社会上还是大学校园中，历史虚无主义、价值虚无主义以及一些西方腐朽的价值观念还有影响，它们甚至披着学术的外衣、打着学术自由的幌子，对大学生进行侵蚀。追求个人享受、个人利益至上的精致利己主义观念也通过多种渠道腐蚀大学生的价值选择，打击他们为社会主义事业奋斗的积极性。西方敌对势力更是以青年大学生为"演变"的主要对象，利用一切可以利用的机会拉拢、腐蚀他们，试图从根本上阻碍中国特色社会主义事业的发展壮大。这些现象的存

---

① 习近平：《青年要自觉践行社会主义核心价值观——在北京大学师生座谈会上的讲话》，人民出版社，2014，第9页。

② 刘晓亮：《当代大学生价值观的现状分析与培育对策》，《思想理论教育》2021年第12期，第102~104页。

在，凸显了思想政治理论课对大学生进行价值引领、价值观塑造的紧迫性和必要性。

从知识层面来讲，"思政课教师给予学生的不应该只是一些抽象的概念，而应该是观察认识当代世界、当代中国的立场、观点、方法"①。换言之，思想政治理论课的知识不难懂、不深奥、不拗口，以学生的记忆力水平，把所有的理论背诵下来绝非难事，但背诵、记忆不是理论学习的根本目的，如何把这些文字、理论、教条内化为自己的观念和行为准则，形成习惯，达到"日用而不知"的效果才是课程的教学目标。2015 年 1 月，中共中央办公厅、国务院办公厅印发《关于进一步加强和改进新形势下高校宣传思想工作的意见》指出，加强和改进新形势下高校宣传思想工作的一项主要任务是："巩固共同思想道德基础，大力加强社会主义核心价值观教育，把培育和弘扬社会主义核心价值观作为凝魂聚气、强基固本的基础工程，弘扬中国精神，弘扬中华传统美德，加强道德教育和实践，提升师生思想道德素质，使社会主义核心价值观内化于心、外化于行，成为全体师生的价值追求和自觉行动。"② 因而，思想政治理论课教学对学生观念的塑造和引导远远大于知识的讲解和传授，引导他们独立思考，学会用正确的方法认识世界，明辨是非，扬善弃恶，让社会主义核心价值观的种子在他们心中生根发芽，这样他们才能拥有改造世界的能力。

三 立德树人

立德树人是我国社会主义教育的根本任务，更是高校的立身之本。党的十八大以来，习近平总书记多次反复强调立德树人这一根本任务。2016 年 4 月在给清华大学建校 105 周年的贺信中要求清华大学"坚持立德树人"③。2018 年 5 月在北京大学师生座谈会上的讲话中指出"要把立德树人的成效作为检验学校一切工作的根本标准"④，同年 9 月 10 日在全国教育大会上的讲话时强调"要把立德树人融入思想道德教育、文化知识教

---

① 习近平：《思政课是落实立德树人根本任务的关键课程》，人民出版社，2020，第 14 页。
② 《加强和改进新形势下高校宣传思想工作》，《人民日报》2015 年 1 月 20 日，第 1 版。
③ 《习近平致清华大学建校 105 周年贺信》，《人民日报》2016 年 4 月 23 日，第 1 版。
④ 习近平：《在北京大学师生座谈会上的讲话》，人民出版社，2018，第 7 页。

育、社会实践教育各环节，贯穿基础教育、职业教育、高等教育各领域"①。2019 年 1 月在南开大学考察时强调"学校是立德树人的地方"②，3 月 18 日在学校思想政治理论课教师座谈会上的讲话中指出"新时代贯彻党的教育方针，要坚持马克思主义指导地位，贯彻新时代中国特色社会主义思想，坚持社会主义办学方向，落实立德树人的根本任务"③。2020 年 6 月给哈尔滨工业大学建校 100 周年的贺信中希望哈尔滨工业大学"紧扣立德树人根本任务"④。2021 年 4 月在广西考察时强调"要全面贯彻党的教育方针，落实立德树人根本任务"⑤。从这些讲话中足以看出立德树人在我国教育事业、高校教育活动中的重要意义。此外，经第十三届全国人大常委会第二十八次会议审议通过的修订后的《中华人民共和国教育法》，其中第五条修改为"教育必须为社会主义现代化建设服务、为人民服务，必须与生产劳动和社会实践相结合，培养德智体美劳全面发展的社会主义建设者和接班人"。将党的教育方针落实为法律规范，从法律和制度的层面明确了社会主义教育"培养什么人""怎样培养人""为谁培养人"的重大问题。

　　立德树人是教育的根本任务。教育的目的是培养专业技能和道德素质兼具的人才，即德才兼备。如果只注重专业技能的训练而忽视德育方面的要求，教育就异化成为传授获取利益的技艺或知识的工具，培养出的人只能是掌握某项技术、有某些专长的为个人利益服务的劳动者，也可以称为"精致的利己主义者"，人的社会性属性大大减弱，整个社会缺乏共同价值、共同理想，也就缺少了共同奋斗的基础，缺少了社会稳定、和谐、可持续发展的动力，这样教育就失去了它原本的意义。立德树人这一根本任务强化了教育目标中"德育"的基础性和先导性，把道德方面的修养置于

---

① 《十九大以来重要文献选编》（上），中央文献出版社，2019，第 653~654 页。
② 《稳扎稳打勇于担当敢于创新善作善成　推动京津冀协同发展取得新的更大进展》，《人民日报》2019 年 1 月 19 日，第 1 版。
③ 习近平：《思政课是落实立德树人根本任务的关键课程》，人民出版社，2020，第 9~10 页。
④ 《习近平致信祝贺哈尔滨工业大学建校 100 周年》，《人民日报》2020 年 6 月 8 日，第 1 版。
⑤ 《解放思想深化改革凝心聚力担当实干 建设新时代中国特色社会主义壮美广西》，《人民日报》2021 年 4 月 28 日，第 1 版。

人的综合素质的首要位置。特别是对于高校教育来说，教育目标不仅要明确"怎样培养人"，更要明确"培养什么人""为谁培养人"；不仅要培养出掌握专业技能的劳动者，更需要培养有家国情怀、使命担当、奉献精神的社会主义建设者和接班人。因而，高校思想政治课"要坚持把立德树人作为中心环节，把思想政治工作贯穿教育教学全过程，实现全程育人、全方位育人，努力开创我国高等教育事业发展新局面"①。在高校的教学体系中，各专业课主要承担传授技能和知识的任务，思想政治理论课教学则对学生进行价值观的塑造和引导。其具体作用可以概括为以下方面。

（一）思想政治理论课能够确保马克思主义的指导地位

马克思主义是我国社会主义事业的指导思想，党的十九届四中全会把坚持马克思主义在意识形态领域的指导地位确立为根本制度。促进我国高等教育发展，落实党的教育方针和高校教育目标也必须坚持马克思主义的指导地位。与此同时，高校也是学习、研究和传播马克思主义理论的重要阵地，"马克思主义是我们立党立国的根本指导思想，也是我国大学最鲜亮的底色"②。思想政治理论课程是加强马克思主义理论建设、传播马克思主义理论的关键课程。大学生通过这些课程的学习，了解马克思主义理论的内容和精髓，掌握科学的立场、观点和方法，形成正确的世界观、人生观和价值观。

（二）思想政治理论课能够塑造团结奋斗的理想信念

实现中华民族的伟大复兴是 14 亿中华儿女的共同理想，是全国各族人民团结奋斗的共同目标。中国特色社会主义进入新时代，中国人民比历史上任何时期都更接近、更有信心和能力实现中华民族伟大复兴这一梦想，今天的建设成就也在向世界庄严宣告，中华民族迎来了从站起来、富起来到强起来的伟大飞跃，实现中华民族伟大复兴进入了不可逆转的历史进程。今天的青年大学生生逢盛世，他们在享受富足物质、文化成果的同时也肩负重任，他们是与新时代同行共进的一代，正如习近平总书记 2021 年 3 月在福建考察时对青年一代的殷殷嘱托："实现第二个百年奋斗目标，实现中华民族伟大复兴，青年一代责任在肩。希望同学们树立远大理想、热

① 《习近平谈治国理政》第 2 卷，外文出版社，2017，第 376 页。
② 习近平：《在北京大学师生座谈会上的讲话》，人民出版社，2018，第 6 页。

爱伟大祖国、担当时代责任、勇于砥砺奋斗、练就过硬本领、锤炼品德修为，努力成为对社会有用的人、道德高尚的人，积极投身全面建设社会主义现代化国家的伟大事业。"① 对学生进行理想信念、责任担当教育是思想政治理论课教学的应有之义，引导学生把自己的奋斗与民族国家的未来紧密结合是时代发展赋予思想政治理论课的使命，思想政治理论课就是要通过完整的教学体系，让大学生自觉践行中国特色社会主义共同理想，在实现中国梦的过程中让自己的人生更加出彩，为共同理想的实现提供力量源泉。

（三）思想政治理论课能够抵御不良思潮的侵蚀

随着我国不断扩大开放，综合国力日益提升，逐渐走进世界舞台的中央，我国与世界各国的联系更趋紧密，相互之间的影响也更趋深刻，难以避免不同文化之间的碰撞与斗争，特别是意识形态领域内的斗争日趋复杂和激烈，应该高度重视，而高校是意识形态斗争的主要战场，青年大学生成为各种不良思潮争夺的主要对象。因而，习近平总书记说："学校是意识形态工作的前沿阵地，可不是一个象牙之塔，也不是一个桃花源。"② 在这场没有硝烟的战争中，思想政治理论课是打破西方价值观入侵的有力武器。面对西方意识形态和价值观念的渗透，思想政治理论课必须筑牢意识形态防线，激浊扬清，通过多种教学方法向学生进行社会主义核心价值观教育，进行爱国主义教育，引导他们树立远大的共产主义理想和坚定的中国特色社会主义共同理想。把思想政治理论课置于"百年未有之大变局"的时代背景之中来学习，通过一百多年来的发展历程进行纵向比较，通过中外发展模式和成就进行横向比较，让大学生深刻认识到我国的发展模式的优越性，感受到中国方案的魅力，进而增强意识形态"免疫力"，自觉抵御各种不良思潮的围追堵截。

四　理论自信

自信是一个民族、一个国家自立的底气，自强的动力。理论自信则是灵魂，是基石，是定海神针。理论上清醒、坚定，政治上就会清醒、坚

---

① 《在服务和融入新发展格局上展现更大作为 奋力谱写全面建设社会主义现代化国家福建篇章》，《人民日报》2021 年 3 月 26 日，第 1 版。
② 习近平：《思政课是落实立德树人根本任务的关键课程》，人民出版社，2020，第 6 页。

定；用科学的理论武装头脑，就能练就"金刚不坏之身"；理论上坚定成熟，其他力量就不可能动摇意志。从革命时期开始，我们各项事业都坚持用科学的理论来指导，正是有了科学的理论来武装，才能够确保我们沿着正确的道路不断前行，尽管历程艰辛，有浅滩、有暗流，有阔步向前，也有徘徊曲折，但是方向始终正确，前途一片光明。革命、建设、改革过程中所取得傲人成就，无一不是科学理论结出的累累硕果，因此我们才能在亿万民众齐筑中国梦的今天向世界豪迈宣布："中国共产党为什么能，中国特色社会主义为什么好，归根到底是因为马克思主义行！"①

马克思主义为什么行？因为马克思主义是普遍真理，它揭示了自然界、人类社会发展的客观规律，教会人们正确认识世界；它不是教条，而是科学的方法，能够指导人们改造世界；它是不是僵化静止的理论，而是开放的、不断发展着的理论体系；它经得起实践的检验，是名副其实的科学。十月革命一声炮响，给中国送来了马克思主义。马克思主义传到中国，中国革命面貌焕然一新，马克思主义理论也获得新的生机和活力，在中华大地上开花结果，应该说，党的百年奋斗史充分展示了马克思主义强大的生命力。中国共产党从诞生发展到今天成为世界第一大党，百年党史的辉煌历程生动诠释了马克思主义为什么行；新中国成立70余年，中华民族实现了从站起来、富起来到强起来的伟大飞跃，生动诠释了马克思主义为什么行；进入社会主义新时代，中国共产党领导着中国人民顺利完成了第一个百年奋斗目标，正向第二个百年目标阔步前进，这些成就更是生动诠释了马克思主义为什么行。"它的科学性和真理性在中国得到了充分检验，它的人民性和实践性在中国得到了充分贯彻，它的开放性和时代性在中国得到了充分彰显！"②

中国共产党以马克思主义理论为指导，并且把理论与中国社会实践相结合，实现马克思主义中国化。回顾百年党史，在非凡成就、光辉历程的背后是理论的不断丰富和升华。从毛泽东思想到邓小平理论、"三个代表"重要思想、科学发展观，再到习近平新时代中国特色社会主义思想，都是在实践中把马克思主义推向新阶段、实现新发展的成果，这些成果是对中

---

① 《习近平谈治国理政》第4卷，外文出版社，2022，第10页。
② 习近平：《在纪念马克思诞辰200周年大会上的讲话》，人民出版社，2018，第14页。

国共产党领导中国人民艰苦奋斗、开拓创新的历史的概括和总结，体现了中华民族、中国人民的共同智慧。百年党史不仅是实践层面的奋斗史，也是理论方面的演进史，理论演进的历史进程也是理论自信确立与强化的进程。马克思主义刚刚传入中国时，中国社会的有志之士正在苦苦探索救国道路，广大知识分子放眼全球，著书立说，翻译外国著作，各种主义、理论、思潮在中国社会中碰撞，马克思主义以其真理性、科学性在众多主义、理论、思潮中脱颖而出，最终被中国人民所选择，马克思主义开始与中华文明交织融合，产生了中国共产党，进而开启了中国化的进程。当然，与实践层面的艰辛曲折过程一样，理论演进的道路并非一马平川，也经历了"左"或"右"的干扰，甚至受到国际共产主义运动发展的影响，但是正如大浪淘沙，留下的总是熠熠生辉的金子，科学的理论在实践的锤炼面前更能彰显其真理的本质。一百年来，中国共产党人不断丰富发展理论，也不断提升理论自觉和理论自信，不仅仅数次打破"左"或"右"的束缚，把理论发展始终保持在正确的航道上，还以极大的理论自信应对了世界社会主义运动的重大挫折，正如邓小平同志在南方谈话中所表达出来的理论自信："我坚信，世界上赞成马克思主义的人会多起来的，因为马克思主义是科学。它运用历史唯物主义揭示了人类社会发展的规律。……一些国家出现严重曲折，社会主义好像被削弱了，但人民经受锻炼，从中吸收教训，将促使社会主义向着更加健康的方向发展。因此，不要惊慌失措，不要认为马克思主义就消失了，没用了，失败了。哪有这回事！"[①]

当前，我们进入社会主义新时代，社会主义建设事业踏上新征程，在百年奋斗所打下的坚实基础上，我们有充分的自信向世人宣布：今天，我们比历史上任何时期都更接近、更有信心和能力实现中华民族伟大复兴的目标。过去的成就是在科学的理论指导下取得的，今后的发展也离不开科学理论，因此我们要继续坚持理论创新，以解放思想、实事求是、与时俱进、求真务实的态度继续推进马克思主义中国化，"坚持把马克思主义基本原理同中国具体实际相结合、同中华优秀传统文化相结合"[②]，用不断发展的理论指导新的社会实践。

---

① 《邓小平文选》第 3 卷，人民出版社，1993，第 382~383 页。
② 《习近平谈治国理政》第 4 卷，外文出版社，2022，第 1C 页。

　　尽管马克思主义是被实践证明了的科学理论体系，但不可忽视的是，一些人对这个理论体系认识不够全面，忽视了它的科学性，甚至形成一些错误认识，出现了"实际工作中，在有的领域中马克思主义被边缘化、空泛化、标签化，在一些学科中'失语'、教材中'失踪'、论坛上'失声'"① 的现象，解释中国社会现象时言必谈"西方学者观点""西方理论"，这种缺乏理论自信的表现消解了社会主义事业奋斗的理论基础，不利于形成自己的知识体系和理论体系，不能够贴切地、真实地解释中国社会现象，无法为解决中国社会问题提供智力支持，不利于我们讲述中国故事，不利于传播中国声音，更影响到向世界展示全面、真实、立体的中国形象。

　　因此，思想政治理论课不仅仅要讲授理论的内容，更要讲授理论的意义，"加强高校思想理论建设，加强具有中国特色、时代特征的高校哲学社会科学学术理论体系和学术话语体系建设，进一步增强理论认同、政治认同、感情认同，不断激发广大师生投身改革开放事业的巨大热情，凝心聚力共筑中国梦"②。只有讲深讲透理论，学生才能深刻领会到理论旺盛的生命力，树立强大的理论自信。只有增强理论自信，才能避免被各种错误思潮和歪理邪说所左右，才能在多元中保持清醒、在多变中保持定力，才能形成清醒的理论自觉、坚定的政治信念、科学的思维方法。新时代的青年大学生拥有较强的理论自信，他们能够以实现中华民族伟大复兴为己任，把个人的奋斗自觉融入民族复兴伟业的洪流之中，从而增强做中国人的志气、骨气、底气，不负时代，不负韶华，不负党和人民的殷切期望！我们更是自豪地宣告："当今世界，要说哪个政党、哪个国家、哪个民族能够自信的话，那中国共产党、中华人民共和国、中华民族是最有理由自信的。"③

【延伸阅读】

　　1.《把宣传思想工作做得更好》（2013 年 8 月 19 日），《习近平谈治国理政》，外文出版社，2014。

---

① 习近平：《在哲学社会科学工作座谈会上的讲话》，人民出版社，2016，第 10 页。
② 《加强和改进新形势下高校宣传思想工作》，《人民日报》2015 年 1 月 20 日，第 1 版。
③ 习近平：《在庆祝中国共产党成立 95 周年大会上的讲话》，人民出版社，2016，第 12 页。

2. 《坚持和巩固党对意识形态工作的领导》（2015 年 5 月 18 日—2016 年 5 月 17 日），《习近平谈治国理政》第 2 卷，外文出版社，2017。

3. 《自觉承担起新形势下宣传思想工作的使命任务》（2018 年 8 月 21 日），《习近平谈治国理政》第 3 卷，外文出版社，2020。

4. 《心怀"国之大者"，切实把增强"四个意识"、坚定"四个自信"、做到"两个维护"落到行动上》，《自觉承担起新形势下宣传思想工作的使命任务》（2018 年 8 月 21 日），《习近平谈治国理政》第 4 卷，外文出版社，2022。

5. 骆郁廷、秦玉娟：《新中国 70 年高校思想政治理论课建设的回顾与展望》，《思想理论教育导刊》2019 年第 11 期。

【课后作业】

梳理和总结中国共产党关于思想政治理论课建设的重要论述和基本经验。

第三章
思想政治理论课教学的基本要求和规律

思想政治理论课是高校思想政治教育的主阵地和主渠道，承担着对大学生进行系统马克思主义理论教育、社会主义核心价值观教育和思想道德素质培育的重要职责。历史和实践表明，思政课教学的质量和水平不仅直接关系着学生对主流意识形态的认知和认同，关系着学生的成长成才和自由全面发展，也极大影响着社会主义事业建设者和接班人的培养，影响着民族复兴的进程。当前，为在新的历史条件下充分发挥思政课教学的育人作用，有效激发思政课的功能优势，必须从根本出发，立足思政课的本质特性和时代特征，聚焦思政课教学"六个相结合"的基本要求及"八个相统一"的基本规律，着力提升思政课教学成效，助力思政课成为新时代培育时代新人的"大工厂"。

第一节　思想政治理论课教学的基本要求

任何教学活动都不是僵硬呆板地空喊口号，也不是随心所欲地灵机一动，而是也只能是依据一定的教学标准、按照一定的教学要求进行。进入新时代，思政课面临许多新的形势和情况，出现了诸多新的困境和难题，这意味着对思政课教学也提出了一系列新的、更高的要求。因此，为更好贯彻落实思政课立德树人的根本任务和"在改进中加强"[1] 的总体要求，必须明确和把握好新时代背景下思政课教学的六大基本要求，保证思政课教学活动的顺利开展和教学目标的高质量完成。

---

① 《习近平谈治国理政》第 2 卷，外文出版社，2017，第 378 页。

一　坚持理论与实际相结合，持续推动在社会实践中深化理论认识

就其核心内涵而言，理论是指由人们在社会实践中概括和凝练出来的、关于自然界和人类社会知识的、具有系统性的概念或原理体系，[①]而实际则指客观存在的事物或情况。一般说来，无论是理论的产生形成还是创新发展，都离不开现实实际。理论不仅来源于实际，是根据现实的客观实际情况总结而来的，深深扎根于现实土壤之中，而且理论的深化和发展也需要社会实践的推动，并经过实践的检验确认其科学性、合理性和现实性。从某种意义上讲，只有符合实际、符合现实、贴近生活、贴近群众的理论，才具有生命力、穿透力、战斗力、说服力和吸引力，才能及时回应人民群众的现实关切、掌握群众，进而转化为现实物质力量。而一旦脱离实际，理论就会成为"空中楼阁""镜花水月"，只能是"纸上谈兵""坐而论道"，无法付诸实践，更解决不了实际问题。所以马克思说："正确的理论必须结合具体情况并根据现存条件加以阐明和发挥。"[②] 毛泽东在《反对本本主义》等著作、报告和讲话中也生动形象地指出，"没有调查，没有发言权"，并且调查必须结合实际，"离开了实际情况的调查，就要堕入空想和盲动的深坑"，所以我们一定要纠正那种"脱离实际情况的本本主义"[③]。党的历史和实践反复证明，正是因为我们党始终本着理论与实际相结合的马克思主义科学态度，将马克思主义普遍原理与中国具体实际、中华优秀传统文化相结合，坚持"一切从实际出发，理论联系实际，实事求是，在实践中检验真理和发展真理"[④] 的思想路线，党和人民事业才能不断取得胜利，实现前所未有的历史性变革，获取举世瞩目的历史性成就。

理论联系实际是马克思列宁主义的学风，是马克思主义理论发展的根本要求和生机所在，也是我们党的光荣传统和优良作风。由此，在思政课

---

① 中国社会科学院语言研究所词典编辑室编《现代汉语词典》，商务印书馆，2012，第795 页。

② 《马克思恩格斯全集》第 47 卷，人民出版社，2004，第 35 页。

③ 《毛泽东选集》第 1 卷，人民出版社，1991，第 108、92、112 页。

④ 《中国共产党章程 中国共产党纪律处分条例》（修订对照版），人民出版社，2018，第31 页。

教学中能不能坚持理论与实际相结合，不仅是弘扬马克思主义学风的重要体现，本质上也是检验理论和政治上是否成熟的重要标尺。就此而言，思政课最主要的教学目的就是通过理论和实践教育教会学生运用马克思主义的基本原理分析、解释和解决现实问题，同时又在社会生活实践中不断深化自身理论认知，做到书本知识与实际知识的有机统一，让学生既能掌握比较全面而科学的理论知识，又能提升运用知识于实际的能力，在理论与实践的双向互动中持续提高见识、增长本领、完善人格。这就要求思政课教师在教学过程中坚持理论教育与社会实践相结合，联系实际讲好思政课，做到既解决思想问题，又解决实际问题。具体来说，在思政课教学中坚持理论与实际相结合主要包括联系社会实际、联系学生生活实际和联系学生思想实际。

其一，思政课教学要联系中国特色社会主义新时代实际。思政课相比于其他课程具有更为鲜明的政治性和意识形态性，这决定其必须联系新时代的背景和要求，坚守符合时代特征的教学理念。为此，思政课教师应将新时代中国特色社会主义思想寓于思政课之中，使教材理论更好与时代发展相结合，从而在教学中坚定学生正确政治方向，提升学生思想政治觉悟，让学生将自己的未来志向与国家的发展需求紧密结合起来，以培养符合新时代人才要求的时代新人。其二，思政课教学要联系学生日常生活实际。思政课教学的过程不仅要以学生的真实生活为基础，体现生活性，其最终成果也必然要体现于学生生活和工作之中。所以思政课教师在教学中应以生活为中心，追溯学生所经历、所感知的现实生活与经验，联系学生生动活泼的实际生活，并注重发挥实践的育人功能，既要推动自身的实践研修，更要推动学生的实践教学，让教学更加贴近学生的日常生活，契合学生的生活需要，引导他们在社会实践中持续深化理论认识，坚定正确的价值观念，养成良好的道德品质。其三，思政课教学要联系学生思想认识和认知发展水平实际。教学目标的实现终究要以教学对象对教学内容的接受程度和吸收程度为前提和标准，这要求教学必须联系学生思想实际。就思政课而言，思政课教师在教学实践中应把握学生思维特点，紧扣学生思想脉搏，解决学生思想困惑，提升学生思想境界，同时充分掌握学生的理论功底、接受意趣、认知水平和思维能力，根据学生具体思想情况进行具有针对性的教学。

二　坚持教学与科研相结合，强化马克思主义理论学科和科研对教学的支撑作用

教学和科研是高校最重要的两大工作，也是高校教师的职责所在。从教师角度而言，教学是教师运用自己所掌握的知识经验、教学技能等有目的、有计划、有组织地对学生进行引导，以提升学生科学文化素质和综合能力，促进学生全面发展，使其成为社会所需优秀人才的实践活动。而科研是教师为认识客观事物内在及运动规律所开展的一系列理论或实践活动。对于教学和科研的关系，学术界部分观点认为，二者的根本目标和运行理路具有明显差异，且教师时间、精力并不足以兼顾二者，顾此失彼现象不可避免，所以教学和科研之间是一种相互冲突的关系。这种观点看到了教学和科研之间存在的矛盾，具有一定合理性和现实说服力。但应该承认，尽管教学和科研分属不同领域，侧重点有所差异，可从根本上讲二者都是以知识为核心内容、以服务学生全面发展为根本目标的，因而应该是相互依存、不可分割、相互促进的辩证统一关系。具体来说，一方面，注重教学可以在教学活动中针对教学难点、社会热点及学生课堂所提问题开展研究，找到研究的"启发点"、"着力点"和"突破点"，为科研提供后备力量储备。另一方面，注重科研不仅能使教师将学术前沿成果充实进课堂教学中，丰富和升华教学内容，解决知识与研究间的"断层"现象，而且对于提升教师的教学素养和能力也有巨大推动作用。著名科学家钱伟长就曾对科研之于教学的重要性给出见解，认为"教学没有科研做底蕴"[1]，就是一种没有观点和灵魂的教育。简言之，教学是科研的"隐形动力"，是收获科研灵感的最重要渠道，而科研是教学的重要来源，是支撑教学的"灵魂"。

就此，从某种意义上讲，教学也具有一定的研究性，科研也具有一定的教育性，将二者融会贯通，会使其相得益彰。更何况，从教师本身来说，不注重科研，就会成为照本宣科的"教书匠"，相反，不注重教学，就不能称其为恪尽职守的"好老师"。所以思政课教师应加强教学与科研

---

① 钱伟长：《钱伟长院士论教学与科研关系》，《山西师大学报》（社会科学版）2005 年第 2 期，第 117 页。

的协调发展，充分发挥二者之间的相互促进作用，"努力探索攻克教学难关"，用教学促进科研，"强化马克思主义理论学科和科研对教学的支撑作用"①，用科研反哺教学，绝不能顾此失彼，仅"浮于"教学或仅"沉于"科研，出现教学与科研"两张皮"现象。

　　具体来说，其一，要强化思政课教学对科研的促进作用。思政课教师在教学过程中应注重知识融通、寻根究源。具体而言，可以通过学术研讨、研究报告、专题演讲等启发互动式方式进行教学，既寻找科研灵感和思路，优化自己的研究方向和选题，又锻炼学生的思考能力和感悟能力，从而让有能力的学生参与自己的课题研究，逐步深入科研之中，促进科研广度和深度的发展。其二，更重要的是要强化科研对思政课教学的支撑作用。思政课教师应树立针对教学进行科研的意识，做真正有益于思政课教学的研究，保证最大限度利用好科研对教学的正向支撑功能。为此，首先，要使科研方向与思政课教学紧密联系。比如可针对思政课教学开展理论性研究，包括马克思主义及其中国化相关理论问题研究、思政课教学规律研究、思政课教学重难点研究、思政课教学重大现实问题研究等。也可针对思政课教学开展应用性研究，包括教学方法研究、教学设计研究、教学话语构建研究等。其次，要将科研过程与教学过程紧密结合。比如可用分析或讨论的授课形式将科研内容渗透到教学活动过程中，用科研解决"真问题"，以检验科研成果。也可吸收学生参与科研活动，让学生将课堂所学知识运用于研究，以改进科研成果。最后，要让科研成果直接应用于教学活动。其中，理论性研究成果要能够为思政课教学提供理论支撑，并解答学生思想疑惑，回应学生现实关切。应用性研究成果要具有实用性和针对性，能够促进思政课教学方式方法的改革创新，提高思政课教学实效。

三　坚持教师讲授与学生参与相结合，充分调动学生学习的主动性积极性

　　所谓教学，简单而言是指由教师的教和学生的学相互联系、相互作用

---

① 《中央宣传部 教育部关于印发〈普通高校思想政治理论课建设体系创新计划〉的通知》（教社科［2015］2号），教育部网站，http://www.moe.gov.cn/srcsite/A13/moe_772/201508/t20150811_199379.html。

的双边活动。意味着教学过程必定既离不开教师在课堂上的讲授，也离不开学生在课堂上的参与，是教师与学生的双向互动过程。一堂课，没有作为教学主导的教师和作为教学主体的学生面对面的接触、对话、交流、沟通，不能视为一个真正的教与学的过程，更遑论取得好的教学效果。从本质上讲，教师的教是为了学生的学，教师在课堂上的主导作用主要就表现在能极大调动学生学习的积极性、自觉性和创造性，有的放矢地引导学生有所思、有所悟、有所得，提升他们的自主学习能力。《礼记·学记》中有一种"学学半"的教育观点，教师讲授和学生自学应当各得其半，让学生在教师引导下进行自学，使课堂以自学为主，而教师讲授不能太多，如此方能让学生明白自学的重要性，通过自己学习和提出问题、老师点拨和解答问题凸显教学的人本特色。① 这告诉我们，教师在教学过程中应当充分相信学生有主动学习的愿望和潜能，学生也应当充分相信教师有促进自己全面发展的意愿和能力，只有教师与学生相互信任、相互尊重、思维共振、情感共鸣、共同建构的课堂，才能达成教学过程的合作，真正实现教学的目标。在这个过程中，教师尤其要发挥自己的引导作用，一改传统教师讲授得多、学生参与得少的不和谐现象，将深刻的理论分析与新颖活泼的教学形式结合起来，努力创造机会，想方设法激发学生学习的自觉性和主动性，让学生做学习的主人，在课堂参与互动中提升理论水平、政治素养和道德品格。

思政课尽管因其政治性、学术性、逻辑性较强相对于学生而言较为枯燥乏味，但并不意味着思政课无法变得生动有趣、入耳入心、充满生气。相反，只要思政课教师改变传统单调、沉默的说教形态，牢固树立互动性教育理念，在教学中更强调学生的参与性，加强与学生之间的教学互动，既不过于主动，也不过于被动，就能提高学生抬头率和点头率，取得良好教学效果。通过思政课教师启发引导式的教学和学生主动参与式的学习，能够形成生动活泼、开放和谐、民主融洽的课堂气氛，增强学生的互动参与热情，让学生实现由"被动学"到"主动学"的转变，让思政课"活起来"，也"火起来"，成为学生真心喜欢且终身受益的课程。

---

① 袁本新、王丽荣：《人本德育论——大学生思想政治教育的人文关怀与人才资源开发研究》，人民出版社，2007，第 108 页。

　　为此，其一，要牢固树立"以生为本"的教学理念，突出学生在教学中的中心地位。增强思政课堂的互动性首先要求思政课教师转变观念和角色，树立为学生全面发展服务的思想，以学生为本，实现从主宰者、管理者向引导者、服务者的转变。正如人本化教育思想代表人物罗杰斯认为，教师的职责是引导和促进学生学习，而非将知识"喂"给学生，他扮演的更多是"促进者"的角色。所以教师要充分尊重学生的个性，发展学生的潜能。只有思政课教师真正做到"以学生为中心"，将学生看作课堂的主体而非客体，注重学生的"自我教育"，才能为达成与学生之间理想的互动状态提供思想基础。其二，要以调动学生学习积极性为中心，突出教学的双边性。[1] 爱因斯坦曾说："兴趣是最好的老师，真正有价值的东西，并非仅仅从责任感产生，而是从对客观事物的爱与热忱中产生的。"在思政课教学中，学生的兴趣与互动之间具有互存、互促、互为的关系。一般来说，学生对思政课的兴趣越大，参与课堂互动的积极性就会更高。反之，学生在课上与教师积极互动，也会引起和提升学生对思政课的兴趣。为此，思政课教师在实际教学活动中应多采取互动性强、参与度高的教学方法，提高学生学习兴趣，增强学生获得感、成就感和满足感。比如可采取启发式、探究式、问题式、议论式、辩论式、演讲式和专题式等参与度较高的教学方式方法，"用喜闻乐见的语言、生动鲜活的事例、新颖活泼的形式"[2] 将课堂气氛带动起来，以此将过去"教师讲学生听"的单向教学模式转变为"教师与学生互动讨论"的双向教学模式。具体而言，可采用课堂讨论、学生发言、汇报展演、学术沙龙等方式，打造"双向反哺"的课堂讲授形式，如此方可既"发挥教师的主导作用"又"激活学生的主体意识"，促使"学生表现出十分活跃的主动学习状态，真正成为学习的主人"[3]。总之，通过教师与学生之间的良性互动，不仅能增强学生对教师的好感度，促进良好师生关系的形成，而且能增强学生对思政课的获得感，提升思政课教学实效。

---

① 李剑萍、魏薇：《教育学导论》，人民出版社，2000，第251页。
② 李海峰：《高校思想政治理论教师角色研究》，人民出版社，2012，第56页。
③ 郭洋波：《教育学》，人民出版社，2013，第271页。

四　坚持课堂教学与日常教育相结合，发挥主渠道和主阵地的合力作用

课堂教学是在一定条件下教师通过开展系列教学活动传授学生知识、培养学生能力的过程，是学校教育最基本的形式和关键环节，也是教育教学中比较普遍使用、成效较为显著的一种手段，具有系统性、规范性、基础性和说理性等特征。日常教育是与系统教育相较而言的，是除课堂教学外开展的一系列教育活动。在我国，日常教育一般等指常态化、经常性的思想政治教育，包括通过党团活动、社团活动、班级活动和社会实践活动等载体对学生进行形势教育、基本国情教育、党的路线方针政策教育、"四史"宣传教育、英雄模范事迹教育、革命纪念日教育等思想、政治和道德教育工作，具有灵活性、及时性、宣传性和针对性等特征。课堂教学与日常教育各有侧重，各有优势，也各有不足。课堂教学尽管能够较为集中地对学生进行知识和思想"灌输"，使学生获得系统性知识，实现知识教育与价值引导的统一，但由于考试需要和升学压力，教学内容多以理论性知识为主，教学形式也多限于课堂上教师与学生的"封闭式"互动，将思想政治教育基本局限于课堂教学，因而难以增强其成效，也难以促进学生的全面发展。同样，日常教育尽管能够针对学生的多样化思想认识开展多内容、多形式、多载体的教学实践活动，极大增强学生的思想观念、政治意识和道德素养，但缺乏系统性、规范性和学理性容易造成学生知情意行教育的脱节，影响学生思想体系、价值观体系的形成。就此而言，课堂教学必须与日常教育协同前行、融合发展，共促立德树人根本任务的落实，这也是思想政治教育规律的必然要求。任何顾此失彼的单一教育行为，都会出现日常教育与课堂教学之间各自为政、各行其是的"两张皮""两条线"现象，最终阻碍学校综合育人目标的实现。

究其本质而言，思想政治教育是思政课的根本和灵魂，思政课教学是加强思想政治教育的有效路径。但思想政治教育的推进不能仅仅依靠思政课教学这一主渠道，还必须有效发挥思想政治教育的另一个重要方面，即日常思想政治教育的主阵地作用。从一定意义上说，思政课教学与日常教育目标一致、理念契合、内容相通、功能互补，对提高思想政治教育实效、达成教育目标具有重要作用。将思政课教学和日常教育有机结合，能

够使其相互配合、优势互补、互动交融，形成主渠道和主阵地的合力，实现全员全方位全过程育人目标，不断增强思想政治教育实效性，促进思想政治教育的全面协调发展。所以，思想政治教育不仅要重视发挥思政课前沿阵地的显著优势，齐心协力增强思政课的吸引力，还要注重将其与日常管理和教育活动融通起来，使学生在日常教育活动中深化在思政课课堂上学到的理论知识，同时借助思政课所掌握的理论认知提升教育活动的理论性。

这就要求，其一，要用日常思想政治教育弥补思政课教学的不足。日常思想政治教育活动能为思政课教学提供更多的教学方式、手段和案例，使教学更加丰富多彩、灵活多样、鲜活有趣。① 思政课教学要取得真正实效必须借助日常教育主阵地的这一优势来弥补自己相对单一、枯燥和固定的教学劣势。这就要求将课堂教学与日常教育结合起来，积极拓展思政课教学方式和渠道，发挥第二课堂的教育功能优势。具体而言，思政课要多利用日常教育中的主题团日和党日活动、讲座、宣讲会、调查研究、志愿服务、各类政治性文化活动、学生日常管理与服务活动等加强实践教学，提高学生思想政治素质。同时也可针对某些热点问题、党和国家大政方针或学生日常教育管理中的突出问题在思政课课堂上开展专题研讨，既调动了课堂的活跃气氛，增强了师生间的交流互动，又能提高学生的思想认知水平和辩证思维能力。其二，要将思想政治教育贯穿于思政课教学和日常教育中。当前，推动思想政治教育取得成效要求必须破除将思想政治教育视为只是思政课教学单方面的责任和使命、思政课教师群体"单兵作战"的错误思想，而要意识到思想政治教育工作队伍除思政课教师外，还包括党政干部、共青团干部、辅导员、班主任等一切学生工作者。因此，要加强思政课教师与学生工作者的沟通、交流与合作，推动二者的专兼互动，"促使两支队伍取长补短、互通有无"，形成教育合力。②

① 王炳林、张润枝：《关于思想政治理论课与日常思想政治教育相结合的思考》，《思想理论教育导刊》2009 年第 5 期，第 71~72 页。
② 石扬令：《思想政治"课堂教育、日常教育、党校教育"三结合运行机制探究》，《思想理论教育导刊》2012 年第 9 期，第 108 页。

五　坚持思政课程与课程思政相结合，注重发挥专业课程和专业教师的协同育人功能和职责

"思政课程"，即指高校思想政治理论课，是高校进行系统思想政治教育、树立学生正确"三观"的核心课程，具有很强的政治属性和意识形态属性。"思政课程"主要涵盖四门必修课和一门"形式与政策"课，在高校思想政治教育中处于价值引领地位。"课程思政"，即"课程承载思政"与"课程寓于思政"，"简而言之，就是高校的所有课程都要发挥思想政治教育作用"①。"课程思政"主要涵盖除"思政课程"以外的通识课、公共基础课等综合素养课程和哲学社会科学课、自然科学课等专业教育课程，② 是落实习近平总书记要求的"把思想政治工作贯穿教育教学全过程"③、实现全程全方位育人的重要体现。从本质上而言，"思政课程"与"课程思政"的政治方向、核心内涵、育人旨归、目标任务是根本一致的，二者是显性与隐性的关系，也是同向同行、相互交融、相互补充和相互促进的关系。"思政课程"是显性的、专门进行思想政治教育的相对单一性课程，而"课程思政"是蕴含多种隐性思想政治教育资源的众多课程。高校进行思想政治教育，唯有将思政课程建设和课程思政建设结合起来，以"大思政"的视野和格局既用好思想政治理论课教学这个主渠道，也使其他各门课程"守好一段渠、种好责任田"④，"与思想政治理论课同向同行，形成协同效应"⑤，"解决好各类课程和思政课相互配合的问题"⑥，以单一引领众多，以众多协助单一，使之相得益彰、共同发力，形成合力机制，推动构建思想政治教育共同体，才能真正实现思想政治教育促进人的全面发展的最终目标。

当前，社会转型期多元价值交织、大学生精神文化需求日益增长，给

① 邱伟光：《课程思政的价值意蕴与生成路径》，《思想理论教育》2017 年第 7 期，第 10~11 页。
② 高德毅、宗爱东：《从思政课程到课程思政：从战略高度构建高校思想政治教育课程体系》，《中国高等教育》2017 年第 1 期，第 44 页。
③ 《习近平谈治国理政》第 2 卷，外文出版社，2017，第 376 页。
④ 《习近平谈治国理政》第 2 卷，外文出版社，2017，第 378 页。
⑤ 《习近平谈治国理政》第 2 卷，外文出版社，2017，第 378 页。
⑥ 习近平：《思政课是落实立德树人根本任务的关键课程》，人民出版社，2020，第 27 页。

高校思想政治教育工作带来了新的挑战，提出了新的要求。在此背景下，如何推动"思政课程"与"课程思政"如鸟之两翼、车之双轮协调前进，打破思政课与各类课程相互隔绝的"孤岛效应"，构筑全方位的大思政育人格局，成为新时代高校加强思想政治教育、将立德树人真正落到实处的重要任务之一。

为此，其一，要从思想观念上把准"思政课程"与"课程思政"的定位。要明确"课程思政"不是简单的通识课，而是综合素养课，是与"思政课程"遥相呼应的拓展课，"其实质不是增开一门课"或"增设一项活动"，"而是将高校思想政治教育融入课程教学和改革的各环节、各方面"①，所以绝不能忽视"课程思政"的功能作用，尤其不能消解专业课程的定位，当然也不能任其泛滥。同时还要认识到思想政治教育并不是单指"思政课程"，而是一个系统工程，必须树立协同育人、整体育人和发展育人理念，避免用孤立、片面特别是二元对立的思维模式看待教育活动。其二，要强化"思政课程"的示范引领作用。思政课作为对学生进行马克思主义理论和中国特色社会主义理论等教育的课程，充分体现了我国的育人方向和宗旨，在学科建设与"课程思政"中发挥着核心引领作用。这要求"思政课程"将马克思主义理论优势转化为立德树人优势，在政治、思想、价值等方面引领"课程思政"建设，通过定期组织交流会、集体备课、示范公开课、培育先进典型、完善体制机制等方式在政治导向、教学规范、课程建设、经验做法、成功案例、重大问题上发挥对"课程思政"的示范作用。其三，要发挥"课程思政"的补充助推作用。要大力提升"思政课程"以外的专业课教师的思想政治教育工作责任意识，增强他们的政治意识和素养，提高他们的思想政治教育能力，使之在思想和行动上始终与"思政课程"保持高度一致，积极传播主旋律、弘扬正能量，发挥好自身的有益补充作用。同时要充分利用"课程思政"的隐性教育功能，挖掘"课程思政"尤其是专业课程的思想政治教育元素，将其有效融入课堂教学各个环节，发挥"课程思政"拥有的、"思政课程"所不具备的潜移默化渗透育人的价值功能，

① 高德毅、宗爱东：《从思政课程到课程思政：从战略高度构建高校思想政治教育课程体系》，《中国高等教育》2017年第1期，第44页。

实现由"思政课程"向"课程思政"育人方式的拓展。当前，只有发挥全体教师的育人职责，坚持思政课与专业课相结合，开拓创新构建"思政课程"与"课程思政"良性互动的协同育人共同体，建立系统完善的思想政治教育课程体系，才能不断增强高校思想政治教育实效，培养德才兼备的时代新人。

六　坚持校内与校外相结合，探索建立思想政治理论课建设的社会资源长效支持机制

校内教育是教育最主要的形式，是由学校专门机构和人员承担的、针对受教育者进行的各类系统的知识性教育活动，其重点是向学生传授课本理论知识和对学生进行价值观塑造。但是，限于各种主客观条件影响，校内教学过程很难保证每位学生都能受到均衡的发展，或者获得全面自由发展，这就需要校外多形式的教学活动加以补充，以弥补此类不足。校外教育是校内教育的延伸、补充和拓展，是以体验为主的教育模式，也是我国教育事业不可缺少的重要组成部分，主要指以生动活泼的社会实践教育活动为载体，培养学生的知识技能、良好习惯、道德品行、兴趣爱好和个性审美等，从而促进学生身心健康发展，增强他们的整体素质和综合能力。校内教育和校外教育在教育主体、内容、方式、方法等方面各有优势，比如校内教育具有师资和时空优势，校外教育具有公共教育资源和组织优势。但本质上而言，二者宗旨一致、目标相同，具有相辅相成、缺一不可、相互促进的紧密关系。在新时代，为推动思想政治理论课建设，校内教育和校外教育应强强联手、紧密结合、相互渗透、齐头并进，不断增强彼此的契合度和互补度，知行合一，着力建造校内外教育的资源共享和互补机制，打造教育新天地，为学生的全面发展提供多元的教育资源和途径。在这一过程中，尤其要注意既不能重校内教育轻校外教育，过度强调校外教育为校内教育服务，将校外教育简化为单纯补课或校外的课程教学活动，也不能重校外教育轻校内教育，过于高估校外教育的育人功能，甚至取代校内教育的部分功能。

目前，由于未建立起有效利用校外各种资源的体制机制，加之对一些不良社会现象缺乏防护机制，校外大量思想政治教育资源闲置，甚至学生

思想政治教育还出现了"5+2＝0"的现象。① 为解决这些现实问题，必须坚持思政课的校内教育与校外教育并举，注重校内外资源整合，既发挥校内的主体作用，又发挥校外的补充作用，使二者有效衔接、教育互补，形成整体化育人环境，加快构建全社会支持思政课建设的长效机制，不断完善学校与社会双向育人的教育体系。

这就要求，其一，以校外思想政治教育的独特价值补校内思想政治教育之缺。校外教育的任务在于全面贯彻党的教育方针，开展丰富多样的实践教育活动，创建有利于大学生德智体美劳全面发展的育人环境，因而在思想政治教育实施过程中发挥着不可或缺的生力军作用。校外思想政治教育不仅能够补充学校思政课堂所缺失的部分文化知识，而且能为推进学生思想政治教育工作提供诸多拓展类课程，直抵学生的内心世界，让学生回归、体验和热爱生活，在贴近现实的实践活动中增强政治自觉，提升政治情怀，培养爱国主义精神，提高政治素养和思想道德素质。所以，为将校外教育的独特价值有效发挥出来，必须为校外思想政治教育"赋权""赋能"②。具体来说，培训班、补习班等校外教育机构要充分挖掘校外的思想政治教育资源，与教委、团委、科协、公益社会组织等部门和群体联合，借助一些公共教育资源，如革命遗址旧址、革命纪念馆、历史博物馆、纪念性建筑、体育场馆、科技文化活动场地与设施等多开展一些有针对性和可行性的现场教学或社会实践活动，以发挥自己为校内教育添砖加瓦的服务功能。其二，建立和完善校内外思想政治教育有效衔接的运行机制。校内教育和校外教育要多交流沟通，看清自身优势和劣势，明确自身承担的教育任务，分工合作，有条不紊，避免重复教育和遗漏教育内容，从而建立和完善校内外教育的工作运行机制，形成工作网络化、常态化，保证二者的和谐发展。同时要完善校外教育资源的长效支持机制，完善校外活动场所提供公共服务的政策措施，不断整合校内外的人力资源、物力资源、人文景观等教育资源。此外，还要"通过建设一支高素质的校外教育专业

---

① 邓卓明：《高校思想政治教育创新研究——以构建和谐校园为视角》，人民出版社，2009，第255页。
② 王海平：《校内外教育有效衔接的制度化推进与反思》，《中国教育学刊》2018年第2期，第27~28页。

队伍来提升校外教育实践质量，从而提升校内外教育衔接的质量和效益"①，以此将学校教育和社会教育等各方面积极力量调动起来，形成共同推进思政课建设的合力机制。

2018 年教育部下发的《新时代高校思想政治理论课教学工作基本要求》（以下简称《基本要求》）中指出，新时代发挥高校思政课育人主渠道作用要求必须着力提高思政课质量和水平，"打牢大学生成长成才的科学思想基础"，引导他们树立正确思想观念和价值理念，不断提高他们对思政课的获得感。② 为此，《基本要求》从指导思想、基本原则、学分、教务、教研室（组）、集体备课等 16 个方面明确了新时代提升思政课教学质量的主要原则和具体步骤，为高校加强思政课教学改革提供了统一标准。着眼于新的历史背景，思政课教学必须严格遵循"六个相结合"的基本要求，按照《基本要求》制定和执行科学的教学标准，组织实施思政课教学工作，全力培养高质量时代新人。

第二节　思想政治理论课教学的基本规律

思政课作为高校思想政治教育的重要抓手，有其自身的特殊规律。这些规律是中国共产党在领导思政课建设的百年进程中长期积累形成的一系列具体规律性认识的科学概括。在新的历史条件下，习近平总书记围绕新时代思政课建设的主要矛盾，立足新时代思政课改革创新的重难点问题，提出了思政课教学"八个相统一"的基本规律。这"八个相统一"是思政课教学的内在规律，为新时代思政课建设提供了宝贵经验。遵循规律是思政课教学的前提。新时代要着力增强思政课的思想性、理论性和亲和力、针对性，必须严格"遵循思想政治工作规律，遵循教书育人规律，遵循学生成长规律"③，始终坚持围绕、关照和服务学生，并结合新时代思政课教学实际深刻领会贯彻"八个相统一"基本规律的思想内涵，着力推动思政

①　袁德润：《校外教育与校内教育衔接：可能与可行》，《教育发展研究》2016 年第 20 期，第 78 页。

②　《教育部关于印发〈新时代高校思想政治理论课教学工作基本要求〉的通知》，教育部网站，http://www.moe.gov.cn/srcsite/A13/moe_772/201804/t20180424_334099.html。

③　《习近平谈治国理政》第 2 卷，外文出版社，2017，第 378 页。

课改革创新，为全面建设社会主义现代化强国培养有用人才。

一　坚持政治性和学理性相统一

马克思、恩格斯说："统治阶级的思想在每个时代都是占统治地位的思想。"① 在阶级社会，统治阶级为维护和巩固本阶级统治，都会将思想政治工作置于重要地位，将培养什么样的人作为教育的首要问题和根本问题。我国社会主义的国家性质决定我国高校并不是象牙塔，也不是桃花源，而是站稳守好意识形态、培养建设社会主义和实现民族复兴优秀人才的前沿阵地，具有鲜明的党性和阶级性。而思政课作为高校人才培养与课程体系的重要组成部分，为培养社会主义建设者和接班人提供了重要保障和有力支撑，也决定了其具有比其他课程更为鲜明突出的政治性特征。② 可以说，思政课的本质和核心就是政治性，政治性贯穿思政课教学始终，决定着思政课的根本属性，是思政课的灵魂所在。所以思政课教学的内容体系是以政治思想为主要内容的理论观点和价值理念，对政治性内容的教育也是思政课教学的主导内容和本质规定。

思政课尽管具有极强的政治性，但因其同时是一门专业课，属于专门性的学问，具有自身的学术内涵，因而在学理性上也有一定要求。进一步说，思政课并不是政治宣讲，其教学内容主要以马克思主义科学理论和中国特色社会主义理论体系为理论基础和支撑。要讲好思政课，首先就要求"做好理论演绎，以概念为逻辑起点"，推演思想理论，证明其合理性和科学性。③ 这表明思政课教学需要有内容的深化和学理的支撑，需要用科学理论武装学生头脑。只有格外强调思想性，尤其关注讲理论，"讲透思政课中的热点难点问题"，"以透彻的学理分析回应学生，以彻底的思想理论说服学生"，"才能彰显马克思主义理论的魅力"④，"用真理的强大力量引

---

① 《马克思恩格斯文集》第 1 卷，人民出版社，2009，第 550 页。
② 蔡中宏、麻艳香：《高校思想政治理论课教师专业化发展研究》，人民出版社，2019，第 95 页。
③ 金国峰：《思想政治理论课政治性和学理性相统一的实现路径》，《学校党建与思想教育》2019 年第 5 期，第 15 页。
④ 刘建军：《有信心有能力把思政课办得越来越好》，《人民日报》2019 年 5 月 14 日，第 1 版。

导学生"①，真正发挥出思政课教书育人、立德树人的优势作用。

思政课的政治性是其本质属性，反映了思想政治教育"为谁服务"的问题。思政课的学理性是其基础属性，反映了思想政治教育"是什么"的问题。从本质上而言，二者并不是天然对抗的，而是根本一致的，具有相互依存、相互支撑、相互促进的辩证关系。在一定意义上讲，政治性是立场、方向、目的，是思政课的根本，学理性是基石、来源、手段，是思政课的载体。学理性依赖于政治性的引领，以政治性为统帅，政治性是规范学理性的政治标准。政治性建立在学理性基础之上，以学理性为支撑，学理性是夯实政治性的理论根基。由此习近平总书记说，"思政课的政治性、思想性、学术性、专业性是紧密联系在一起的"②，它既具有与其他专业课程一样的学术属性，又具有自身特有的强烈的政治属性和作用。这就决定了思政课教学不仅是一个理论知识的传授过程，也是引导学生内化思想政治素质、外化日常行为举止的一个培养过程。③ 所以思政课教学必须追求政治性和学理性的统一，坚决不能将二者割裂开来。党的思政课建设的百年历史和实践也早已证明，缺乏政治性的思政课教学，必定会失去教学的根本宗旨，丧失信仰信念信心，动摇政治立场；而缺乏学理性的思政课教学，也必然会显得苍白无力、空洞无效，难以回应、说服和引导学生。

坚持政治性和学理性相统一处于思政课"八个相统一"中的核心和统领地位，影响甚至决定着其他几个方面，具有根本性的价值引导和实践指导作用。新时代推进思政课改革创新必须以马克思主义为指导，坚持政治性和学理性相统一。首先，要以政治性引导学理性。思政课教师要做到政治强，时刻保持政治清醒，加强政治历练，善于从政治角度看问题，提升自身整体政治素质和能力，从而把讲政治贯穿于思政课改革创新全过程，在教学中用正确的政治观点引领自身学术表达，将讲学理规范于政治边界内，以政治方向明晰学理立场、厘清学理观点、明确学理方法。④ 同时，还要注意引导学生站稳政治立场，保持政治定力，坚定政治信仰，强化政

---

① 习近平：《思政课是落实立德树人根本任务的关键课程》，人民出版社，2020，第18页。
② 习近平：《思政课是落实立德树人根本任务的关键课程》，人民出版社，2020，第25页。
③ 李海峰：《高校思想政治理论课教师角色研究》，人民出版社，2012，第24页。
④ 刘吕红、丁郁：《思想政治理论课改革创新需要坚持政治性和学理性相统一的根本原则》，《思想教育研究》2019年第12期，第94页。

治认同，坚守政治底线，帮助学生在成长成才的道路上始终把牢正确的政治方向，做政治上的明白人，使其坚持不懈为建设社会主义现代化强国而努力奋斗。其次，要用学理方式讲政治。①"理论只要彻底"②，就一定能说服人。因此，思政课教师要转变以往单纯政治宣传、道德说教的"教书匠"角色，善于从学理上进行研究，不断增强科研能力和水平，将学术成果转化为教学内容，抓住理论精髓，透彻分析学理。同时，要在坚持正确政治立场基础上，将政治性寓于学理性之中，用学术思维讲解思政课内容，用学理性话语表达思政课义理，以学理性支撑政治性，从而提高思政课的学术意味，解答学术思想困惑，增强思政课的说服力，让学生通过学理性接受和坚定政治性。

二　坚持价值性和知识性相统一

北宋朱熹有言："为学先须立志。志既立，然后学问可次第着力。立志不定，终不济事。"树立正确世界观、人生观和价值观是读书成才的奠基石，所谓先成人后成才就是这个道理。只有首先立下远大志向，才能使学问得以巩固和加深，进而将自己的才能用到正途，成为一个对社会有用的人才。思政课教学的目标不仅在于传授学生理论知识，更重要的是向学生传导社会主流意识形态，传递正确的思想观念和价值理念，锻造他们崇高的理想信念和优良的道德品质。由此而言，思政课是高校引导学生立德成人、立志成才的第一课程，"是塑造学生灵魂的主渠道、主阵地"③，具有突出的意识形态属性和强烈的价值导向作用，这既是思政课相比其他课程更突出的特色和优势，也是思政课价值性的独特体现。思政课的价值性是思政课的现实力量，主要表现在能够引导学生坚定对马克思主义的信仰、对社会主义的信念、对实现民族复兴的信心及对党和政府的信任和认同，帮助学生树立正确的情感态度，加强思想品德修养。

思政课作为高校公共必修类课程，以讲授系统知识体系为推动自身持续健康发展的前提条件，并为实现意识形态引导的政治目的提供理论基

---

① 陈金龙：《论思想政治理论课改革创新的路向之政治性和学理性相统一》，《思想理论教育导刊》2019 年第 6 期，第 94 页。

② 《马克思恩格斯文集》第 1 卷，人民出版社，2009，第 11 页。

③ 谢安国、纪安玲等：《大学生思想政治工作专题研究》，人民出版社，2019，第 134 页。

础。就此而言，思政课首先应当是知识性课程，它以系统知识为基础，以知识传授为手段，以知识传承为目标，① 是具有鲜明知识性的基础课程。因此，思政课也被称为理论课。从思政课的知识内容观之，思政课教学传授的并不是一般的知识，而主要涵盖的是马克思主义普遍原理及其世界观和方法论、马克思主义中国化及其理论成果、近现代历史轨迹与逻辑、社会主义核心价值观和道德观以及法制观等、党的路线方针政策等知识。从思政课的知识目标观之，思政课所要培养的不是一般的能力，提升的也不是一般的素质，而是要帮助学生掌握系统的知识体系，尤其要掌握马克思主义基本理论和习近平新时代中国特色社会主义思想，使其能够将马克思主义普遍原理用于分析和解决现实问题。同时还要持续性地提升学生的政治素质、道德素养和实践技能，为其成长成才、寻求真善美的和谐统一提供知识力量支撑。

知识和价值具有密不可分、相互影响的关系。首先，知识中蕴含着价值属性，知识的形成不可避免地掺杂着人的主观意志。对此苏格拉底也曾强调，没有解释和正确的信仰就不会有知识。② 其次，价值中也蕴含着知识属性，价值的形成始终要从社会实践和社会历史中寻求知识的支撑力量。③ 应当说，思政课既具有丰富的知识含量，又具有鲜明的价值诉求，是知识性和价值性相统一的课程体系。具体而言，知识和价值是思政课教学内容设计的两个主要方面。其中，知识是思政课的根基和载体，是价值的前提；价值是思政课的旨归和动力，是知识的升华。这就要求在思政课教学中，知识性以价值性为指导，服务于价值性；价值性以知识性为支撑，彰显于知识性中。

在新时代背景下，思政课教师只有既注重知识性教育，又注重价值性引导，将二者辩证统一于思政课教学之中，才能使思政课受到学生喜爱，让学生终身受益。为此，首先，要彰显知识的价值意义。知识之于价值就犹如地基之于高楼大厦，意味着思政课价值目标的实现始终要以知识传授

---

① 冯刚：《理直气壮开好思政课——把握新时代思政课建设规律》，人民出版社，2019，第36 页。
② 《柏拉图全集》第 2 卷，王晓朝译，人民出版社，2003，第 738 页。
③ 王岩、胡媛媛：《思想政治理论课教学坚持价值性和知识性相统一的学理思考》，《思想理论教育》2019 年第 7 期，第 67 页。

为基础。所以，思政课教师必须练就扎实学识，掌握精深知识，用自己深厚的知识成果为学生释疑解惑，消除学生的盲点、疑点和难点，用严谨的理论逻辑回应学生现实关切，增强知识的价值性，真正做到以理服人。其次，要"寓价值观引导于知识传授之中"①。从本质上说，思政课教学知识传授的载体功能背后更多地承载着价值引导的特殊功能，它以知识学习为手段来达到价值观培育的最终目的。离开价值观引导的知识传授注定会失去方向，成为空洞的说教。所以，思政课教师要充分发挥知识的价值引导功能，在传授知识时以滋养学生正确价值观念为思想引领，让学生既要求真，更要求善，帮助他们形成正确价值理念，做出正确价值选择，使其将个人价值与党和国家的前途命运紧密相连。值得注意的是，在这一过程中，思政课教师坚决不能只追求当下刺激，片面强调知识性而淡忘价值性的初心，也不能只追求长远体验，片面强调价值性而忽视知识性的支撑。②

三　坚持建设性和批判性相统一

思政课是塑造青年学生思想意识、培养综合素质过硬的时代新人的课程，也是弘扬社会主旋律、巩固社会共同思想基础的课程，具有强烈的建设性特征。本质上讲，思政课的建设性就是"立"，涉及的是"坚定什么"的问题。坚持思政课的建设性是由思政课的意识形态属性所决定的，同时这也是新时代思政课改革创新应遵循的基本方针。③ 就其内涵而言，思政课教学坚持建设性就是要守正，站在党和国家的政治立场上旗帜鲜明地坚持马克思主义指导地位，坚持中国特色社会主义，弘扬社会主义核心价值观，通过正面传导社会主流意识形态传播社会正能量，巩固共同思想基础，以确保思政课改革创新"不走样"，更好地发挥思政课的意识形态教育功能。由此，思政课教学的根本任务和主线就在于进一步传播真理、明晰事理，增强学生的理想信念，提升学生的主流意识形态认同，从而为社会培育和塑造崇德明理、爱国奉献的新时代人才，不断推动党和国家事业

① 习近平：《思政课是落实立德树人根本任务的关键课程》，人民出版社，2020，第 19 页。
② 余丰玉：《思政课改革创新要坚持价值性和知识性相统一》，《中国高等教育》2019 年第 10 期，第 1 页。
③ 王韶兴、檀培培：《建设性和批判性相统一的内在意蕴及实现路径》，《思想理论教育导刊》2019 年第 6 期，第 99 页。

的繁荣发展。

批判性是马克思主义的本质特征和理论品格，也是理论联系实际的重要体现。① 思政课不仅内含马克思主义批判性的基本观点，而且其目标任务也包括教育学生掌握马克思主义批判性的思维方法。本质上讲，思政课的批判性就是"破"，涉及的是"反对什么"的问题。思政课坚持批判性就是要批判各式各样的错误观点与不良思潮，同一切否定马克思主义指导地位、否定中国共产党领导、否定中国特色社会主义和改革开放的错误言行作坚决斗争，以巩固学校意识形态安全和国家三流意识形态的主导地位，进而保证思政课改革创新"不变形"，保障思政课正面教育作用的发挥。同时还要锻炼和培养学生的批判性思维，教育学生用正确科学的思想观念看待现实问题，增强应对错误思想渗透的抵御力，坚定做社会的建设者，为维护我国意识形态安全提供人员素质保障。

思政课鲜明的意识形态属性决定其天然具有建设性和批判性两种特性，这两种特性也是思政课能够坚定不移捍卫主流意识形态、理直气壮抵御各种不良思潮的重要原因和显著优势。思政课的建设性和批判性之间是不可分割、有机统一的，它们都以马克思主义为指导，都具有正确而鲜明的政治立场，都要遵循客观事物的发展规律。就二者的具体关系而言，建设性和批判性是矛盾统一体的两个方面，彼此相互联系、相辅相成，共同服务于思政课教学发展这一主题。② "'批判'是为了更好地'建设'，'建设'是为了更加有力地'批判'，二者相辅相成，互为一体。"③ 简言之，建设是批判的目的，批判是建设的手段。坚持建设性和批判性相统一是马克思主义唯物辩证法的当代运用，是我国长期思想政治工作规律的科学总结，也是新时代思政课的根本职责。当前，思政课教学只有不断推进建设性和批判性之间的协调发展和良性互动，才能最大化发挥思政课教学的积极功能。

新时代要增强思政课的战斗力和实效性，必须坚定不移坚持建设性和

① 陈锡喜、刘伟：《论高校思想政治理论课建设性和批判性的统一》，《思想理论教育》2019年第 5 期，第 17~18 页。

② 吴潜涛、陈越：《坚持"八个统一"推动思政课改革创新（之二）坚持建设性和批判性相统一 推动思政课改革创新》，《中国高等教育》2019 年第 10 期，第 8 页。

③ 冯刚：《理直气壮开好思政课——把握新时代思政课建设规律》，人民出版社，2019，第4 页。

批判性相统一。首先，要立字为本，以建设引领批判。坚持建设性和批判性相统一的根本在于建设。思政课教师要把握正确舆论导向，注重从正面阐释的意识形态展开构建，用社会主义意识形态引领社会多元文化与多样思潮，坚守马克思主义在意识形态领域的主导阵地。同时要重视发现和宣传先进典型，以情感人、以情化人，引导学生于多元思想文化交锋中始终坚定马克思主义立场，增强"四个自信"。其次，要破字当头，以批判守卫建设。毛泽东曾言，"不破不立"，"只有破坏旧的腐朽的东西，才能建设新的健全的东西"①。因此，思政课教师要提高政治敏锐性和鉴别力，培养反思批判精神，发扬斗争精神，直面现实主要矛盾和学生思想困惑，借助现代信息技术手段极力批判历史虚无主义、新自由主义、个人主义、享乐主义、"普世价值"等腐朽落后的价值认识和错误思潮，坚持真理，批驳谬误。同时在批判时要注意言之有理、言之有据，用真理的力量回击错误思潮。最后，要立破并举，将建设性和批判性贯穿于思政课教学全过程。习近平总书记强调，为增强社会主义意识形态的凝聚力，"我们必须坚持以立为本、立破并举"②。这要求思政课教师将建设性和批判性有机统一起来，做到在破中立，在立中破，既"传导主流意识形态"，"传播马克思主义立场、观点、方法"，又"用好批判的武器"，旗帜鲜明地剖析和批判各种错误观点和思潮。③

四 坚持理论性和实践性相统一

高校思政课具有知识传授、能力培养和素质养成三大主要教学目标。其中，知识传授的理论性是思政课的首要目标和重要特征，也是其内在要求和必然选择。坚持理论性，强调的是思政课教学在传授知识过程中，要加强理论阐释，强化对基础理论知识的讲解，通过理论讲授向学生传输马克思主义及其中国化理论成果，并"把基本概念、重要问题、主要观点、理论逻辑、思维方法讲准确、讲透彻、讲明白"④，保持思政课的理论深

---

① 《毛泽东选集》第 2 卷，人民出版社，1991，第 695、732 页。

② 《习近平谈治国理政》第 3 卷，外文出版社，2020，第 311 页。

③ 习近平：《思政课是落实立德树人根本任务的关键课程》，人民出版社，2020，第 19 页。

④ 吴家华：《"八个统一"：新时代思想政治理论课改革创新的根本遵循》，《红旗文稿》2019 年第 7 期，第 12 页。

度。同时要系统论证理论的科学性和意识形态性，用理论的学术性和鲜明品格吸引学生，从而提升学生的理论素养和思维能力，增强学生的理论自信，强化学生的理论武装，将理论的指导性价值有效彰显出来。因此，思政课的课程性质和教学目标决定其必须突出自身所具有的理论性特征，处理好知识性和理论性的关系。习近平总书记强调："上思政课不能拿着文件宣读，没有生命、干巴巴的。"① 这就要求思政课教师必须从理论性入手，促使自身所讲内容能够激发学生思考，触及学生内心，使学生真懂真信真用。

马克思主义认为："全部社会生活在本质上是实践的。"② 马克思主义哲学区别于其他哲学的显著特征不在于能够用客观世界规律解释世界，而在于利用客观规律改造世界。从本质上讲，理论既来源于实践，其终极意义也在于指导实践。思政课作为传授马克思主义理论和党的创新理论的核心必修课，其最终目标就是培养学生运用马克思主义解决社会实际问题的能力，使其具备新时代所需人才的综合素质。显然，实现这些教学目标绝不能仅靠理论性的课堂教学，还必须结合有效的社会实践教学。正如习近平总书记所强调的，"思政课不仅应该在课堂上讲，也应该在社会生活中来讲"，要善于运用与现实结合起来的"大思政课"③。社会生活是"大思政课"的鲜活素材，只有将思政课与现实生活实践紧密结合，把思政理论课堂与社会实践课堂结合起来，才能真正引起学生的情感共鸣，使其将课堂所学理论知识内化于心、外化于行，转化为推动社会实践的具体成效。这就需要思政课教师不断在社会具体实践中积累教学经验，提升自己的教学能力，同时注重加强社会实践教学，鼓励和支持学生深入基层、深入生活，走向祖国大地，培育家国情怀，锻炼意志品质，担负起新时代青年应有的使命担当。

思政课本身是一门充满理论光辉与实践价值的课程，理论性与实践性统一于思政课的整个教学过程，是思政课的本质属性。理论性和实践性在思政课教学中的统一既表现在课程教学将理论的实践价值与实践的理论意味统一起来，还表现在二者的最终目的统一于引导学生掌握科学的方法论

---

① 《"大思政课"我们要善用之》，《人民日报》2021年3月7日，第1版。
② 《马克思恩格斯文集》第1卷，人民出版社，2009，第501页。
③ 《"大思政课"我们要善用之》，《人民日报》2021年3月7日，第1版。

以指导现实生活上。① 思政课坚持理论性和实践性的有机结合是落实立德树人根本任务的核心要求，既坚持了马克思主义最基本的原则，又增强了思政课的说服力和实效性。思政课教学的理论性与实践性之间相互联系、相互依存、相互促进、缺一不可。离开理论性只讲实践性的思政课，难以从本质上认清和讲清现实问题，揭示社会规律，也就无法说服人；同样，离开实践性只讲理论性的思政课，就会成为"无源之水，无本之木"，与现实脱离联系，也就丧失了生命力。所以，思政课教学必须注重理论性与实践性的统一，将理论性学习和应用性实践结合起来，既立足课堂又走出课堂，以引导学生理论联系实际，将马克思主义基本理论与中国特色社会主义具体实践统一起来，既掌握理论知识又了解国情、党情、社情和民情，从而不断提高自身用理论阐释和指导实践的能力，真正做到知行合一。

思政课教学过程"是一个内涵认识和实践相统一的复杂实践活动"②，要求思政课教师既要重视"把马克思主义基本原理讲清楚、讲透彻"，用科学的理论培养人，又要重视思政课的实践性教学，"把思政小课堂同社会大课堂结合起来"③。首先，要以理论性引导实践性。思政课教师要始终秉承思政课理论性的特性，加强对学生的理论知识灌输、理论思维训练和理论方法构建，将以马克思主义为主导的科学理论体系传授给学生。需要注意的是，在这一过程中既要避免思政课教学的纯理论化，也要避免思政课教学的去理论化，要加强理论与实践之间的对接，在二者的统一中讲授理论知识，从而将具有实践价值的科学理论用于指导实践活动，解决现实问题。其次，要将实践性作为理论性的最终归宿。思政课教师要不断丰富和创新教学方法，拓展教学渠道和平台，让学生所学知识有方式去验证，有地方去运用，从而不断提升学生将知识转化为具体行动的能力。同时，要让学生在社会实践中立鸿鹄志，将自身的爱国之情、报国之志融入推进中国特色社会主义伟大事业的奋斗中去，既要防止"唯实践化"，又要防止"去实践化"，以此化解知识传授与行动转化之间的突出矛盾。

① 王天泽、马涛：《思想政治理论课建设坚持理论性与实践性相统一论析》，《思想教育研究》2020 年第 7 期，第 96 页。
② 何孟飞：《新时代高校思想政治理论教学研究》，厦门大学出版社，2018，第 104 页。
③ 习近平：《思政课是落实立德树人根本任务的关键课程》，人民出版社，2020，第 20 页。

五　坚持统一性和多样性相统一

思政课体现着党和国家的意志，是为党育人、为国育才的关键课程，也是国家统一设置的政治课程，具有鲜明的主导性和权威性，因而相比其他课程，其更强调统一要求和统一规定。思政课的统一性强调的是要与国家意识形态发展方向和教育发展理念相一致，主要表现在思政课的全方面全过程都坚持马克思主义的一元指导，"坚持教育为人民服务、为中国共产党治国理政服务、为巩固和发展中国特色社会主义制度服务、为改革开放和社会主义现代化建设服务"①。坚持统一性是思政课守正的内在要求，强调思政课教师必须始终遵循党和国家制定的具体一致的教学目标和育人任务，具体包括教材使用、课程设置、教学管理、教学大纲等的统一规定和安排。只有严格遵循统一性的原则和规律，将思政课教学的组织性和计划性有力彰显出来，"在多样性中达成思想共识、实现价值引领"②，才能站稳立场、把稳方向，确保思政课不走邪路、不走歪路，为彰显思政课教学性质、实现思政课教学目标提供基本前提和保障。

坚持思政课的统一性并不是说各地各校都要"千校一面""万人一孔""百堂一灌"。相反，鉴于每个学校具体情况不尽相同，用同一种教学模式去"框"每一堂课显然很难取得实际成效，这就要求必须做到具体问题具体分析，发挥各地各校各个教师的自主性、积极性和创造性，体现出思政课的多样性。思政课的多样性展现了全面、发展和具体的辩证思维，主要指在具体操作过程中要尊重差异，包容多样，按照其具有个性化和差异化的教学对象、教学条件、教学场域、教案等的实际情况实施教育教学，绝不能一成不变地用同一种教学方法"照搬于所有教学阶段或教学对象"③，导致思政课的标签化、简单化和概念化。实践表明，坚持多样性是思政课创新的根本要求，只有依据各个学校的特殊情况、依据主体客体介体环体的动态发展开辟具体而有效的教学渠道，挖掘和利用各式各样的教学资

---

① 习近平：《思政课是落实立德树人根本任务的关键课程》，人民出版社，2020，第10页。
② 冯刚、陈步云：《坚持"八个统一"推动思政课改革创新（之一）深刻把握新时代思政课"八个统一"的建设规律》，《中国高等教育》2019年第9期，第13页。
③ 徐俊、李智利：《思政课改革创新坚持"八个统一"的基本意涵》，《广西社会科学》2019年第10期，第174页。

源，并有针对性地采取一些行之有效的特色方式方法，才能推动思政课的改革创新，确保思政课取得实效性，从而促进学生的个性化发展。

思政课的统一性和多样性由思政课的本质属性和使命担当决定，体现了马克思主义的矛盾普遍性和特殊性原理。就二者的关系来说，思政课的统一性是思政课的多样性的来源，思政课的统一性一旦离开多样性就会变成单一性，成为教条、僵化的课程；思政课的多样性是在思政课的统一性中确定自身价值的，思政课的多样性一旦离开统一性就会变成随意性，成为庸俗、去中心化的课程。所以，坚持思政课的统一性和多样性既是思政课长期教学实践的经验总结，也是新时代解决思政课教学内在矛盾、落实思政课教学根本目标的必然选择。对此习近平总书记强调，思政课教师既要落实"教学目标、课程设置、教材使用、教学管理"等统一要求，又要"因地制宜、因时制宜、因材施教"①，在多样性中坚持统一性，在统一性中追求多样性，以保障思政课质量和水平的提高。

坚持统一性和多样性相统一是思政课改革创新的重要原则，其重点在于"相统一"。这要求在思政课教学过程中，思政课教师要坚持价值导向的统一性和价值取向的多样性，注重教学目标的统一性和教学方法的多样性，将"漫灌"与"滴灌"有机结合起来。首先，要始终将统一性作为多样性的基础。"'统一性'是思想政治教育的底色"和"共性"②，坚持统一性是推进思政课教学内涵式发展的根本保证。为此，思政课教师必须坚守马克思主义这一立党立国的根本指导思想，立足新时代教育教学的根本使命，"在原则性问题上贯彻执行中央统一决策和部署"③，掌握"主航向"，把好"总开关"。同时还要防止将教科书当作教案一样一成不变、千篇一律地开展教学的本本主义教学方式。其次，要在保证统一性的基础上发展多样性。思政课教师要关注学生多元化的价值倾向和多样化的现实需求，"将教材体系转化为教学体系"，"将统一的教材变成个性化、差异化

---

① 习近平：《思政课是落实立德树人根本任务的关键课程》，人民出版社，2020，第21页。
② 李蕉：《论思想政治教育工作的统一性和多样性——基于历史视角的考察》，《思想理论教育导刊》2019年第11期，第132页。
③ 卢黎歌、隋牧蓉：《"八个相统一"：推动思想政治理论课改革创新的遵循原则》，《学校党建与思想教育》2019年第5期，第12页。

的教案"①，针对不同层次和类型的学生采取具有差异性的教学方式和手段，开展符合学生个性需要的教学活动。同时还要紧跟时代发展，及时有效地更换新思路、更新新内容、更改新方法，善于探索和创新各式各样的教育教学方式，并有效借助互联网、自媒体、大数据等现代信息技术灵活运用教学模式，不断提升思政课的有效性。需要注意的是，思政课教师必须要防止出现过度追求热闹和新颖而忽视教学内容和实效的教学行为，防止随心所欲和各行其是，防止将思政课教学肤浅化、娱乐化和贫乏化。

六　坚持主导性和主体性相统一

思政课是国家意识形态建设的重要阵地，是教师传授学生知识、锻炼学生思维、匡正学生道德、培养学生能力、塑造学生价值观的课程实践形式。思政课教师作为思政课教学活动的设计者、组织者、实施者和推进者，在教学中居于主导地位。所以习近平总书记强调，办好思政课的关键就在于"发挥教师的积极性、主动性、创造性"②。思政课教师的职责和地位决定了思政课教学离不开思政课教师的教育和引导，必须发挥思政课教师的主导作用。在课堂教学活动中，思政课教师如若不能主导教学节奏、课堂形态、学生动向和课堂效果，就无法履行好自己作为教师的基本职责，更难以推动思政课取得预期效果。从整体来看，思政课教师的主导性是多层次、多阶段、多维度、全方位、全过程的主导，对教师的政治素养、理论水平、教学技能、掌控协调能力、人格魅力等综合素质具有很高的要求。为此，思政课教师应当全力做好传道、授业、解惑的工作，根据课堂新情况新问题随机应变、灵活处理，在无形中掌握课堂教学全局，将思政课打造成一门"金课"。

从一定意义上说，任何教育活动都是学生的自我教育活动，③ 学生在教育教学课堂上永远处于主体地位。就此而言，思政课是学生追求真理、培养良好价值观的主要渠道，学生在思政课课堂上具有鲜明的主体性。学

① 康沛竹、艾四林：《思政课改革创新的"八个统一"》，《人民论坛》2019 年第 13 期，第 110 页。
② 习近平：《思政课是落实立德树人根本任务的关键课程》，人民出版社，2020，第 10 页。
③ 冯刚：《理直气壮开好思政课——把握新时代思政课建设规律》，人民出版社，2019，第 145 页。

生的主体性是思政课教学的根本，主要包括学生的"自我探索性、自我选择性、自我建构性和自我创造性"等。具体来讲，学生在思政课教学中的主体性主要表现在其具备较强的学习动机、较高的学习兴趣和较好的学习态度，并且在学习行为的养成和所学知识的应用方面展现出了强烈的积极性和一定程度的能力。一般而言，只有当学生的主体性在思政课课堂上得到有力彰显，学生的积极性、主动性和创造性才会被激发出来，使教学双方产生理论和情感上的互动。这就要求思政课教师善于把握学生的认知水平、思维特点、接受旨趣，尊重学生的主体地位，发挥学生的主体作用，从而将思政课教育教学以人为本的价值取向充分体现出来。

思政课教学是在教与学的矛盾的推动下向前进行的，教和学是影响甚至决定教学最终实效的最根本因素。其中，教师的教体现了教师的主导性，学生的学则体现了学生的主体性。思政课的主导性和主体性反映的是教学中教师与学生的角色定位问题，是明晰教师与学生关系、解决教师与学生矛盾的关键。主导性和主体性的统一是思政课师生之间密切联系的纽带与桥梁，也是提高师生互动与耦合实效、保障思政课教学见成效的根本要求。对此习近平总书记强调，思政课教师既要"做好画龙点睛工作，加强引导和总结提炼"，又要"坚持以学生为中心，加大对学生的认知规律和接受特点的研究"①。

坚持主导性和主体性相统一要求思政课教师在教学活动中不仅要充分发挥自身教学的主导地位，而且要充分尊重学生学习的主体地位，在课堂上形成教学相长的合力，以取得高质量的教学效果，提升学生获得感。首先，要发挥教师的主导作用。以学生为主体并不意味着教师无所事事、无所作为，相反，教师在指导和教育学生上具有不可替代的至关重要的作用。为此，思政课教师必须增强主导意识，激活主导动力，提高主导能力，全面提升自身的整体素质。同时更要善于引导学生，坚决避免对学生不管不顾、放任自流的现象，要通过开书单、画重点、解难点等方式为学生指点迷津，避免学生对所学知识一知半解。其次，要发挥学生的主体作用。"对于没有音乐感的耳朵来说，最美的音乐也毫无意义。"② 学生是思

---

① 习近平：《思政课是落实立德树人根本任务的关键课程》，人民出版社，2020，第 21～22 页。
② 《马克思恩格斯文集》第 1 卷，人民出版社，2009，第 191 页。

政课的接受主体，对教学目标的实现具有根本的影响作用。因此，思政课教师必须选取适合学生心理特点和成长规律的教学模式，鼓励学生多思考、多分析、多实践，引导他们主动学习、自主学习、勤奋学习。具体而言，可以采取小组讨论、情景演示、课堂提问、主题辩论等形式开展教学，让学生开口讲、主动学，夯实他们的理论基础，锻炼他们的思维能力。最后，思政课教学要将教师主导和学生主体统一起来。理论教学和实践教学的高度统一是思政课的生命力所在。① 思政课无论是在教学理念、教学实施、教学方法，还是在考核方式、教学评价、教学改革上都要坚持主导性和主体性的统一，让学生在教师的指导和教学下主动提升自我，实现全面发展。

七　坚持灌输性和启发性相统一

列宁说，"工人本来也不可能有社会民主主义的意识。这种意识只能从外面灌输进去"②。同样，学生不可能自发掌握马克思主义理论知识，生成世界观、人生观、价值观，必须通过由外而内的教育和引导输送进学生头脑之中，而这离不开教师必要的灌输。思政课的灌输性是思政课的本质属性和功能彰显，体现为思政课教师结合时代特征和学生具体实际有意识地将马克思主义及其中国化理论、党的指导思想和路线方针政策、中国特色社会主义文化等知识体系传授给学生，使之消化吸收并形成正确价值观念。灌输性是系统、规范传授学生知识体系的根本保证，思政课的强化灌输，能够坚定学生信仰信念，增强学生政治认同，培育和弘扬社会主义核心价值观，巩固马克思主义指导地位。尽管思政课的灌输方法完全不是字面意义上理解的教条式、填鸭式的教学方法，而是遵循自觉性、引导性原则的科学教学方式，但这种方法也常常因具有略强的强制性、单调性、枯燥性而难以吸引学生兴趣，这就需要发挥思政课的启发性作用。

孔子曰："不愤不启，不悱不发。"（《论语·述而》）启发是实现理论武装的必然要求，也是教师承担教育引导职责的重要方法。思政课的启发性体现为思政课教师以马克思主义立场、观点、方法为指导，在遵循学

---

① 房玫、汤丽瑾、黄金满：《思想政治理论课教学过程的优化》，安徽师范大学出版社，2018，第 33 页。

② 《列宁选集》第 1 卷，人民出版社，2012，第 317 页。

生成长规律、厘清学生现实关切的基础上，通过一系列关联性想象激发学生的主观能动性，启发学生的辩证思维，促进学生品德养成，实现学生德智体美劳的全面发展。坚持启发性是"提高思想政治理论课实效性的逻辑必然"①，它不仅能够培养学生前沿意识和问题意识，引发学生对热点、难点、焦点和重点等问题进行深入独立思考和自主探究，引导学生举一反三、抽丝剥茧，从而让学生逐渐认识问题实质，掌握方法规律，而且能够极大抓住学生眼球，消除学生对灌输方法的逆反情绪，调动学生学习的积极性和创造性，减轻他们知识学习的压力，培养他们的主动意识和探索精神，让他们自主自愿学习，从而提高思政课教学效果。

坚持灌输性和启发性有机结合是思政课本质规律的深刻体现，蕴含着"一种有教无类的价值论导向"②。灌输性强调思政课对政治立场的坚守和社会化教学目标的实现，具有价值引导功能，是思政课教学必须始终坚持的教学方法。而启发性强调思政课教学过程的循循善诱和个性化教学目标的实现，具有自主建构功能，是思政课教学必须有效运用的教学方法。思政课的灌输性和启发性之间是"鱼"与"渔"、"学"与"思"的辩证关系。思政课教师只有做到自己既讲好故事，又组织学生自己讲，将启发性教学作为灌输性教学之目的的一种重要手段，张弛有度，科学合理，变填鸭式的"硬灌输""强灌输"为启发式的"软灌输"，才能化解硬性教学与软性教学之间的矛盾，实现思政课教学目标，推动思政课教学改革创新。

坚持灌输性和启发性相统一是实现思政课教学价值最基本的两种途径，要求思政课教师既巧于灌输，又善于启发，实现"灌中有启""启中有灌"，"灌""启"统一，使思政课两种教学方法相得益彰。首先，要以灌输性为启发性的前提和基础。灌输是传授学生知识最基本的方法之一，也是宣扬国家主流意识形态和价值观的主要渠道。在思政课教学方法上，灌输性教学始终处于主要地位。要求思政课教师成体系地而非零散地将教育内容输进学生头脑和内心，让学生坚定马克思主义信仰，学会运用马克思主义基本原理指导自身实践。同时在坚持灌输的教化本质和基本原则的

---

① 徐俊、李智利：《思政课改革创新坚持"八个统一"的基本意涵》，《广西社会科学》2019 年第 10 期，第 174 页。

② 文吉昌、冉清文：《习近平思想政治教育"八个统一"的道德哲学基础》，《理论导刊》2020 年第 1 期，第 23 页。

基础上，要创新灌输的方法和手段，坚决反对脱离客观实际，忽视思政课教学规律，将一大堆理论知识一股脑地、生硬地灌给学生，无视学生的消化能力，最终引起学生的反感。其次，要以启发性作为提升灌输性效果的手段。习近平总书记强调，思政课教师要注重通过启发式教育引导学生发现、分析和思考问题，"在不断启发中让学生水到渠成得出结论"[①]。所以在新时代，思政课教师要善于抓住启发的时机，运用启发的技巧，将教和学、学和问、学和研统一起来，以问题为导向，以讲授和讨论相结合的研究型教学模式开展专题式教学,[②] 具体可采用讨论法、鼓励法、情感熏陶法等教学方法。

八　坚持显性教育和隐性教育相统一

显性教育是指教育者依据特定的教育目标和内容所组织实施的、充分利用各种公开手段和场所对教育对象进行正面、直接、系统、有组织地教育的一种方式，具有显著的专门性、针对性、公开性、规范性和组织性等特点，也具有直接影响、鲜明指导、快速反应和政治动员等功能。思政课的显性教育是思政课教学长期以来主要采用的比较正规的课堂教学方式，是为有效传授学生理论知识、坚定学生政治立场、实现社会主义规定教学目标的思政课程，主要包括理论教育法、宣传教育法、榜样示范法、疏导教育法、批评教育法、实践教育法等。但思政课的显性教育常常因教学形式相对单一、教学场域相对固定、灌输性较强等不足难以吸引学生注意力，所以需要发挥隐性教育潜移默化的作用加以弥补。

隐性教育是指教育者将特定教学目标和内容渗入各类教学资源和情境中，通过其他课程教学、班级校园建设或社会实践活动等非专门的、隐性的、无计划的、寓他性的形式使人在不知不觉中接受教育的一种方式，具有鲜明的引导性、隐蔽性、灵活性、间接性和愉悦性等特点，也具有浸润、弥散、合力和自我教育等功能。隐性教育一般体现在学校情境之中，主要包括学校建筑、设备、雕塑、校园自然风光等物质情境；教室布置、校园文化、各种仪式活动等文化情境；师生关系、同学关系、学风、班

---

① 习近平：《思政课是落实立德树人根本任务的关键课程》，人民出版社，2020，第 22 页。
② 艾四林：《新时代如何办好思想政治理论课》，人民出版社，2019，第 19~20 页。

风、校风、校纪等人际情境。① 但思政课的隐性教育常常因随意性较大、可控性较差、教学时空较为分散等不足导致教学效果不显著，因此需要发挥显性教育的优势功能与之相结合。

显性教育和隐性教育体现了矛盾的对立统一关系，是思政课教学最常用的两种基本教学方式。思政课的显性教育和隐性教育是我国思想政治教育的基本形态和主要手段，二者具有各自的优势和不足，但绝不是截然对立、非此即彼的关系，而是相互联系、同向同行、相互促进的辩证统一关系，具有"目标上的同构性"和"功能上的互补性"②。具体来说，显性教育可以增强隐性教育的目的性和系统性，隐性教育可以增强显性教育的趣味性和吸引力。就目前而言，我国思政课教学仍以显性教育为主，但隐性教育也越来越受到广泛运用且发挥出自己的巨大优势。当前，只有将显性教育和隐性教育结合起来，优势互补，凝心聚力，协同发力，才能让思政课的教学效果发挥到最大。

习近平总书记强调，加强思政课改革创新既要"理直气壮开好思政课"，又要"挖掘其他课程和教学方式中蕴含的思想政治教育资源，实现全员全程全方位育人"③。为此，首先，要牢固树立显性教育对隐性教育的主导地位。思政课教学的一切环节都要始终坚持中国特色社会主义大学立德树人的根本任务，"阐扬马克思主义理论之'道'"，以习近平新时代中国特色社会主义思想铸魂育人，占领社会主义主导思想文化阵地，"帮助学生形成正确的价值观和政治认同"④，以显性教育引领隐性教育的正确航向。具体要利用课堂教学、理论宣讲、榜样示范等方法对学生进行显性教育，注意强化学生的接受度，通过举办讲座、举行会议等具体措施，让思政课教学在课堂上绽放新的生机活力。其次，要有效发挥隐性教育对显性教育的影响作用。要充分挖掘学校各种思想政治教育元素，善于利用其他课程尤其是专业课、通识课、兴趣课等多元课程中蕴含的资源，丰富思政课教学内容和方式，并借助网络平台整合资源，结合线上线下、课上课

① 教育大辞典编纂委员会编《教育大辞典》第1卷，上海教育出版社，1990，第275页。
② 黄建军、赵倩倩：《高校思想政治教育显性教育和隐性教育相统一的内在逻辑与路径优化》，《思想教育研究》2020年第11期，第120页。
③ 习近平：《思政课是落实立德树人根本任务的关键课程》，人民出版社，2020，第23页。
④ 高国希：《坚持显性教育和隐性教育相统一》，《中国高等教育》2019年第11期，第10页。

下，构建思政教学育人的同心圆。还要推动思政课与社会环境相结合，通过举办一系列喜闻乐见的社会实践活动和校园文明创建活动，加强校园组织管理和基础设施建设，引导学生提升政治素质，养成道德行为，塑造正确价值观。同时，思政课教师和其他授课教师自身也要以身作则、言行一致，心系学生、多办实事，不断提升自己的文化素质和品格修养，用自己的人格魅力感染学生。在此过程中，思政课教师既要防止隐性教育方法的单一化和庸俗化倾向，也要防止将思政课完全融入其他课程的倾向。最后，要将显性教育和隐性教育结合起来。要努力探求显性和隐性教育渗透融合的路径，防止二者在课程实际中有所偏废，从而"实现第一课堂向第二课堂开放，学校向家庭、社会开放"，"化解主渠道教学和全方位教学的矛盾"①。比如可以充分借助信息技术载体和平台，开展交互式教学，充分有效地将二者融合起来。

总之，习近平总书记提出的"八个相统一"是我国思政课建设长期以来形成的一系列具体规律性认识和成功经验的科学总结，也是新时代我国思政课创新发展必须遵循的内在规律。"八个相统一"蕴含科学的存在论、认识论、方法论、价值论和实践论，为我国着力推进思政课建设指明了前进方向和基本路径，提出了根本原则和要求。当前，我们要从整体上思考和坚持"八个相统一"规律，打好组合拳，不断开拓创新，实现思政课知情意行的高度统一，为实现社会主义现代化强国培养合格的建设者和接班人。

【延伸阅读】

1. 王树荫：《中国共产党百年思想政治教育基本经验》，《教学与研究》2021 年第 5 期。

2. 卢黎歌、隋牧蓉：《"八个相统一"：推动思想政治理论课改革创新的遵循原则》，《学校党建与思想教育》2019 年第 9 期。

【课后作业】

1. 如何理解思想政治理论课教学基本要求的内在逻辑？

2. 如何理解思想政治理论课教学基本规律本质的一致性？

---

① 刘吕红：《论思想政治理论课改革创新的"八个统一"》，《思想理论教育导刊》2020 年第 6 期，第 92~95 页。

第四章
思想政治理论课的教学理念和方法

　　教学理念是人们对教学和学习活动内在规律的认识的集中体现，同时也是人们对教学活动的看法和持有的基本态度和观念，是人们从事教学活动的信念。教学方法是教学过程中教师与学生为实现教学目的和教学任务要求，在教学活动中所采取的行为方式的总称。思想政治理论课，最根本的是要全面贯彻党的教育方针，解决好培养什么人、怎样培养人、为谁培养人这个根本问题。因此，思想政治理论课的教学理念和教学方法，必须紧紧围绕培养担当民族复兴大任的时代新人，培养德智体美劳全面发展的社会主义建设者和接班人这一根本目标和任务。

第一节　思想政治理论课的教学理念

　　思想政治理论课是落实立德树人根本任务的关键课程。其作用不可替代。青少年是祖国的未来、民族的希望。我们党立志于中华民族千秋伟业，必须培养一代又一代拥护中国共产党领导和我国社会主义制度、立志为中国特色社会主义事业奋斗终生的有用人才。基于此，思想政治理论课的教学应当始终信守"育人为本""内容为王""方法为要"三大教学理念，真正发挥出思想政治理论课这一"关键课程""不可替代"的作用。

一　育人为本理念

　　习近平总书记强调："我们办中国特色社会主义教育，就是要理直气壮开好思政课，用新时代中国特色社会主义思想铸魂育人，引导学生增强中国特色社会主义道路自信、理论自信、制度自信、文化自信，厚植爱国主义情怀，把爱国情、强国志、报国行自觉融入坚持和发展中国特色社会主义事业、建设社会主义现代化强国、实现中华民族伟大复兴的奋斗之中。"① 这一重要指示精神，为提升思想政治理论课的时代性与方向性，更好激发思想政治理论课的育人实效，提供了根本遵循。

（一）坚持育人为本，关键在于明确定位

培养什么人、怎样培养人、为谁培养人，是中国特色社会主义教育的根本问题。思政课作为立德树人的关键课程，必须坚持为党育人、为国育才，努力培养一代又一代拥护中国共产党领导和我国社会主义制度、立志为中国特色社会主义事业奋斗终生、担当民族复兴大任的时代新人，培养德智体美劳全面发展的社会主义建设者和接班人。

中国特色社会主义进入了新时代，这是我国发展新的历史方位，对新形势下落实思政课立德树人的根本任务提出了新要求，也对思政课育人目标、育人方式、育人效果提出了新要求。

一方面，要明确青年人在社会历史发展中的角色与作用定位。需要看到，无论是在革命时期，还是在建设、改革时期，青年人始终是推动民族和国家发展的生力军，是祖国的未来、民族的希望。落实思政课立德树人的根本任务，是培养一代又一代社会主义建设者和接班人的重要保障。我们已经实现了第一个百年奋斗目标，正在意气风发向着全面建成社会主义现代化强国的第二个百年奋斗目标迈进，青年人的历史使命始终与国家发展紧密相连，必须坚持把服务中华民族伟大复兴作为教育的重要使命。新征程上，我们既要开好思政课、务求育人实效，也要从社会历史的发展中认识和考察青年人，及时回应时代的需求和呼唤。

另一方面，我们要明确育人的方向和目标定位，将重点放在厚植青年人爱国主义情怀上。在革命、建设、改革时期，无数青年为了国家和民族的前途命运，或是展开艰苦卓绝的斗争、献出宝贵生命，或是投身国家建设、到艰苦的地方建功立业，爱国主义情怀正是在这样一代代青年人的伟大实践中传承、发展。当代中国青年是与新时代同向同行、共同前进的一代，生逢盛世，肩负重任。新的征程上，我们还将面临新的风险挑战，需要完成艰巨任务，关键是要用习近平新时代中国特色社会主义思想铸魂育

---

① 《习近平谈治国理政》第 3 卷，外文出版社，2020，第 329 页。

人，引导学生增强中国特色社会主义道路自信、理论自信、制度自信、文化自信，把爱国情、强国志、报国行自觉融入坚持和发展中国特色社会主义事业、建设社会主义现代化强国、实现中华民族伟大复兴的奋斗之中。

（二）坚持育人为本，需用好中华优秀传统文化、革命文化、社会主义先进文化

中华民族几千年来形成了博大精深的优秀传统文化，我们党带领人民在革命、建设、改革过程中锻造了革命文化和社会主义先进文化，这些文化积淀着中华民族最深层的精神追求，代表着中华民族独特的精神标识，为思政课建设提供了深厚力量。

更好地锤炼青年人的品德，就要促使青年人自觉树立和践行社会主义核心价值观，矢志追求更有高度、更有境界、更有品位的人生，就要自觉用中华优秀传统文化、革命文化、社会主义先进文化培根铸魂、启智润心，加强道德修养，明辨是非曲直，增强自我定力，内化于心、外化于行。与此同时，还要在思政课的实践中，融贯文化元素，因时因势制宜，创新教学形式，使思政课教学样态出彩、教学方式走心、教学内容动人，使学生愿意听、听得进、记得住，更好推动中华优秀传统文化创造性转化、创新性发展，促使他们继承革命文化，发展社会主义先进文化。

（三）坚持育人为本，需促进拓展青年全面发展的育人视野

实现人的自由而全面发展是马克思主义追求的根本价值目标。个人发展与社会发展的关系始终是辩证统一的，社会发展内在承载着个人发展，并最终表现为个人发展。开好思政课、务求育人实效，需更好地拓宽视野，着力促进青年人的全面发展。

中国特色社会主义进入新时代，我国社会主要矛盾已经转化为人民日益增长的美好生活需要和不平衡不充分的发展之间的矛盾。青年个人发展的社会环境日新月异，思政课也需与时俱进，内容需着眼于实现青年全面发展与社会发展互动、协调的教育引导。特别是要注重青年全面参与社会发展的实践教育，引导广大青年将"中国梦"的实现作为个人全面发展的理想状态，引导青年增强中国特色社会主义道路自信、理论自信、制度自信、文化自信，使青年积极投身和融入社会建设和发展，在坚持和发展中国特色社会主义事业、建设社会主义现代化强国、实现中华民族伟大复兴的奋斗中彰显自身价值，实现个人与社会和谐发展。与此同时，还需发挥教育在培育和践行社会主义核心价值观中的重要作用，在落细落小落实上下功夫，将培育和践行社会主义核心价值观与青年人的社会实践活动相结合，引导学生自尊自信自立自强，引领青年提高思辨能力，不断增强责任意识、使命意识、进取意识。

因此，思想政治理论课并不只是单纯讲授一门知识，也不是教授一项技能，而是潜移默化地培养青年一代正确的人生观、价值观、世界观。思政课就像指路的明灯、精神的灯塔，肩负着新时代立德树人、培根铸魂的重要作用。为了落实育人为本的教学理念，必须做到以下几点。

1. 了解学生

"思想政治工作从根本上说是做人的工作"[①]，因而思政教师必须要"格物致知"，密切接近自己的教育对象，深入了解其所思所想，把握其时代特点。

首先，要把握学生的"共性"与"个性"。我们绝不能将教育"70后""80后"的方法不加改变地用于"90后""00后"，成长于田野自然、电视纸媒的大学生和成长于"互联网+""微时代"的大学生，在知识结构、思维方式、生活习惯、意志品质等方面多有差别，其差异性决定了我们思政课内容和方式的选择必须与时俱进；与此同时，也不能因其差异性，就忽视了其共性，那就是一切青年都有对美好新奇事物探索的渴望、对"优质"课程的期待、对教师尊重学生不同意见的希冀。思政课要吸引人，思政教师就不能与学生"隔心"——用批判、鄙薄的态度，居高临下地认定大学生"不读书""理论素养低"等。应当把对授课对象的体察了解、强大的思想理论深度、表达方式符合对象口味"有的放矢"的教学方法，带进思政课堂。教师在课堂教学中要注重不能照本宣科，应将教材更多地交给学生阅读，课堂上主要用自身强大的理论素养，解答学生看到、听到的现实疑难，上一堂"有深度、有趣味，又解渴"的思政课，这样才能真正实现"教材体系"向"教学体系"的转变，使课程内容对学生而言入耳、入脑、入心。

其次，要从纵横双重维度研究学生，深化对其成长成才问题的把握，

---

① 《习近平谈治国理政》第 2 卷，外文出版社，2017，第 377 页。

确保思政课教学契合学生的成长成才规律，增强学生主体身份认同。纵向方面，要深入群体调研，借助多学科研究方法，以总体时间为主轴，设置心理、交往、学习等多个自变量，动态考察学生不同成长时间点的发展变化，摸索大学生成长变化的一般规律及特定时间点易发生的影响事件。横向方面，要深入学生个体，创建学生成长成才案例库，挖掘影响大学生思维动态和思想转变的内外因素和偶然事件，全面了解和掌握大学生思想观念整体状况、一般特点、最新动向。在此基础上，坚持纵横交错，全方位动态考察大学生思想观念形成和发展状态，探究其中规律及影响因子，真正理解学生所思所想所为，切实提高改革的科学性和针对性。

最后，要尊重学生的各种需求，实现有效内容供给。青年学生有着获取知识、人际交往、认识社会、成长成才等各种理论的与现实的、物质的与精神的、现时的与将来的多维度、多层次需求，只有树立人本理念，增强人文关怀，肯定、引导学生多样化的需求，才能确立师生互动合作的良好教学格局，落实育人为本理念。一方面，要改变思政课"内容高大不接地、概念抽象冷冰冰、理论高深无大用"的刻板印象。事实上，思政课的内容应该因时而进、因势而新。比如教育学生爱国，将"一带一路"倡议等时下最热的话题带入课堂，将诸多"中国智慧"与"中国方案"对世界经济、社会、民生等的贡献带入课堂，恐怕比单纯的说教更管用。只有恢复思政课来自日常生活和社会实践的真身，塑造接地气、贴近生活、务实管用的新形象，坚持贴近实际、贴近生活、贴近青年的发展路径，才能让思政课从内容上"活起来""火起来"。另一方面，要主动适应青少年学生获取知识、接收信息的习惯，做到形式有创新。在信息多元的时代背景下，思政课应尽量提升其即时性、互动性、沟通性，采用多种形式进行。比如，充分运用视频、实物场景、沙盘模型等手段和元素，通过课堂演讲辩论、知识竞赛、线上线下配合教学，课堂教学同微电影、纪录片相结合，将课堂搬到校外实践活动，将文艺表演融入思政课堂等，使思政课别开生面、有益有趣，真正"活起来""火起来"。

总而言之，好的思政课不要端着架子，不要板着面孔，而要华丽转身，满足青少年学生成长发展需求和期待，从内容到形式都"活起来""火起来"，这样才能使思政课知识内化为学生良好的个性修养，外化为学生良好的行为习惯和自觉行动，才能培养合格的建设者和可靠的接班人。

2. 思想引领

"思政课教师给予学生的不应该只是一些抽象的概念，而应该是观察认识当代世界、当代中国的立场、观点、方法。"① 着眼思想问题才能更好地解决其他问题。思想问题是直击人的灵魂的深层次问题，虽然解决思想认识问题不能简单代替解决政治态度、道德观念、心理状态等问题，但是着眼思想问题一定在很大程度上有利于这些问题的解决。习近平总书记提出要坚持灌输性和启发性相统一，注重启发式教育，引导学生发现问题、分析问题、思考问题，在不断启发中让学生水到渠成得出结论。② 思想政治理论课的首要魅力就在于思想性。高校思想政治理论课不能只是以通俗的说明向学生解读相关的理论内涵和政策实践，更需要在思想认知层面对相关问题进行分析研判、趋势预测以及现实建构。

实施精准灌输才能有效实现思想传输。马克思说："理论只要说服人，就能掌握群众；而理论只要彻底，就能说服人。"③ 真理具有穿透时空的思想魅力，但理论的思想魅力需要结合实践，联系实际进行阐发和解读。习近平总书记提出要"坚持政治性和学理性相统一"，"以透彻的学理分析回应学生，以彻底的思想理论说服学生，用真理的强大力量引导学生"。④ 思想政治理论课教学在进行思想和价值传输的过程中也需要精准灌输，做到思想观点精准、对象选择精准、方式方法精准，将相关的理论内涵、发展逻辑、科学规律讲清楚、讲透彻，讲出层次、讲出深度。

第一，以理论性彰显思想政治理论课的核心魅力。高校思想政治理论课教师要有对中国特色社会主义的制度自信、理论自信、道路自信和文化自信，更要有对所从事工作的职业自信。这种自信来自作为理论研究者的群体自豪感，也来自作为理论传播者的群体归属感，更来自思政课教师这个理论创新集体的组织优越性。有效彰显思想政治理论课的理论性特色才能使改革创新更好地立足新时代、顺应新形势、把握新趋势、运用新方式。体现思想政治理论课的理论性更要坚持价值性和知识性相统一、理论性和实践性相统一。

---

① 习近平：《思政课是落实立德树人根本任务的关键课程》，人民出版社，2020，第14页。
② 习近平：《思政课是落实立德树人根本任务的关键课程》，人民出版社，2020，第22页。
③ 《马克思恩格斯文集》第1卷，人民出版社，2009，第11页。
④ 习近平：《思政课是落实立德树人根本任务的关键课程》，人民出版社，2020，第17页。

重视理论需求的现实性。高校思想政治理论课教学要注重培养学生的理论思维。在应对世界多极化、经济全球化、文化多元化、信息网络化、生活智能化等趋势时，更需要包括教育者与受教育者在内的高校思想政治教育参与主体，秉持清醒的政治认识，坚守核心的价值理念。培养学生科学的理论思维也能更好地促使学生树立科学的世界观、人生观、价值观。在教学实践中，要注重培养学生在顺境中怀有危机感，在逆境中妥善解决问题的能力，培养学生把握本质性问题的理论洞察力、回答复杂性问题的理论创造力、解决现实性问题的理论应用力。

研究理论传播的规律性。高校思想政治理论课教学过程中对理论的传播不是空洞语言堆砌的空中楼阁，不是噱头百出的故弄玄虚，更不是五花八门的炫目包装，需要教育者对理论传播规律的科学把握、对受众群体接受状况的有效掌控、对理论研究的学术坚守以及对主流意识形态的价值引导。与此同时，还要靠思想政治理论课教师真学、真懂、真信的专业素养和乐为、敢为、有为的示范引领，唯有如此才能达到学生入耳、入脑、入心的知行合一的效果。

第二，以亲和力展现思想政治理论课的美好形象。广大思政课教师要自觉与习近平总书记提出的要求对标，以"润物细无声"的"真""善""美"启迪学生的理想信念。

在真学、真懂、真信的价值坚守中实现可信、可敬、可靠的示范引领。高校思想政治理论课教师承担着核心价值传播的神圣使命，他们不仅是专业知识的传授者，也是社会主义先进思想文化的传播者，更是中国共产党领导的坚定拥护者。高校思政课教师要以坚定的理想信念、扎实的理论功底彰显新时代的师者风范。

在真会、真用、真教的教学实践中激发乐为、敢为、有为的道德情感。新时代的高校思想政治理论课教师展现新担当、实现新作为，就是要把真学、真懂、真信的素质落实于真会、真用、真教的教学实践，通过对理论的深刻阐释，提升学生的思想认知，通过发掘学生喜闻乐见的教育素材唤起学生的情感共鸣，以明德的育人实践和铸魂的育人风尚体现新时代的师者风韵。

在发现美、启迪美、创造美的审美体验中陶冶认知美、品鉴美、传播美的审美情趣。中华民族几千年来形成了博大精深的优秀传统文化，我们党带领人民在革命、建设、改革过程中锻造了革命文化和社会主义先进文化，这些都为高校思想政治理论课改革创新提供了深厚基础。思政课要深入挖掘这些优秀文化中的教育基因，用中国情怀讲好中国故事，用中国精神传播中国声音，用中国文化培育时代新人，以负责的担当精神和创新的开拓意识展现新时代的师者风貌。

第三，以针对性提升思想政治理论课的育人实效。思想政治理论课改革创新归根结底要落实到提高学生思想、政治、道德、心理等方面的实际效果上。因此，直面学生就不能"千人一面"，课堂灌输就不能"百堂一灌"。提升高校思想政治理论课的育人实效要坚持建设性和批判性相统一、统一性和多元性相统一。

在破除歪风邪气中弘扬浩然正气。高校思想政治理论课在教学实践中要坚持破立结合、在破中立，在抵制、反对错误观点和错误思潮中培育学生的正确认知和积极状态。要有针对性地破除当前社会中存在的各种错误思潮的影响，要让学生关心的热点问题成为思想政治理论课的教学切入点，让学生关注的重点问题成为思想政治理论课的教学着力点，让学生关切的难点问题成为思想政治理论课的教学突破点。

在统一严格要求中尊重多样个性。思想政治理论课承载着铸魂育人的重任，要发挥思政课教师的主导作用，对学生提出统一的严格要求。同时，学生是有着活跃思维、多样个性的"人"，思政课要尊重学生主体地位、发展学生个性要求。就如同经济学倡导让新的消费创造新的需求，思想政治理论课也能让翻转课堂激发出教学相长的创新动力。创新有动力，课堂有活力，参与主体都愿意投入精力，育人效果才会更加给力。

3. 自身建设

"办好思想政治理论课关键在教师，关键在发挥教师的积极性、主动性、创造性。"① 在学校思想政治理论课教师座谈会上，习近平总书记为加强思政课教师队伍建设指明了方向，对广大教师寄予殷切期望。

教学内容的安排和教学方法的使用都依赖于教师，一方面，只有"乐为、敢为、有为"的教师，才愿意钻研教学内容与方法；另一方面，只有素养、能力、水平俱佳的教师，才能够优化教学内容与方法。习近平总书

---

① 《习近平法治国理政》第 3 卷，外文出版社，2020，第 350 页。

记从思政课教师在"关键"课程中承担的关键作用的高度，对广大思政课教师提出了"六要"的新要求，这是思政课教师素养的高标准，包含对思政课教师综合素质和内在修养的全面要求。① 要达到思政课教师素养的高标准、新要求，教学与科研"互促"至关重要。思政课教师应当做到教学和科研互相促进，以教学带动科研，以科研反哺教学。尤其应当注意的是，思政课教师的科研，既要研究学术理论问题，也要研究思想政治问题，还要研究学生的成长规律与教育问题等。唯有如此，教师之"体"才能强健有力，其素养、能力和水平才能适配搭载两"翼"起飞，整体推进"八个相统一"，切实增强高校思政课的思想性、理论性和亲和力、针对性，提升育人能力。具体来说，思政课教师应当具备以下"育人能力"。

一是政治育人能力。思政课教师的政治能力，即指思想政治理论课教师具有坚定的理想信念，牢固树立"四个自信"，能够把握中华民族伟大复兴的发展大势，保持清醒的政治辨别力。思想政治理论课教师的政治育人能力即思想政治理论课教师在教育学生过程中所表达的政治观点、表现的政治态度、保持的政治立场、展现的政治辨别能力，以及因此而对学生所产生的积极的、健康的引导力、感染力和影响力。思想政治理论课教师的政治育人能力，是衡量思政课教师的"第一标准"，是思想政治理论课教师育人能力的核心要素。

二是理论育人能力。理论性是思想政治理论课鲜明的特色，这一课程属性要求教师具备一定的理论思维力、理论说服力。思政课教师要以理服人，这里的"理"，指的就是马克思主义而非其他。思政课教师的理论育人能力，就是用马克思主义理论教育学生，让学生们认同马克思主义，践行马克思主义。在新时代，思政课教师尤其要用习近平新时代中国特色社会主义思想教育武装学生。思政课教师的理论育人能力，即体现在学生们接受马克思主义的程度、践行马克思主义的程度上。需要强调的是，思政课教师高水平育人能力还体现在学生能否具备一定的理论思维。学生们通过学习思想政治理论课，具备了马克思主义的理论思维，这对于他们确立社会主义理想信念是极为重要的。

---

① 习近平：《思政课是落实立德树人根本任务的关键课程》，人民出版社，2020，第 12 ~ 16 页。

三是道德育人能力。"师者，人之模范也。"教师的职业特性决定了教师必须是道德高尚的群体。合格的老师应该是道德上的合格者，好老师首先应该是以德施教、以德立身的楷模，思政课教师更需要有高尚的师德风范。现实当中我们看到，好的思政课教师不仅能在理论上说服学生，在政治能力上影响学生，还能通过自己无形的道德示范感动学生。思政课教师的道德育人能力，不仅仅在于，或者说主要不在于自己给学生传播的道德知识、道德观念，而主要在于自己这种"道德示范力"的大小，"道德示范力"是思政课教师道德育人能力的根本。

四是情感育人能力。习近平总书记在学校思想政治理论课教师座谈会上谈到，思政课教师"情怀要深，保持家国情怀，心里装着国家和民族"①。思政课教师有这样的情怀是必须的，但更要注重将这种深厚的情感传达给学生，影响到学生，在学生的心中也种下这种家国情。当然，情感育人还体现在思政课教师对学生的爱，即教师关心爱护学生，坚持以学生为中心，并将自己的爱无私地给予学生。

总之，思政课教师应当有高远的理想追求和深沉的家国情怀，以培养担当民族复兴大任的时代新人为己任，以德立身、以德立学、以德施教，以自己表里如一、知行合一的嘉言懿行传递正能量，让真善美的种子在学生心中生根发芽。

二　内容为王理念

马克思主义认为，在内容与形式的关系中，内容是基础，对形式起着决定性的作用。思政课教学应该牢牢把握内容建设这一核心，坚持内容为王，把重点放在课程内容上，避免简单化、贫乏化和肤浅化的倾向。只有不断增强思政课教学内容的思想性、理论性、亲和力和针对性，才能从根本上发挥好思政课解疑释惑的育人功能。

近年来，关于提高思政课亲和力、吸引力的教学探索颇多，比如翻转课堂、手机互动、影视赏析、课堂辩论等创新手段被应用于教学。部分教师，尤其是青年教师为了"吸睛"而对教学内容和过程进行娱乐化处理，大量使用网络"潮语"等流行性语言……这虽在一定程度上吸引了学生的

---

① 《习近平谈治国理政》第 3 卷，外文出版社，2020，第 330 页。

注意力，但过分重视形式创新难免为思政课改革带来了某种隐忧。

过分注重教学的形式创新可能会削弱思政课的思想性。思政课承担着为党育人、为国育才的艰巨任务，要在帮助学生掌握马克思主义的看家本领上下功夫，为其成长成才奠定科学的思想基础。但在当前一些思政课堂中，有的教师为了追求课堂气氛的活跃和生动，寻找和收集了能够吸引学生眼球的教学素材和视频资料，并将其加工成课堂教学的"娱乐点"，表面看课堂气氛活跃，欢声笑语不断，但思政课的思想性和知识的系统性却被庸俗化和碎片化了。思政课教学偏离其主旨，理论就可能变得苍白、空洞，教学就可能变得无思想、无立场、无观念。不仅如此，过多使用娱乐元素还可能滋生轻浮教风，使教师弱化了作为知识人在教学中应有的主导作用。思政课教学切不可走"去思想化"的路子，切不可为了抬头率、认可率而以放弃意义追问和现实思考为代价。思政课教学要"创新"，更要"守正"，娱乐元素的使用看似活跃了课堂，实则空洞无味甚至滑向肤浅和庸俗。

教学内容随意化可能消解思政课的政治性。政治性是思政课的本质属性，关系到思政课为党和国家培养什么样的建设者和接班人，以什么样的理论武装头脑的重大问题。当前，国内外敌对势力一刻也没有停止在意识形态领域争夺青年学生，社会主义初级阶段的各种矛盾和问题也需要教师及时为学生答疑释惑。面对各种错误思潮和思想观点的干扰，以政治性引导学理性，坚持正确的政治方向，是思政课教学不可回避的应为之举。思政课教学中的娱乐化倾向，淡化了思政课的教材体系和教学体系，娱乐元素虽与教学内容有一定相关性，但更多的是以借题发挥的形式转移和替代了思政课本来的教学内容，与思政课的教学目标是相悖的。思政课教学内容有其独特的范式，切不可随意选取和替代，"思想"是"政治思想"，"理论"是"政治理论"，思政课教材是教学活动的基本遵循。思政课教师要以教材为蓝本，实现"教材—教学—价值"体系的转化，在教学过程中将教学的重点、难点与大学生思维的兴奋点紧密结合起来，直面各种社会思潮挑战，对各种社会思潮的价值取向和意识形态本质有深刻把握，对社会热点、难点及敏感问题进行透彻的理论分析。只有这样，教师才能游刃有余地引领学生在马克思主义理论和多元文化思潮之间进行比较分析，为青年学生的发展提供科学价值判断并指明发展方向。

知识结构碎片化可能降低思政课的理论性。思政课具有其内在的研究范畴、推理范式和逻辑架构，理论性是思政课的立身之本和鲜明属性。思政课的理论性蕴涵着马克思主义的理论根基，是马克思主义理论家及其继承者在长期的革命、建设和改革过程中积累的基本经验、基本价值、基本思想、基本理论，是一个全面系统的知识体系。只有对理论本身的科学性、逻辑性、学理性有深刻认识，才能达到提升理论素养的目的。然而过多使用娱乐元素的教学活动，不同程度地存在着理论弱化和理论短视现象。有的教师片面追求课程内容的"通俗易懂"，人为增加具有故事性的内容，用案例化约理论，用话题弱化理论。课堂上那些被串联在一起的"段子"，在广度上将马克思主义理论的深刻性与系统性割裂，造成了知识结构的碎片化；在深度上将理论讲授局限在常识性或经验性的思维层面，带来了解读现实问题的随意性，弱化了师生的思维水平和理解能力。思政课教学要突出并彰显马克思主义的理论魅力，缺少坚实理论支撑的教学，势必弱化马克思主义的揭示力度，消解思政课自身的严肃性。思政课教学形式的创新和技艺的运用只是手段，"方法制胜"的前提是"内容为王"。

恩格斯指出："一个民族要想站在科学的最高峰，就一刻也不能没有理论思维。"[1] 习近平总书记在纪念马克思诞辰 200 周年大会上的讲话中引用了恩格斯的这一论述，并进而明确提出："中华民族要实现伟大复兴，也同样一刻不能没有理论思维。"[2] 思政课教学需突出思想政治的"政治定位"和理论研究的"学术定位"，两者的有效结合是讲好讲活思政课的前提和基础。不可否认，将丰富的素材引入教学并辅之以情感为基础的表达方式，对提高思政课教学的亲和力有帮助，但亲和力不能通过素材的堆砌、欢娱的制造来提升，思政课的实效性也不能简单用抬头率、到课率、热闹程度及掌声高低来衡量。思政课应该注意解决学生的思想困惑和理论不足，培养青年学生的问题意识并将其内化为他们的心理品质和思维习惯。思政课教学要突出思想性、政治性和理论性，离开"三性"的统摄而过分注重形式就可能成为华丽包装下的"空洞的说教"。

内容为王理念要求思政课的教学内容必须体现理论与实践"互联"。

---

① 《马克思恩格斯选集》第 3 卷，人民出版社，2012，第 875 页。

② 习近平：《在纪念马克思诞辰 200 周年大会上的讲话》，人民出版社，2018，第 15 页。

在厘清教材基本内容的基础上，尽可能联系鲜活的"中国故事"，结合看得见、摸得着、感受得到的国家发展、社会进步、人民生活改善的现实，使抽象理论回归生活世界，让课程内容"活起来"。这是马克思主义实践性的根本要求，也是马克思主义强大解释力和真理力量的充分体现。具体来说，至少应包括如下方面的"互联"。

首先，理想与现实互联。理想与现实，既是对立的也是统一的。既要志存高远，又要脚踏实地；既不能脱离现实空谈理想走向浪漫主义，也不能抛弃理想沉溺其中陷入悲观主义。

其次，传统与时代互联。传统是时代的根基，时代是传统的承续。既不能否定传统走向虚无主义，也不能脱离时代迈入复古主义。应当不忘本来、吸收外来、面向未来。

再次，个人与社会互联。社会是人的存在形式，人又是社会的人。因此，应当辩证处理个人理想与社会理想、个人利益与社会利益、个人价值与社会价值的相互关系。

最后，民族与世界互联。中国的发展离不开世界，世界的发展也需要中国。既要立足民族，维护国家利益，也要面向世界，构建人类命运共同体；既不能崇洋媚外，也不能盲目排外。

上述种种"互联"，形成结构合理、逻辑严密的教学内容"互联网"体系，使思政课堂言之有物、言之成理。把这些内容和道理讲清说透，政治性和学理性相统一、建设性和批判性相统一、理论性和实践性相统一等诸多"统一"，皆能水到渠成。

三　方法为要理念

教学方法必须适配教学内容，运用丰富多元的方法传输内容，既落实教学目标、课程设置、教材使用、教学管理等方面的统一要求，又因地制宜、因时制宜、因材施教，提高学生对内容的认可度、接受度。高校思政课的教学方法关乎培养立德树人目标的实现。

思政课的教学目标需要通过教学方法来实现。高校思政课教学的根本目标是培养社会主义建设者和接班人。这一根本目标，就是思政课要守的"正"，这是"守什么"的内容。那么，具体"如何守"就是方法问题，只有解决了方法问题，目标才能实现。习近平总书记在《思政课是落实立德树人根本任务的关键课程》中强调："我们通过守正创新形成了中国特色社会主义理论体系，守正就不能偏离马克思主义、社会主义，但不是刻舟求剑，还要往前发展、与时俱进，否则就是僵化的、陈旧的、过时的。"① 因此，中国共产党的思政工作，包括思政课在内的守正就是不能偏离马克思主义、社会主义，而思政课教学方法的守正就是不能偏离培养社会主义建设者和接班人这个根本目标，同时要让方法往前发展，与时俱进，所以在方法上要始终如一地坚守教学目标，同时又要做到创新，这是思政课教学方法的守正创新，也是实现教学目标的关键。

思政课教学内容需要通过教学方法来体现。思政课教学内容中唯一不变的是社会主义这一主导内容。基于此，其他的内容一直都在发展中，这些不变与变化的内容，都需要思政课教学方法的守正创新来体现。从"四有新人"到"四有公民"再到"时代新人"，虽然称谓变了，但是社会主义性质未变。然而，改革开放以来，除了马克思主义基本原理、中国近现代史纲要及毛泽东思想之外，从邓小平理论到"三个代表"重要思想，到科学发展观，再到习近平新时代中国特色社会主义思想，高校思政课的教学内容一直都在随着中国特色社会主义理论体系的发展而发展，所以高校形势与政策课程的内容也在不断发生变化。高校思政课教学内容要守正，守的是社会主义的"正"，即不偏离这一主导内容；高校思政课教学内容要创新，也必然是随着中国特色社会主义建设的实践和理论体系的创新而创新，而教学方法的创新又需要结合信息时代、智能时代的工具及大学生的身心特点。例如，目前很多高校都采用短视频教学、直播教学、线上线下混合式教学等新的教学方法，体现了以学生发展为中心的教学理念，这本身就是在体现习近平新时代中国特色社会主义思想中"以人民为中心"的主旨思想。

思政课教学过程需要通过教学方法来展现。无论是传统的思政课教学过程，还是创新的思政课教学过程，都要通过一定的教学方法来体现。传统的思政课教学过程，多是教师讲授，学生听讲。而讲授法是最典型的一种教学方法，也称灌输法。灌输法不仅展现了传统思政课的教学过程，而且在新时代高校思政课教学过程中也占有相当大的比重。列宁曾经说过：

① 习近平：《思政课是落实立德树人根本任务的关键课程》，人民出版社，2020，第9页。

"社会主义意识是一种从外面灌输到无产阶级的阶级斗争中去的东西，并不是一种从这个斗争中自发产生出来的东西。"① 但是，新时代的思政课不能仅仅满足于灌输，而应当做到"灌输性和启发性相统一"。注重启发性教育，引导学生发现问题、分析问题、思考问题，在不断启发中让学生水到渠成得出结论。灌输性和启发性相统一的提出，一方面，为灌输性在思政课教学中的合理性存在提供了依据，逐步终结了长期以来对灌输性的否定性评价；另一方面，强调二者的统一，奠定了启发性在思政课教学中的重要地位。如果说，灌输性强调的是大水漫灌、是教育者的一种知识和价值供给，那么，启发性强调的则是基于受教育者的需求所进行的滴灌。滴灌的过程就是基于受教育者的问题意识，逐一揭开知识的深井、解开人们对价值观的迷茫。在实现灌输性的过程中，传统的课堂是最为有效的方式；在实现启发性的过程中，慕课、微课则是最为便捷的途径。

为了创新教学方法，增强思政课的亲和力，更好地培养社会主义时代新人。应当从以下几个方面着力。

第一，众人协力打造精品课堂。通过集体备课，在全体教师共同参与、共同讨论、互相启发、集思广益的过程中，不断进行教学研究和讨论，改进和创新教学方法，尽量保证每堂课程都成为精品课程。另外，突出学生的主体地位，采用当代青年学生易于接受的方式导入课程，确保学生在喜闻乐见的同时，更让他们学有所思、学有所感、学有所得。

第二，拓宽网络思政平台阵地。在传统的思政课堂里，老师是个"孤单的朗读者"，教学方法是传统的"我来说你来听"的单向灌输。在信息化社会，"要运用新媒体新技术使工作活起来，推动思想政治工作传统优势同信息技术高度融合，增强时代感和吸引力"②，可以通过学习软件建设线上线下、课内课外相结合的教学体系，增强师生之间的双向交流，提升学生学习的主动性。课前，上传相关文章、视频等作为课前预习及讨论的材料，服务课堂，提升课堂活跃度；课中，利用该平台发布小组讨论等任务，引导学生自主学习，体现"做中学""做中教"的现代职教理念；课后，针对所学内容发布作业或讨论主题，及时巩固教学内容，完成教学

---

① 《列宁选集》第1卷，人民出版社，2012，第255页。
② 《习近平谈治国理政》第2卷，外文出版社，2017，第378页。

目标。

第三，让思政课有意思才会更有意义。采用情景教学、案例教学、互动教学、实践教学等丰富多样的教学方式，引导学生深度参与思政课教学，使思政课有了全新的"打开方式"，变得"有意思"更有意义。老师用身边人、身边故事引入课题，用通俗易懂甚至幽默风趣的语言讲解理论政策，走进学生的心灵，实现与之心有灵犀、英雄所见略同的精神交流，让学生完全融入课堂，化被动为主动，让学生"抬起头"，达到知识入耳、入脑、入心的目标。

第二节 思想政治理论课的教学方法

思想政治理论课的教学必须运用灵活多样的教学方法，唯有如此才能不断增强思政课的思想性、理论性和亲和力、针对性，调动学生的学习积极性和主动性，感染学生、赢得学生、感召学生，最终实现立德树人的根本目标。

一 选择教学方法的基本依据

1. 依据教学目标选择教学方法

不同领域或不同层次的教学目标的有效达成，要借助于相应的教学方法和技术。教师可依据具体的可操作性目标来选择和确定具体的教学方法。

2. 依据教学内容特点选择教学方法

不同学科的知识内容与学习要求不同；不同阶段、不同单元、不同课时的内容与要求也不一致，这些都决定了教学方法的选择具有多样性和灵活性的特点。

3. 根据学生实际特点选择教学方法

学生的实际特点直接制约着教师对教学方法的选择，这就要求教师能够科学而准确地研究分析学生的上述特点，有针对性地选择和运用相应的教学方法。

4. 根据教师自身特点选择教学方法

任何一种教学方法，只有适应了教师的素养条件，并能为教师充分理解和把握，才有可能在实际教学活动中有效地发挥其功能和作用。因此，教师在选择教学方法时，还应当根据自己的实际优势，扬长避短，选择与自己最相适应的教学方法。

5. 依据教学环境条件选择教学方法

教师在选择教学方法时，要在时间条件允许的情况下，选择能够最大限度地运用和发挥教学环境条件的功能与作用的方法。

二　教学方法的运用

教师选择教学方法的目的，是要在实际教学活动中有效地运用。

第一，教师应当根据具体教学的实际，对所选择的教学方法进行优化组合和综合运用。

第二，无论选择或采用哪种教学方法，要以启发式教学思想作为运用各种教学方法的指导思想。

第三，教师在运用各种教学方法的过程中，还必须充分关注学生的参与性。

三　主要教学方法介绍

（一）讲授式

1. 概念阐释

教师主要运用语言方式，系统地向学生传授科学知识，传播思想观念，发展学生的思维能力，发展学生的智力。

2. 具体实施形式

（1）讲解教学方法

（2）谈话教学方法

（3）讨论教学方法

（4）讲读（演）教学方法

3. 运用讲授式教学方法的基本要求

（1）科学地组织教学内容。

（2）教师的教学语言应具有清晰、精练、准确、生动等特点。

（3）善于设问解疑，激发学生的求知欲望和积极的思维活动。

（二）讨论式

1. 概念阐释

讨论法是在教师的指导下，学生以全班或小组为单位，围绕教材的中心问题，各抒己见，通过讨论或辩论活动，获得知识或巩固知识的一种教学方法。优点在于，由于全体学生都参加活动，可以培养合作精神，激发学生的学习兴趣，提高学生学习的独立性。

2. 具体实施形式

（1）问题教学法

（2）探究教学法

（3）发现教学法

3. 实施的基本要求

（1）讨论的问题要具有吸引力。讨论前教师应提出讨论题和讨论的具体要求，指导学生收集阅读有关资料或进行调查研究，认真写好发言提纲。

（2）讨论时，要善于启发引导学生自由发表意见。讨论要围绕中心，联系实际，让每个学生都有发言机会。

（3）讨论结束时，教师应进行小结，概括讨论的情况，使学生获得正确的观点和系统的知识。

（三）训练与实践式

1. 概念阐释

通过课内外的课题练习、社会实践、研究性学习等以学生为主体的实践性活动，使学生巩固、丰富和完善所学知识，培养学生解决实际问题的能力和多方面的实践能力。

2. 具体实施形式

（1）练习法

练习法是学生在教师的指导下巩固知识、运用知识、形成技能技巧的方法。在教学中，练习法被各科教学广泛采用。练习一般可分为以下几种。

其一，语言的练习。包括口头语言和书面语言的练习，旨在培养学生的表达能力。

其二，解答问题的练习。包括口头和书面解答问题的练习，旨在培养学生运用知识解决问题的能力。

其三，实际操作的练习。旨在形成操作技能，在技术性学科中占重要地位。

（2）自主学习法

为了充分拓展学生的视野，培养学生的学习习惯和自主学习能力，锻炼学生的综合素质，教师通常给学生布置阅读教科书或参考书，或者结合一些具体问题布置思考题，让学生利用图书和网络资源自主学习的方式寻找答案，提出解决问题的措施，然后提出讨论评价。其是帮助学生获得知识、巩固知识、培养学生自学能力的一种方法。

自主学习法主要应用于课程拓展内容的教学，组织学生自主学习，按照论文的形式撰写学习小论文，交由老师评价。锻炼学生提出问题、解决问题的能力和写作能力。

（3）任务驱动法

教师给学生布置探究性的学习任务，学生查阅资料，对知识体系进行整理，再选出代表进行讲解，最后由教师进行总结。任务驱动法可以以小组为单位进行，也可以以个人为单位进行，它要求教师布置任务详细具体，学生积极提问，以达到共同学习的目的。任务驱动法可以让学生在完成"任务"的过程中，培养分析问题、解决问题的能力，培养学生独立探索及合作精神。

（4）参观教学法

组织或指导学生到育种试验地进行实地观察、调查、研究和学习，从而获得新知识或巩固已学知识的教学方法。参观教学法一般由校外实训教师指导和讲解，要求学生围绕参观内容收集有关资料，质疑问难，做好记录，参观结束后，整理参观笔记，写出书面参观报告，将感性认识升华为理性知识。参观教学法可使学生巩固已学的理论知识，掌握最新的前沿知识。

【延伸阅读】

1. 习近平总书记在学校思想政治理论课教师座谈会上的讲话（2019年3月18日）。

2. 中共中央办公厅、国务院办公厅《关于深化新时代学校思想政治理论课改革创新的若干意见》（2019 年 8 月 14 日）。

【课后作业】

如何根据思政课的教学内容选择适当的教学方法？

第五章
思想政治理论课研究的主要问题

思想政治理论课是巩固马克思主义在高校意识形态领域的指导地位，坚持社会主义办学方向的重要阵地，是全面贯彻落实党的教育方针，培养中国特色社会主义事业建设者和接班人的主干渠道，是落实立德树人根本任务的关键课程。当前，研究思想政治理论课各门课程的特质，把握课程之间的内在逻辑；研究理论体系、教材体系、教学体系、价值体系的转化，实现马克思主义理论教育的"入脑入心"；研究课程与学科之间的关系，建立思想政治理论课与马克思主义理论学科相互支撑的体系；研究新时代思想政治理论课教师的职业素养，明确胜任思想政治理论课教学工作的能力要求，是思想政治理论课聚焦的热点问题。

第一节　思想政治理论课各门课程的
特质与内在逻辑

思想政治理论课是全面贯彻落实党的教育方针，加强学生思想政治教育的主渠道，是落实立德树人根本任务的关键课程，是帮助大学生树立正确的世界观、人生观、价值观的主阵地。2020 年 12 月，中共中央宣传部、教育部印发的《新时代学校思想政治理论课改革创新实施方案》指出："引导学生系统掌握马克思主义基本原理和马克思主义中国化理论成果，了解党史、新中国史、改革开放史、社会主义发展史，认识世情、国情、党情，深刻领会习近平新时代中国特色社会主义思想，培养运用马克思主义立场观点方法分析和解决问题的能力；自觉践行社会主义核心价值观，尊重和维护宪法法律权威，识大局、尊法治、修美德；矢志不渝听党话跟党走，争做社会主义合格建设者和可靠接班人。"① 因此，高校和相关部门要正确认识思想政治理论课的价值和特殊性，科学组合优化课程，提升思想政治理论课教学质量和水平。

一 思想政治理论课各门课程特质

（一）"马克思主义基本原理"课程特质

"马克思主义基本原理"课（以下简称"原理"课）是一门理论性与实践性相统一的课程，在高校思想政治理论课中发挥基础性作用。"原理"课"主要讲授反映马克思主义世界观和方法论的最基本的原理，帮助学生深刻领会、准确把握马克思主义的根本性质和整体特征，学习掌握贯穿其中的马克思主义立场观点方法，提升运用马克思主义基本原理分析世界的能力，增强对人类社会发展规律、特别是中国特色社会主义发展规律的认识和把握，树立共产主义远大理想和中国特色社会主义共同理想"②。对"原理"课教材内容系统、全面、生动地讲解，可以帮助学生掌握马克思主义世界观和方法论，把握人类社会发展的基本规律和世界历史的趋势。

马克思主义基本原理内在的整体性决定了"原理"课教学要从整体性的视角向学生讲授马克思主义世界观和方法论，帮助青年学生从整体上把握马克思主义哲学、政治经济学和科学社会主义各个组成部分之间的理论逻辑和实践逻辑，全面认识马克思主义基本原理所贯穿的立场、观点和方法的统一，深刻地领会马克思主义的原貌。"原理"课教学内容主要分为马克思主义哲学、政治经济学和科学社会主义三大模块，这三个方面构成了"原理"课教材内容的主体框架。"马克思主义哲学提供了认识世界和改造世界的方法，是现实生活的指导原则；政治经济学构成了马克思主义哲学走向现实社会的一个桥梁，主要是对资本主义社会的分析和认识；而运用马克思主义哲学分析社会经济事实引出的结论就是科学社会主义，科

---

① 《中央宣传部、教育部关于印发〈新时代学校思想政治理论课改革创新实施方案〉的通知》，《中华人民共和国国务院公报》2021 年第 9 号。
② 《中央宣传部、教育部关于印发〈新时代学校思想政治理论课改革创新实施方案〉的通知》，《中华人民共和国国务院公报》2021 年第 9 号。

学社会主义是关于无产阶级解放运动的内容。"① 这三个方面互相融合、互相补充，最终形成逻辑贯通、内在严谨的有机整体。强调"原理"课的整体性并不是指马克思主义哲学、政治经济学和科学社会主义的机械堆积，而是将这三个部分有机地统一整合，重视整体性内部要素的关系，通过章与章、节与节之间相互影响、相互作用、相互联系，形成稳定的教材体系。

（二）"毛泽东思想和中国特色社会主义理论体系概论"课程特质

"毛泽东思想和中国特色社会主义理论体系概论"课（以下简称"概论"课）旨在从整体上阐释马克思主义中国化理论成果，既体现马克思主义中国化理论成果形成和发展的历史逻辑，又体现这些理论成果的理论逻辑；既体现马克思主义中国化理论成果的整体性，又体现各个理论成果的重点和难点，力求全面准确地理解毛泽东思想和中国特色社会主义理论体系，尤其是马克思主义中国化的最新成果——习近平新时代中国特色社会主义思想，引导学生增强中国特色社会主义道路自信、理论自信、制度自信、文化自信，努力培养德智体美劳全面发展的社会主义建设者和接班人。"概论"课"主要讲授中国共产党把马克思主义基本原理同中国具体实际相结合产生的马克思主义中国化的两大理论成果，帮助学生理解毛泽东思想、邓小平理论、'三个代表'重要思想、科学发展观、习近平新时代中国特色社会主义思想是一脉相承又与时俱进的科学体系，引导学生深刻理解中国共产党为什么能、马克思主义为什么行、中国特色社会主义为什么好，坚定'四个自信'"②。

"概论"课重点突出毛泽东思想、中国特色社会主义理论体系和习近平新时代中国特色社会主义思想在马克思主义中国化的理论与实践中的主题，突出这三大理论体系在马克思主义中国化进程中发展的逻辑主线。毛泽东思想、中国特色社会主义理论体系和习近平新时代中国特色社会主义思想作为一脉相承又与时俱进的理论成果有着共同的理论逻辑、历史逻辑、实践逻辑和价值逻辑。同时不同的理论体系所生成的历史语境不同，

---

① 梅荣政：《对马克思主义基本原理科学体系的几点思考》，《思想理论教育导刊》2012 年第 1 期，第 37~42 页。

② 《中央宣传部、教育部关于印发〈新时代学校思想政治理论课改革创新实施方案〉的通知》，《中华人民共和国国务院公报》2021 年第 9 号。

所要回答和解决的问题不同，理论创造主体人生经历不同，这也使得毛泽东思想、中国特色社会主义理论体系和习近平新时代中国特色社会主义思想具有不同的相对独立的内容体系。毛泽东思想主要回答了在一个半殖民地半封建的东方大国，在经济文化落后的具体国情下如何实现新民主主义革命和社会主义革命的问题，深入阐明了中国革命的方式、路径、进程、策略等问题，并对建设什么样的社会主义、怎样建设社会主义进行了艰辛探索。中国特色社会主义理论体系系统回答了"什么是社会主义、怎样建设社会主义，建设什么样的党、怎样建设党，实现什么样的发展、怎样发展"等一系列重大理论命题。习近平新时代中国特色社会主义思想科学回答了"新时代坚持和发展什么样的中国特色社会主义、怎样坚持和发展中国特色社会主义，建设什么样的社会主义现代化强国、怎样建设社会主义现代化强国，建设什么样的长期执政的马克思主义政党、怎样建设长期执政的马克思主义政党"等重大时代命题，提出了一系列原创性的治国理政新理念、新思想、新战略。[①] 这充分体现了"概论"课教学内容的全面性、整体性和内在关联性。此外，"概论"课是一门不断创新发展的课程，随着中国特色社会主义实践的不断深入，以及马克思主义中国化理论成果的丰富和发展，"概论"课的教材和教学内容也会在理论和实践的互动中丰富发展、优化完善。

（三）"中国近现代史纲要"课程特质

"中国近现代史纲要"课（以下简称"纲要"课）旨在运用马克思主义历史唯物主义，揭示历史和人民选择马克思主义、选择中国共产党、选择社会主义道路、选择改革开放的深刻历史必然性，引导学生理解历史和人民所做的"四个选择"，从根本上改变了中国人民和中华民族的前途命运，不可逆转地结束了近代以后中国内忧外患、积贫积弱的悲惨命运，不可逆转地开启了中华民族不断发展壮大、走向伟大复兴的历史进军。"纲要"课"主要讲授中国近代以来争取民族独立、人民解放和实现国家富强、人民幸福的历史，帮助学生了解党史、国史、国情，深刻领会历史和人民选择马克思主义、选择中国共产党、选择社会主义道路、选择改革开

---

① 《中共中央关于党的百年奋斗重大成就和历史经验的决议》，人民出版社，2021，第25～26页。

放的必然性"①。

"纲要"课讲授的内容历史性强、时间跨度大，涵盖中国历史上社会秩序最混乱、社会环境最动荡、社会背景最复杂的阶段。在这么长的历史跨度上，中华大地发生了很多重大历史事件，这些事件的背后都有深层次的发生逻辑。"纲要"课不是简单的历史专业课，课程教学不应把重点放在历史考辨上，学生学习也不以记忆知识点为目标，而应探寻历史事件背后深层次的动因，厘清历史事件发生的线索，总结近现代中国历史经验教训，阐明其发展规律，讲清楚"四个选择"，增强"四个自信"。通过"纲要"课的教学可帮助学生树立唯物主义历史观，培养学生深刻分析历史事件的思维习惯，进而认清近现代以来中华民族的发展历史，理解历史和人民为什么最终选择了马克思主义、选择了中国共产党，掌握中国共产党为什么选择了社会主义道路以及如何探索社会主义的建设道路。

（四）"思想道德与法治"课程特质

"思想道德与法治"课（以下简称"德法"课）旨在运用辩证唯物主义和历史唯物主义世界观和方法论，引导大学生树立正确的世界观、人生观、价值观、道德观和法治观，解决成长成才过程中遇到的实际问题，更好适应大学生活，促进德智体美劳全面发展。"德法"课"主要讲授马克思主义的人生观、价值观、道德观、法治观，社会主义核心价值观与社会主义法治建设的关系，帮助学生筑牢理想信念之基，培育和践行社会主义核心价值观，传承中华传统美德，弘扬中国精神，尊重和维护宪法法律权威，提升思想道德素质和法治素养。高等职业学校结合自身特点，注重加强对学生的职业道德教育"②。

"德法"课教学内容本身就具有鲜明的时代性，涵盖了理想信念、精神文化、社会主义核心价值观、道德建设、法治建设等方面的内容，与我国道德文明、法治建设密切相关。"德法"课主要围绕大学生成长成才过程中的价值标准（人生观和价值观）和行为规范（法治观和道德观），以社会主义核心价值观和社会主义核心价值体系为统领，以正确的世界观、

---

① 《中央宣传部、教育部关于印发〈新时代学校思想政治理论课改革创新实施方案〉的通知》，《中华人民共和国国务院公报》2021年第9号。
② 《中央宣传部、教育部关于印发〈新时代学校思想政治理论课改革创新实施方案〉的通知》，《中华人民共和国国务院公报》2021年第9号。

人生观、价值观、道德观和法治观教育为主线，把社会主义思想道德教育与法治教育紧密结合在一起。通过"德法"课教学帮助学生较为全面地认识思想道德与法治，教育学生正确面对、有效解决道德、法治、价值观等方面的社会现实问题，不断提高自身思想道德素质和法治素质。

（五）"形势与政策"课程特质

"形势与政策"课旨在引导大学生认清国内外形势，全面准确地理解政策，增强社会责任感，提高执行政策的自觉性，将坚定不移走中国特色社会主义道路的自信投入社会主义现代化建设的伟大事业中。因此，"形势与政策"课既要不断满足学生求知欲望，又要寓思想教育于知识传授之中，潜移默化地提高学生思想道德素质，达到知与行相统一。"形势与政策"课"主要讲授党的理论创新最新成果，新时代坚持和发展中国特色社会主义的生动实践，马克思主义形势观政策观、党的路线方针政策、基本国情、国内外形势及其热点难点问题，帮助学生准确理解当代中国马克思主义，深刻领会党和国家事业取得的历史性成就、面临的历史性机遇和挑战，引导大学生正确认识世界和中国发展大势，正确认识中国特色和国际比较，正确认识时代责任和历史使命，正确认识远大抱负和脚踏实地"[1]。"形势与政策"课是思想政治理论课不可分割的重要组成部分，"形势与政策"课知识体系化、实效性高，其教学内容有严格要求，必须根据教育部每学期下发的《高校"形势与政策"课教育教学要点》紧紧围绕党和国家推出的重大战略决策，以及当代国内外的热点和焦点问题，然后结合高校各自的实际教学情况来确定专题并进行教学。

"形势与政策"课可以分为"形势"与"政策"两大部分，其中"形势"是指事物发展的过程和变化的趋势，"政策"是指国家或政党以权威的形式制定的具有标准化特点的行为规范或行动准则。"形势"是客观存在发展的，而"政策"是为了适应"形势"发展的态势制定的行为准则等，它是人们对这种客观存在的发展态势形成认识的成果。"政策"是建立在对于"形势"持有正确认识的基础上，以实事求是为依据，合理准确地看待发展态势，制定出的符合"形势"的正确路线、方针、政策等，从

---

[1] 《中央宣传部、教育部关于印发〈新时代学校思想政治理论课改革创新实施方案〉的通知》，《中华人民共和国国务院公报》2021 年第 9 号。

而有效推动"形势"的向好发展。"形势"的变化必然要导致"政策"的调整和变更,而"政策"在实施过程中又会给"形势"的未来走向带来影响。因此,"形势"与"政策"是两个相互联系、相互作用的组成部分,两者相互交织共同发展。

二 把握思想政治理论课之间的内在逻辑

高校思想政治理论课在不同的历史时期结合具体国情不断优化完善,其课程设置和课程结构先后进行了三次大的改革和调整,即"85方案""98方案""05方案"。2020年12月,中共中央宣传部、教育部印发的《新时代学校思想政治理论课改革创新实施方案》规定,大学阶段开设"思想政治理论课"必修课程,本科阶段课程主要有:马克思主义基本原理、毛泽东思想和中国特色社会主义理论体系概论、中国近现代史纲要、思想道德与法治、形势与政策。[①] 概言之,"原理"课和"概论"课都是对青年学生开展马克思主义理论的宣传教育。"原理"课侧重讲经典马克思主义,而"概论"课着重讲当代中国马克思主义。学习"纲要"课则是为了科学认识历史和人民选择马克思主义的历史必然性。"德法"课是用马克思主义理论指导青年大学生牢记使命担当,在实践中实现人生价值。"原理"课、"概论"课、"纲要"课、"德法"课虽各有侧重,但都是以马克思主义理论为指导。"原理"课在四门课程中发挥着基础性的理论支撑意义,为广大青年学生掌握理论知识提供了科学的世界观与方法论。

(一)"原理"课与"概论"课之间的辩证关系

"原理"课与"概论"课教学横向贯通,两者作为思想政治理论课都是对青年学生进行马克思主义世界观和方法论的灌输。但"原理"课与"概论"课是两门属性不同的课程,各有其内在规定的教学内容、教学目标与教学任务。"原理"课着重讲授马克思主义哲学、政治经济学以及科学社会主义,要求学生从整体上理解和把握马克思主义基本原理的科学内涵和精神实质,正确认识人类社会发展的客观规律。"原理"课为"概论"课教授马克思主义中国化的理论成果奠定了理论基础,提供了马克思主义

---

① 《中央宣传部、教育部关于印发〈新时代学校思想政治理论课改革创新实施方案〉的通知》,《中华人民共和国国务院公报》2021年第9号。

的基本立场、基本观点和基本方法。"概论"课为"原理"课提供马克思主义中国化鲜活的实践。马克思主义中国化的理论成果，即毛泽东思想、中国特色社会主义理论体系和习近平新时代中国特色社会主义思想，"紧密联系中国实际，运用马克思主义解决中国革命、建设、改革中的问题，总结中国革命、建设、改革的实践经验和历史经验，坚持和发展马克思主义，把马克思主义植根于中国的优秀文化之中，赋予马克思主义以鲜明的中国特色"①。"概论"课则着重讲授中国共产党把马克思主义基本原理与中国实际、中国传统文化相结合的历史进程，生动展示中国共产党历代领导集体的理论贡献和智慧结晶，充分反映马克思主义中国化的三次历史性飞跃及其重大理论成果，帮助学生系统掌握中国化的马克思主义，即毛泽东思想、中国特色社会主义理论体系以及习近平新时代中国特色社会主义思想的精髓和实质，不断增强中国特色社会主义道路自信、理论自信、制度自信、文化自信，对中国共产党的政治认同、思想认同、理论认同、情感认同，坚定中国特色社会主义理想信念。

（二）"原理"课与"纲要"课之间的辩证关系

"原理"课与"纲要"课这两门课程中，"原理"课的核心论题是马克思主义是什么，从根源上系统讲授包括唯物史观在内的马克思主义基本原理的课程，从整体上把握马克思主义的世界观和方法论。"原理"课教学需要把马克思主义哲学、马克思主义政治经济学和科学社会主义看作有机整体，将马克思主义立场、观点和方法贯穿教学的全过程。"原理"课为"纲要"课提供理论基础。准确把握和深刻理解唯物史观为"纲要"课的教学建构历史唯物主义的基本原则。"纲要"课是一门以近代以来中国人民致力于实现民族复兴的社会变革进程为主线，运用马克思主义唯物史观帮助学生认识近现代中国社会发展和革命、建设、改革的历史进程及其内在规律性的课程。"纲要"课讲授需要坚持和运用大历史观，紧密结合中国近现代的历史实际，将近现代史放在中华民族文明史和世界历史发展进程中，通过对有关历史进程、历史事件和历史人物的分析，帮助大学生提高运用科学的历史观和方法论分析历史问题、辨别历史是非的能力。"纲要"课的核心要义旨在回答"四个选择"，即历史和人民选择了马克思

---

① 《毛泽东思想和中国特色社会主义理论体系概论》，高等教育出版社，2015，第4~5页。

主义，选择了中国共产党，选择了社会主义道路，选择了改革开放，着眼于总结历史经验和揭示历史发展规律，论证了"原理"课的科学性和革命性。

（三）"原理"课与"德法"课之间的辩证关系

不同思想政治理论课各有其特点，每门课程的侧重点不同。"原理"课理论性较强，教学内容较为抽象，课堂教学也侧重理论讲授，培养青年学生的马克思主义理论素养和政治文化素质，并为青年学生认识世界和改造世界提供了科学的世界观和方法论。"德法"课则是在马克思主义理论指导下对青年学生有效地开展马克思主义的世界观、人生观、价值观、道德观和法治观教育的课程，是运用马克思主义世界观和方法论指导学生树立中国特色社会主义共同理想和共产主义远大理想的课程。系统学习马克思主义基本原理为学生更好地学习"德法"课打下坚实的基础。在马克思主义理论的指导下，"德法"课讲授的不是要解决应该遵守什么样的道德准则和行为规范的问题，而是从宏观上表现出"德法"课的基本要求，讲清思想道德与法治必须遵循的指导思想。① 两者是宏观上的理论指导和微观上的实践操作的辩证关系。同样，"原理"课教学也需要结合"德法"课的思想养料，在科学理想信念的指引下学习和掌握马克思主义的世界观和方法论，并以此来实现自己的人生目标。实践证明，将"原理"课与"德法"课的教学目标与内容进行横向贯通，通过"原理"课系统地学习马克思主义基本原理，可以进一步深化与巩固"德法"所学的内容；通过"德法"课树立崇高的理想信念，提高自身道德修养和法律素养，培育社会主义核心价值观，更加坚定马克思主义科学真理，可以强化对"原理"课教学内容的理解和吸收。

第二节　思想政治理论课体系转化的
基本样态与原则遵循

思想政治理论课教材体系向教学体系转化、知识能力体系向价值信仰

---

① 李彩华：《关于高校"毛泽东思想、邓小平理论和'三个代表'重要思想概论"课的构建》，《东北师大学报》2006 年第 1 期。

体系转化是增强高校思想政治理论课有效性的重要途径，是加强高校马克思主义理论学科建设的应有之义。思想政治理论课体系转化要坚持育人目标期待与学生发展需求相互统一、教学问题导向与课程价值引领相互统一、教师主导作用与学生主体地位相互统一的基本原则。

一　思想政治理论课体系转化的基本样态

（一）教材体系向教学体系转化

教材体系是整个教学体系架构的核心和基础。构建思想政治理论课教材体系旨在为实现预期教学目标提供方向指引。在提高大学生个人素养的过程中，思想政治理论教材的价值也是极高的。

教学体系则是明确教学目标、设计教学课程、构建灵活课堂的过程。教学体系的设计过程，凝聚了教师的思想和智慧，也是对整个教材进行精心整理的过程。整个教学体系包含了非常丰富的内容，如教师在教学过程中遵循的基本理念、教师遵循的基本指导思想、教学内容的准确设计、教学评价活动的实施等。

通过以上分析可以看出，思想政治理论课教材体系内容较为单一，而教学体系的设计则涵盖了丰富而具体的内容。它们之间的关系具体表现为：教学体系涵盖着教材体系，教材体系是教学体系的重要组成部分。这充分说明思想政治理论课从教材体系向教学体系的转变具有重要的现实意义和实践意义。

从教材体系到教学体系的转变，最需要明确的内容是从"是什么"到"为什么"和"怎么做"的转变。这也是新时期提高思想政治理论课教学质量和教学水平的内在诉求。就高校思想政治理论课教学而言，要敢于突破传统基础理论知识教学的局限和制约，更加注重各学科知识的融合和互动，不断提高学生的知识文化素养、思想道德素质，增强学生的"认同感"和"共情感"。需要注意的是，思想政治理论课从教材体系向教学体系的转变，也需要充分契合思想政治理论课的教学目标、课程性质、课程特点和课程内容。以师生主体性为主、目标针对性强、知识问题性强、优化课程体系、更新教学内容、创新教学方法、加强实践教学，深化科教结合，实现理论性强、创新性强、实践性强，有效提高思想政治理论课教学质量，促进思想政治理论课高质量发展。

（二）知识能力体系向价值信仰体系转化

知识能力体系与价值信仰体系有着本质的区别。实现知识能力体系向价值信仰体系的转化是当前思想政治理论课的一个基本方向。知识能力体系与价值信仰体系的基本差异可以从以下三个维度来阐释和分析。

首先，两者在内涵上有明显的差异。知识能力体系侧重于教师对知识的讲解和教学过程。在教学活动中，教师会根据教材的核心要求，围绕思想政治理论课的教学要点和教学目标，进行知识的导入和渗透。但价值信仰是建立在对某种主义或者是某种理论的全面的尊崇和信服之上的，可以在发展过程中逐渐形成一种比较独特的人生价值观念体系架构，为了使方法论得到建设，使科学的价值观得到树立，可以用价值信仰来指导人们的行为实践。

其次，两者在特征上有明显的差异。知识能力体系根据学生不同的能力特点和兴趣，对教学内容进行收集、整理和再创造，为实现教学目标奠定了坚实的基础。价值信仰体系更关注学生基本思想动态的发展与进步，是感性认识向理性认识的转变，是理论维度向实践维度的转变。通过价值信仰体系的构建，学生对马克思主义科学信仰有了更清晰的认识，为学生信仰体系的运用奠定基础。

最后，两者在功能层面存在明显差异。在教学体系建设的背景下，学生可以掌握更扎实的理论知识。但从目前来看，仅靠理论指导在思想层面上取得进步是不够的，在实践维度上的综合利用才是最核心的。这一目标的实现，恰恰需要信仰价值的支撑，唯有如此才能让学生实现对马克思主义思想的真正学习、真正理解、真正信仰，才能真正全面提高学生的思想政治理论素养。

可以说，知识能力体系向价值信仰体系的转化是国家之唤、时代之需、学生之求。首先，知识能力体系向价值信仰体系的转化是实现中华民族伟大复兴中国梦的国家之唤。中华民族伟大复兴依赖于一代代青年的接力奋斗，个人梦的实现为民族梦变成现实汇集了磅礴的力量。当代大学生只有坚定理想信念，弘扬中国精神，践行社会主义核心价值观，提高改造世界的实践能力，才能坚定对共产主义的远大理想和中国特色社会主义的共同理想。其次，知识能力体系向价值信仰体系的转化是思想政治课教学改革创新的时代之需。高校思想政治理论课是对大学生进行系统、全面、科学的马克思主义世界观和方法论教育，将党的路线、方针、政策通过完整的课程体系传授给大学生，进行社会主义意识形态灌输和教化，促进大学生全面发展的重要课程。这就要求深化对思想政治理论课的改革创新，不断增强思政课的思想性、理论性和亲和力、针对性，提升思想政治理论课教师的核心素养。最后，知识能力体系向价值信仰体系的转化是新时代大学生思想转变的内在需求。"新时代大学生呈现出个体意识鲜明、认知方式感性、价值取向多元等特点，而部分教师还未完全适应这种变化，导致大多数学生认为自己的主观诉求得不到回应，甚至逐步被孤立于教学环节以外，容易让大学生产生厌烦情绪。"① 新时代大学生思维活跃、个性突出，呈现出鲜明的"自我属性"。只有实现思想政治理论课的知识能力体系向价值信仰体系的转化，才能满足新时代大学生的内在诉求和成长成才的理论需要，帮助大学生系好人生的"第一粒扣子"，解决好立德树人这个根本问题。

二　思想政治理论课体系转化的原则遵循

思想政治理论课体系的转化遵循的不是漫无目的、随心所欲的主观意愿，而是有基本的原则。新时代思想政治理论课体系转化要遵循育人目标期待与学生发展需求相互统一、教学问题导向与学生价值引领相互统一、教师主导作用与学生主体地位相互统一等原则。

（一）育人目标期待与学生发展需求相互统一

马克思指出："'思想'一旦离开'利益'，就一定会使自己出丑。"② 思想政治理论课体系转化一旦脱离学生主体的日常生活和现实实际，其吸引力、感召力和影响力便会被削弱。所以，满足学生成长发展需求，是思想政治理论课体系转化内生动力的重要内容。2016 年 12 月 7 日，习近平在全国高校思想政治工作会议上指出："要用好课堂教学这个主渠道，思想政治理论课要坚持在改进中加强，提升思想政治教育亲和力和针对性，满足学生成长发展需求和期待。"③

---

① 王莹、祁丽：《提升高校思想政治理论课教学实效性的三个着力点》，《学校党建与思想教育》2018 年第 16 期，第 37~38 页。
② 《马克思恩格斯文集》第 1 卷，人民出版社，2009，第 286 页。
③ 《习近平谈治国理政》第 2 卷，外文出版社，2017，第 378 页。

思想政治理论课的教学对象是现实中具体实在的人。有情感、有思维、有诉求的教学对象都渴望自由而全面的发展。能否满足学生的利益诉求，实现学生的全面发展，直接影响到思想政治理论课体系转化的实施与效果。2020年9月22日，习近平在教育文化卫生体育领域专家代表座谈会上的讲话中指出："要坚持社会主义办学方向，把立德树人作为教育的根本任务，发挥教育在培育和践行社会主义核心价值观中的重要作用，深化学校思想政治理论课改革创新，加强和改进学校体育美育，广泛开展劳动教育，发展素质教育，推进教育公平，促进学生德智体美劳全面发展，培养学生爱国情怀、社会责任感、创新精神、实践能力。"[1] 思想政治理论课体系转化必须正视学生的成长发展需求，一旦脱离了这一需求，无疑就是刻舟求剑、缘木求鱼。

思想政治理论课体系转化要考虑到教学对象的利益关切和发展诉求。马克思指出，人的本质是一切社会关系的总和。换言之，人不是独立的存在，而是与周围的人、物都有其密切关系的存在，具备广泛的社会性。个人的发展是国家繁荣、民族振兴的前提保障，社会的进步、国家的发展都建立在个人自由全面发展的基础之上。育人目标期待与学生发展需求相辅相成、互为前提。作为社会群体中的一员，青年学生的成长发展需求与国家的前途命运密不可分。习近平总书记在学校思想政治理论课教师座谈会上的讲话中强调："我们办中国特色社会主义教育，就是要理直气壮开好思政课，用新时代中国特色社会主义思想铸魂育人，引导学生增强中国特色社会主义道路自信、理论自信、制度自信、文化自信，厚植爱国主义情怀，把爱国情、强国志、报国行自觉融入坚持和发展中国特色社会主义事业、建设社会主义现代化强国、实现中华民族伟大复兴的奋斗之中。"[2] 这要求学生把个人成长与国家命运紧密结合，把个人志向与社会主义前途紧密结合，"在激扬青春、开拓人生、奉献社会的进程中书写无愧于时代的壮丽篇章"，"勇做走在时代前列的奋进者、开拓者、奉献者"。

育人目标期待与学生发展需求不是相互脱离的两层皮，二者具有内在的一致性。2016年12月7日，习近平在全国高校思想政治工作会议上强

---

[1] 习近平：《在教育文化卫生体育领域专家代表座谈会上的讲话》，人民出版社，2020，第2~3页。

[2] 《习近平谈治国理政》第3卷，外文出版社，2020，第329页。

调："高校思想政治工作关系高校培养什么样的人、如何培养人以及为谁培养人这个根本问题。要坚持把立德树人作为中心环节，把思想政治工作贯穿教育教学全过程，实现全程育人、全方位育人，努力开创我国高等教育事业发展。"① 习近平总书记在此次会议上还强调，要教育引导学生正确认识世界和中国发展大势，正确认识中国特色和国际比较，正确认识时代责任和历史使命，正确认识远大抱负和脚踏实地。这"四个正确认识"是青年学生成长发展的需求，也是当前思想政治教育的重要目标。因此，坚定理想信念，正确理解世情、国情、党情，在实践中不断提升自身的认识能力和工作能力，是学生成长发展过程中的基本素养，是社会环境对学生成长发展提出的基本要求，从现实性上讲，它们都是学生成长发展的具体需求。② 思想政治理论课体系转化与这些现实的具体需求是密切相关的。

（二）教学问题导向与课程价值引领相互统一

坚持教学问题导向与课程价值引领相互统一是思想政治理论课体系转化需要遵循的原则之一。只有坚持教学问题导向与课程价值引领相互统一才能提升思想政治理论课的教学质量，才能推动思想政治理论课内涵式发展，培养担当民族复兴大任的时代新人。

问题是时代的声音，是历史的回响。坚持问题导向实质上是一个及时发现问题、科学分析问题、着力解决问题的过程，也是马克思主义方法论的鲜明特点。"每个时代总有属于它自己的问题，准确地把握和解决这些问题，就能够把人类社会不断推向前进。"③ 问题无处不在、无时不有，关键在善不善于发现问题，能不能抓住事物的矛盾。马克思曾指出："问题是时代的格言，是表现时代自己内心状态的最实际的呼声。"④ 新时代思想政治理论课体系转化，要从理论与实践、历史与现实、传统与现代、重点与一般、共性与个性等多维视角，聚焦思想政治理论课教学改革创新面临的重大理论和实践问题，进行深入思考和全面把握。发现问题是逻辑前提，解决问题才是最终指向。针对思想政治理论课体系转化中存在的具体

① 《习近平谈治国理政》第 2 卷，外文出版社，2017，第 376 页。
② 冯刚：《增强高校思想政治教育持续发展的内生动力》，《中国高等教育》2017 年第 2 期，第 25~29 页。
③ 《十六大以来重要文献选编》（下），中央文献出版社，2008，第 462 页。
④ 《马克思恩格斯全集》第 1 卷，人民出版社，1995，第 203 页。

问题，要分清哪些是基础问题、哪些是重点问题、哪些是疑难问题，坚持唯物辩证法，反对形而上学，坚持用联系、发展、矛盾的观点观察和分析问题，善于透过现象看本质，把握事物发展规律，从繁杂问题中把握思想政治理论课体系转化的科学性、针对性、现实性和实效性，从苗头问题中发现思想政治理论课体系转化的倾向性，从偶然问题中揭示思想政治理论课体系转化的必然性。

所谓价值，最初是指以耗散结构的有序化运动为代表的特殊的物质系统，最原始意义的"价值"是指"有序化能量"。随着人类认识的不断深入，"有序化能量"进一步发展为"广义有序化能量"，人类文明史中真正意义上的价值才开始逐渐形成。价值的终极本原是运动着的物质世界和劳动着的人类社会，价值虽来源于自然界，但自其从自然界诞生以来，就伴随着人类的进化同步进化，随着社会的发展同步发展。① 思想政治理论课体系转化的价值引领是思想政治理论课教师对教学对象的主观需要、兴趣偏好与理想信念的引导、规范、整合和更新的能力，是对教学对象进行人生观、世界观和价值观教育，使其形成正确价值观和价值信念的能力。

当前中国正处于空前复杂而多变的时空境遇，世界正经历百年未有之大变局，经济体制深刻变革，社会结构深刻变动，利益格局深刻调整，思想观念深刻变化，科技革命更加急速地改变着人们的生产方式和交往方式，各种思想文化交融交织、相互激荡。在价值多元的时代，思想政治理论课体系转化也面临着比较多元的价值环境。思想政治理论课教师应该基于正确的价值立场进行价值整合，在尊重价值观多样性的前提下，在价值识别的基础上帮助学生客观地分析自己持有的价值观念以及它们对自己行为的支配作用，引导学生选择那些能够体现人类基本价值、社会核心价值和组织价值原则的价值观念，启发学生建立基本的价值共识。②

（三）教师主导作用与学生主体地位相互统一

习近平总书记在主持召开学校思想政治理论课教师座谈会时指出，要"坚持主导性和主体性相统一。思政课教学离不开教师的主导"，同时要"加大对学生的认知规律和接受特点的研究，发挥学生主体性作用"。③ 教

---

① 于博瀛：《当代大学生消费文化培育研究》，黑龙江人民出版社，2020，第124页。
② 彭玉斌：《道德与法治慧教学实践》，东北师范大学出版社，2017，第127~128页。
③ 习近平：《思政课是落实立德树人根本任务的关键课程》，人民出版社，2020，第21页。

师主导作用与学生主体地位是思想政治理论课体系转化的内在要求，二者统一于思想政治课教学实践中。

思想政治理论课教师的主导性是由思想政治理论课教学的属性决定的。贯彻教师主导，是因为教师相对于学生而言更有思想、更讲政治、更懂理论，因而思政课的教学内容、教学进度、教学方式都应当由教师来把握设定。① 思想政治理论课教学的目标指向是理论掌握群众。马克思曾言："批判的武器当然不能代替武器的批判，物质力量只能用物质力量来摧毁；但是理论一经掌握群众，也会变成物质力量。理论只要说服人，就能掌握群众；而理论只要彻底，就能说服人。"② 列宁在《怎么办？》中指出，"各国的历史都证明：工人阶级单靠自己本身的力量，只能形成工联主义的意识"③，工人的社会主义意识只能从外面灌输进去。如果说马克思揭示了包括思想政治理论课教学在内的思想政治教育的目的，那么列宁通过对工人运动的分析指出了思想宣传的根本方法。思想政治理论课教师作为思想政治理论课教学实践、课程改革和系统转化的执行者、组织设计者、实施推进者，在思想政治理论课体系转化中居于主导地位，发挥主导作用。

贯彻学生主体，落实立德树人根本任务，思政课教学最终服务于社会主义建设者和接班人的培养大业。教育对象是具有主观能动性的人，从一定意义上讲，所有的教育活动都是学生的自我教育活动。在思想政治理论课教学中，大学生的主体性内含自我探索性、自我选择性与自我建构性。学生在思想政治理论课教学实践活动中的主体性最早表现为受好奇心和经验影响的自我探索性。自我探索性在不同程度上影响着学生参与思想政治理论课体系转化的自觉性和主动性。大学生的自我选择性贯穿思想政治理论课体系转化的全过程，具体包括内容上的自我选择性，即选择哪些内容学习；学习方法上的自我选择性，即以什么样的方式方法完成学习活动，是通过识记、理解、运用的认知模式完成，还是通过质疑与论证的认知模式完成；学习场域上的自我选择性，即是在课堂内学习还是在课堂外学

---

① 阿勒泰·赛肯：《正确认识思政课中教师主导与学生主体的统一》，《光明日报》2019年8月2日，第1版。

② 《马克思恩格斯文集》第1卷，人民出版社，2009，第11页。

③ 《列宁选集》第1卷，人民出版社，2012，第317页。

习，是线上学习还是线下学习。大学生在思想政治理论课体系转化中的主体性是一种自我建构性，这种建构性具体体现为学生参与思想政治理论课教学的能动性、独立性和创造性。①

遵循教师主导作用与学生主体地位相互统一的原则，是实现思想政治理论课体系转化的重要基础。教师主导作用与学生主体地位相统一是思想政治理论课改革创新的规律性认识。教学过程应当是一个思想双向流动的过程，教师与学生之间应当建立稳固的呼应关系，一方有所呼，另一方必有所应。这就要求在鼓励教师发挥主导作用的同时，充分调动学生以主体身份参与教学过程。②

第三节 思想政治理论课与马克思主义理论学科的相互关系

思想政治理论课与马克思主义理论学科有机统一、相互促进。马克思主义理论学科建设为加强思想政治理论课建设提供有力支撑，思想政治理论课建设为马克思主义理论学科建设提供思想养料。加强马克思主义理论学科规范化建设，坚持以科学研究支撑思想政治理论课教学，紧紧围绕马克思主义理论的重大问题开展科研，从整体上研究马克思主义基本原理和中国化马克思主义；紧紧围绕进一步办好高校思想政治理论课，深入研究教学重点难点问题和教学方法改革创新。

一 马克思主义理论学科与思想政治理论课有机统一、相互促进

自 2005 年以来，马克思主义理论一级学科及其所属二级学科的设立与思想政治理论课 "05 方案" 的贯彻落实相辅相成，共同致力于高校马克思主义理论创新发展，逐步构建 "以学科孕课，以课育学科" 的有机统一、相互促进的马克思主义理论发展格局。

---

① 冯刚：《理直气壮开好思政课》，人民出版社，2019，第 145~146 页。
② 阿勒泰·赛肯：《正确认识思政课中教师主导与学生主体的统一》，《光明日报》2019 年 8 月 2 日，第 1 版。

（一）马克思主义理论学科与思想政治理论课的有机统一

1. 马克思主义理论学科与思想政治理论课内在贯通

马克思主义理论学科的建设以马克思主义理论为根本指导思想，而思想政治理论课的建设则以马克思主义理论为教学内容，两者内在贯通、相辅相成。马克思主义理论学科建设除内在包含思想政治理论课的课程建设，还涵盖学科体系、研究队伍、方向凝练、学科评估等诸多方面。马克思主义理论学科作为一级学科，其初衷和指向是要强化马克思主义理论的系统性、整体性研究，其首要任务是为思想政治理论课提供学科平台和理论支撑。马克思主义理论是思想政治理论课教学的核心内容，对青年大学生的成长具有重要的引领和启发意义。思想政治理论课的首要任务是传播马克思主义主流意识形态，宣传社会主义核心价值观，运用马克思主义理论武装学生头脑、指导教学实践，抵御外来腐朽思想，纠正一切错误思想，培养学生提高政治敏锐性、思想辨别力、理论创新力，自觉以马克思主义立场、观点和方法去思考问题、分析问题、解决问题，立志做担当民族复兴大任的时代新人。思想政治理论课侧重于知识灌输、理论传播、思想引导、人格塑造的教育教学活动，涵盖经济、政治、文化、社会、生态等各方面、各领域，科学性、思想性、理论性和现实性都很强。由此，思想政治理论课教学必须要以马克思主义理论贯穿始终，准确地理解马克思主义理论的深刻内涵，掌握马克思主义理论的精神品格，运用马克思主义的世界观和方法论进行指导，在旗帜上"姓马"，在内涵上"懂马"，在理念上"信马"，在理论上"研马"，在实践中"用马"，及时把党的理论创新成果融入思想政治理论课教学实践中。

2. 马克思主义理论学科与思想政治理论课目标统一

马克思主义理论学科目标与思想政治理论课根本目标和价值指向契合一致，马克思主义理论学科建设为思想政治理论课提供服务和支撑，思想政治理论课高质量建设为马克思主义理论学科注入活力源泉。马克思主义理论学科的目标指向就是要增强思想政治理论的理论性和学术性，为思想政治理论课提供牢固的学理支撑和充足的科学依据，真正实现教学育人、铸魂育人的目标。"马克思主义理论学科的目标是适应国家的战略需求和经济社会发展需要，遵循学科发展和专业建设规律，优化师资队伍和教学科研条件，建立马克思主义教育教学体系，培养德智体美劳全面发展、政治素质高、理论方向正确、具有较高的马克思主义素养和理论功底，并能用马克思主义立场、观点和方法分析研究当代现实问题的人才。"① 思想政治理论课作为思想政治教育的主渠道，其目标导向是不断满足学生成长发展需求和期待，引导大学生坚定"四个自信"，不断加强思想政治理论课教师队伍建设，提升思想政治理论课教师亲和力，增强教育教学的思想性、针对性和实效性。2019 年 3 月 18 日，在全国高校思想政治理论课教师座谈会上，习近平总书记指出："新时代贯彻党的教育方针，要坚持马克思主义指导地位，贯彻新时代中国特色社会主义思想，坚持社会主义办学方向，落实立德树人的根本任务，坚持教育为人民服务、为中国共产党治国理政服务、为巩固和发展中国特色社会主义制度服务、为改革开放和社会主义现代化建设服务，扎根中国大地办教育，同生产劳动和社会实践相结合，加快推进教育现代化、建设教育强国、办好人民满意的教育，努力培养担当民族复兴大任的时代新人，培养德智体美劳全面发展的社会主义建设者和接班人。"② 总之，马克思主义理论学科建设目标与思想政治理论课程目标都是以马克思列宁主义、毛泽东思想和中国特色社会主义理论体系、习近平新时代中国特色社会主义思想为根本指导，以培养具有历史使命感和时代责任意识，担当民族复兴大任的时代新人为目标指向，具有鲜明的政治性、突出的人民性、深刻的思想性和系统的理论性。

（二）马克思主义理论学科与思想政治理论课的互动逻辑

1. 马克思主义理论学科建设为加强思想政治理论课建设提供有力支撑

《中共中央宣传部、教育部关于进一步加强和改进高等学校思想政治理论课的意见》明确指出："学科建设是加强和改进思想政治理论课的基础。思想政治理论课教育教学所依托的学科是我国特有的一门政治性、科学性和实践性很强的学科，只能加强，不能削弱。设立马克思主义一级学科，开展马克思主义理论体系研究，开展马克思主义发展史、马克思主义中国化研究，开展思想政治教育研究，为推进党的思想理论建设和巩固马

① 张雷声：《办好思想政治理论课与建强马克思主义理论学科》，《吉首大学学报》（社会科学版）2020 年第 2 期。
② 习近平：《思政课是落实立德树人根本任务的关键课程》，人民出版社，2020，第 9～10 页。

克思主义在高等学校教育教学中的指导地位，为加强高校思想政治理论课
建设，培养思想政治教育工作队伍提供有力的学科支撑。"① 马克思主义理
论学科为思想政治理论课提供了不可或缺的科学性、理论性、学术性资
源，为提升思想政治理论课教学的质量和水平提供了强大的学科支撑。马
克思主义理论学科旨在研究马克思主义经典著作和马克思主义基本理论，
聚焦马克思主义的整体性研究，注重马克思主义基本原理与当代经济社会
发展研究，运用马克思主义立场、观点、方法分析和解决重大理论与实践
问题；旨在研究马克思主义与中国革命和社会主义建设相结合的历史进
程、基本规律和基本经验，研究中国特色社会主义理论尤其是习近平新时
代中国特色社会主义思想，提炼总结中国特色社会主义实践经验，推动中
国特色社会主义理论创新；旨在运用马克思主义立场、观点、方法研究思
想政治教育理论问题；坚持理论与实践相结合，利用多学科交叉融合优
势，研究思想政治教育基础理论、前沿理论和高校思想政治教育实践；旨
在研究历史和人民怎样选择了马克思主义、中国共产党和社会主义道路、
改革开放等中国近现代史的基本问题，研究中国近现代历史演进中的基本
规律及主要经验。这为增强思想政治理论课的思想性、理论性提供了多角
度的学术支持。这一点在 2015 年中共中央宣传部和教育部联合印发的
《普通高校思想政治理论课建设体系创新计划》中得到重申和说明："设立
马克思主义理论一级学科，为思想政治理论课建设提供坚实的学科支
撑。"② 2019 年由中共中央办公厅和国务院办公厅联合发布的《关于深化
新时代学校思想政治理论课改革创新的若干意见》中再次提出："进一步
建强马克思主义理论学科，进入世界一流大学建设的高校应将马克思主义
理论学科设为重点建设学科，为思想政治理论课建设提供坚实学科支
撑。"③ 由此可见，马克思主义理论学科一方面为思想政治理论课教学提供
了丰厚的理论资源和广阔的思想空间，另一方面对思想政治理论课教学提
出了重要的时代要求和理论任务。

---

① 《中宣部、教育部关于进一步加强和改进高等学校思想政治理论课的意见》，《中华人民共
和国教育部公报》2005 年第 4 号。
② 《中央宣传部、教育部关于印发〈普通高校思想政治理论课建设体系创新计划〉的通
知》，《中华人民共和国教育部公报》2015 年第 9 号。
③ 《关于深化新时代学校思想政治理论课改革创新的若干意见》，人民出版社，2019，第
12 页。

2. 思想政治理论课建设为马克思主义理论学科建设提供思想养料

马克思主义理论学科建设为思想政治理论课建设提供理论根基和学科依托，思想政治理论课建设为马克思主义理论学科建设提供思想养料和现实基础。离开了马克思主义理论学科，思想政治理论课就成为无源之水、无本之木；离开了思想政治理论课，马克思主义理论学科也就丧失了其蓬勃生机与鲜活生命力。思想政治理论课是马克思主义理论在教育教学中的具体运用和展开。思想政治理论课教育教学过程中涌现的各种热点问题、前沿问题被纳入马克思主义理论学科建设的范畴，为马克思主义理论学科的发展提供有力的智力保障和现实支撑。一方面，思想政治理论课教师队伍为马克思主义理论学科发展提供智力支持。思想政治理论课教师既是思想政治理论课的教育主体，也是马克思主义理论学科的推动者、建设者和参与者。马克思主义理论学科带头人和学术骨干也正是在长年的思想政治理论课教育教学过程中积累了丰富的教学经验，提升了专业的教学素养，掌握了精湛的业务能力。另一方面，思想政治理论课建设为马克思主义理论学科发展提供现实支撑。思想政治理论课建设在长期的探索过程中创新教学方法、丰富教学内容、优化教学话语、提升教学手段，在立德树人、培育时代新人的课程建设体系中不断凝练学科方向，整合学科建设资源、汇聚学科建设队伍，构筑学科建设高地、突破学科建设的瓶颈，推动马克思主义理论学科建设事业的蓬勃发展。

二 整体上研究马克思主义基本原理和中国化马克思主义，合力推动思想政治理论课教学

（一）马克思主义基本原理学科对思想政治理论课教学的理论指导

马克思主义理论学科与思想政治理论课既有联系又有区别，马克思主义理论学科及其下属的六个二级学科是系统的、全面的、整体性的有机整体，既不可简单、机械地将其与思想政治理论课下设的"原理""概论""德法""纲要""形策"五门课程一一对应，也不能出现学科与课程"两张皮"的现象。马克思主义理论学科和思想政治理论课程兼具整体性、系统性特征，"学科体系的整体性决定了其不能被

简单分割"①，这也就意味着马克思主义理论二级学科与思想政治理论课
课程建设之间的关系是有机融合的统一体。马克思主义基本原理着眼于马
克思主义理论的整体性，即它的理论与实践、逻辑与历史的辩证统一整
体。马克思主义立场、观点和方法贯穿于其他学科研究和具体课程的全过
程、全方位和全要素。整合最能反映马克思主义的根本立场、根本观点和
根本方法的理论，科学把握马克思主义的精神实质，精准提炼马克思主义
理论的话语表述，整合马克思主义基本原理和中国化马克思主义理论，把
最能反映马克思主义的根本立场、根本观点和根本方法的理论，把马克思
主义基本理论的精髓融入思想政治理论课课堂，充分发挥马克思主义基本
原理学科的育人功效。

（二）马克思主义中国化学科对思想政治理论课教学的现实赋能

马克思主义中国化是与中国具体实际相结合、与中华民族优秀传统文
化相结合的理论成果，也是在中国共产党领导的革命、建设和改革事业中
形成的思想宝库。马克思主义中国化学科作为一门理论性质的学科，其包
括的内容和所指涉的方面极为广泛，侧重于研究最具权威和实效的马克思
主义中国化的重要理论成果，"即马克思主义中国化实现由实践形态向理
论形态提升的要求及趋势在马克思主义中国化学科建设、学科内容以及学
科方法等层面的渗透而形成的各种问题"。② 2016 年 12 月，习近平总书记
在全国高校思想政治工作会议上发表的重要讲话中指出："思想政治理论
课要坚持在改进中加强，提升思想政治教育亲和力和针对性，满足学生成
长发展需求和期待。"③ 这一重要论述一方面为思想政治理论课的发展要求
和努力方向奠定了理论基调，另一方面也为探寻马克思主义中国化学科特
性与思想政治理论课亲和力、针对性高度契合提供了方向指导，为思想政
治理论课教学提供了丰富的理论支撑和思想引领。

---

① 赵庆杰：《马克思主义理论学科建设与思想政治理论课课程建设》，《思想教育研究》2011
　　年第 5 期。
② 王浩斌：《马克思主义中国化学科的基本问题及体系构建》，《陕西行政学院学报》2010
　　年第 2 期。
③ 《习近平谈治国理政》第 2 卷，外文出版社，2017，第 378 页。

三 深入研究教学重点难点问题和教学方法改革创新

（一）深入研究思想政治理论课教学重点难点问题

深化思想政治理论课教学重点难点问题研究是提升思想政治理论课建设质量的关键环节，是加强马克思主义理论学科建设的重要内容。聚焦思想政治理论课教学的重点难点问题就是要抓住思想政治理论课教学过程中的主要矛盾。思想政治理论课的教学过程是教学内容、教学主体、教学对象和教学方法等诸多因素交互影响、彼此作用的过程，教学过程中的重点难点问题存在于思想政治理论课的各个环节，这些矛盾可具体表现为以下几个方面。

1. 教学内容与社会发展之间的矛盾

思想政治理论课教学内容应依据社会发展要求，针对教育对象的实际需求而确定，从本质上讲，思想政治理论课的教学内容应当为社会发展服务，为满足受教育者内在精神世界发展需要服务。新时代，思想政治理论课面临着瞬息万变的新形势，全球化发展的新形态、市场经济的进一步深入、大众文化的兴起、网络社会的崛起都在不同程度上影响着思想政治理论课教学的成效。思想政治理论课教学内容能否与时代发展脉搏同频共振，能否及时反映社会发展实际和人们的思想实际，直接关系到教学对象对思想政治理论课的满意度和获得感，关系到思想政治理论课教学能否满足时代发展新要求、解答时代发展新课题。

2. 教学主体与教学对象之间的矛盾

思想政治理论课教学主体和教学对象是思想政治理论课教学过程中的两个关键因素，两者之间的矛盾是思想政治理论课教学不可避免的难题。教学主体和教学对象的关系直接影响到思想政治理论课的课堂氛围，关系到思想政治理论课对学生的吸引力和教师对思想政治理论课的积极性。思想政治理论课教师作为思想政治理论课教学的主体，要提升自身的核心素养，构建思想政治理论课教学主体与教学对象之间的和谐关系。习近平总书记在学校思想政治理论课教师座谈会上强调，思想政治理论课教师要做到"政治要强""情怀要深""思维要新""视野要广""自律要严""人格要正"，① 这六个方面的要求是思想政治理论课教师队伍建设的重要标准，也为正确处理教学主体与教学对象之间的矛盾提供了可能的解决方案。

3. 教学方法与教学对象之间的矛盾

思想政治理论课教学方式方法是实现立德树人根本任务的重要手段，是教学主体与教学对象相互联系、相互作用的纽带桥梁，也是影响思想政治理论课教学成效的重要因素。教学主体和教学对象之间的互动，以及建立在这种互动基础上的思想政治理论课教学过程的运行及其效果，都离不开思想政治理论课教学方式方法的不断创新与发展。在日常思想政治理论课教学活动中，教学方式方法与教学对象之间的矛盾也是客观存在的。解决这一矛盾的重要方面就是根据时代发展变化和教学对象的身心发展规律，不断改进思想政治理论课教学的方式方法，从而满足教学对象对思想政治理论课的期待和自身发展的内在需求。只有遵循思想政治理论课教学规律，探寻符合教学对象身心发展特点和规律的教学方法，才能使教学主体和教学对象之间建立起良性协调的互动关系，使学生核心素质的养成真正落到实处。

（二）深入研究思想政治理论课教学方法改革创新

思想政治理论课教学要取得实际效果，就得讲究方法。教学方法科学、恰当，就可使思想政治理论课教学内容更好地为教学对象内化于心、外化于行，使思想政治理论课产生良好的教育效果；不讲方法或方法不当，就会事倍功半，甚至徒劳无功，难以取得良好的成效。由此可见，选择和运用恰当的、合适的、准确的思想政治理论课教学方法，是不断增强思想政治理论课实效性、针对性和亲和力的内在要求。这就要求思想政治理论课教师坚持与时俱进的优秀品质，聚焦思想政治理论课教学改革创新的前沿问题和最新动态。新时代高校思想政治理论课教学方法表现为"四个转变"②，具体如下。

一是由单一理论灌输向多样化教学方法转变，互动式、参与式、探究

---

① 习近平：《思政课是落实立德树人根本任务的关键课程》，人民出版社，2020，第 12~16 页。

② 佘远富：《把握高校思想政治理论课教学要素的"变"与"不变"》，《红旗文稿》2021 年第 14 期，第 31~33 页。

式、现场式教学方法不断呈现。在传统的思想政治理论课教学中，理论灌输是思想政治理论课最基本、最常用的方法之一，随着思想政治理论课教学载体的不断丰富，教学方法逐渐呈现多样化的发展态势。当代思想政治理论课教师在研究新情况、发现新变化的基础上创造性地运用传统教学方法，在思想政治理论课教学实践过程中推动方法不断改革和创新是新时代高校思想政治理论课发展的内在要求。为此，思想政治理论课教师特别注意要用发展的眼光看问题，动态分析和把握各种思想现象和社会现象，善于透过现象抓住本质，探求规律，并据此调整教学方法，从而使思想政治理论课教学活动常讲常新。

二是由传统教学手段向现代教学手段转变，"微课""慕课""翻转课堂"等各种新兴教学手段不断运用，以大数据融媒体为支撑的智慧教学模式广泛应用。由于教学对象需求的丰富多样性和社会环境影响的复杂多变性，在思想政治理论课的实际教学过程中，教学手段的运用依托网络技术不断更新迭代。但是在教学手段的选择和创造性运用上仍然需要把握好针对性的问题，即针对不同的教学对象、不同的教学内容采取不同的教学手段，要坚持实事求是的教学原则，有的放矢。

三是由以课堂理论教学为主的组织形式向理论与实践相结合的教学组织形式转变，实践活动内容形式丰富多样。传统思想政治理论课课堂教学形式向实践活动的转变有利于促使思想政治理论课教学内容的"活化"，从而为教学对象潜移默化地接受。通过实践活动使教学内容以生动、形象、具体的载体展现出来，充分调动教学对象的感觉器官，唤起受教育者的直觉感知和感性认识，并且在实践活动中将内化的思想观念、理性信念外化为实际行动，不断提高思想政治理论课教学的感染力和时效性。

四是由以线下教学为主向线上线下相结合转变，"互联网+"、线上线下相结合的混合式教学模式发展迅速。以互联网平台为载体是用思想政治文化占领新的教育阵地的迫切要求，应对网络媒体对思想政治教育权威地位的挑战，我们要因势而谋、应势而动、顺势而为，将网络平台为我所用，掌握网络阵地的舆论主导权。首先，思想政治理论课教师可利用网络媒体搭建思想政治文化信息发布平台，赋予社会主义主流意识形态新的生命力，使理论知识在保持正统性和专业性的同时又不乏趣味性，从而对接大学生求新猎奇的心理需求，达到思想政治理论课理论性和实效性相统

一、统一性和多样性相统一。其次，在建设好思想政治理论课教学网络根据地的同时，还必须大力培育一批用马克思主义理论和先进媒体传播理论武装头脑的专业思想政治理论课师资队伍，挖掘并扶持网络媒体中弘扬主流价值观念的正面典型，汇聚青年意见领袖，产生集聚效应，让大学生紧紧地团结在有影响力和说服力的杰出青年学生周围，自觉地接受优秀思想文化的熏陶。此外，单纯的线上教育模式只会让学生陷入过度娱乐化的状态，长期接收"碎片化"的信息会导致其所掌握的理论知识缺乏系统性，因而必须正确衡量线上思想政治理论课教育方式和传统思想政治理论课课堂教学的关系，坚持以线下为主、线上为辅的思想政治理论课教学模式，使两者相互补充、相得益彰，致力于大学生的全面发展。

第四节　新时代思想政治理论课教师的职业素养与能力要求[①]

强国必先强教，强教必先强师。2016 年，习近平总书记在全国高校思想政治工作会议上指出："教师是人类灵魂的工程师，承担着神圣使命。"[②] 2018 年，习近平总书记在北京大学师生座谈会上的重要讲话中强调："人才培养，关键在教师。教师队伍素质直接决定着大学办学能力和水平。"[③] 2018 年，中共中央、国务院颁布的《关于全面深化新时代教师队伍建设改革的意见》也明确提出了"造就党和人民满意的高素质专业化创新型教师队伍"的目标任务。教师是立国之石、强教之本、兴教之源，是学识之师、品行之范、仁爱之尊。教师承负着传授知识、传播信仰、传承思想、传递真理的使命担当，肩负着塑造品行、塑造精神、塑造人格、塑造灵魂的时代重任。教师是国家富强之本、民族兴旺之源。学生核心素养的提升很大程度上取决于教师的核心素养水平。习近平总书记嘱咐广大教师要"坚持教书和育人相统一，坚持言传和身教相统一，坚持潜心问道和关注

---

① 该部分内容由本书参编者徐建飞发表于《学校党建与思想教育》2020 年第 7 期。参见徐建飞《新时代思政课教师核心素养的出场语境、科学意涵与提升策略》，《学校党建与思想教育》2020 年第 7 期。

② 《习近平谈治国理政》第 2 卷，外文出版社，2017，第 379 页。

③ 习近平：《在北京大学师生座谈会上的讲话》，人民出版社，2018，第 7~8 页。

社会相统一，坚持学术自由和学术规范相统一"①，做学生锤炼品格、学习知识、创新思维、奉献祖国的引路人，争当有理想信念、有道德情操、有扎实学识、有仁爱之心的好老师。

思想政治理论课是落实立德树人根本任务的关键课程，关系到社会主义办学方向，关系到党的教育方针的贯彻实施，关系到新时代中国特色社会主义教育培养什么人、怎样培养人、为谁培养人这一根本性问题，思政课作用不可替代。而"办好思想政治理论课关键在教师，关键在发挥教师的积极性、主动性和创造性"②，思政课教师队伍责任重大，使命光荣。2019 年 3 月 18 日，习近平总书记在学校思想政治理论课教师座谈会上强调，思政课教师要给学生心灵埋下真善美的种子，引导学生扣好人生第一粒扣子。思政课教师"政治要强""情怀要深""思维要新""视野要广""自律要严""人格要正"。③ 这为新时代思政课教师核心素养提升指明了方向，提出了要求。尤其是"六个要"从政治、情怀、思维、视野、自律、人格六个维度高度凝练和概括了新时代思政课教师核心素养的表现形态，勾画出了新时代思政课教师核心素养的生动画像。思政课教师核心素养提升便在全国上下用新时代中国特色社会主义思想铸魂育人，贯彻党的教育方针，落实立德树人根本任务的时代语境下出场。2019 年 8 月，中共中央办公厅、国务院办公厅印发了《关于深化新时代学校思想政治理论课改革创新的若干意见》。该意见明确要求"建设一支政治强、情怀深、思维新、视野广、自律严、人格正的思政课教师队伍"，"切实提高思政课教师综合素质"④。思想政治理论课教师的素养对创新思政课课程体系，丰富思政课教学内容，改革思政课教学方法，提升思政课教学质量，深化思政课建设内涵式发展，落实思政课立德树人根本任务，发挥思政课在课程体系中的政治引领和价值导向作用，推动习近平新时代中国特色社会主义思想进教材、进课堂、进学生头脑，对培养担当民族复兴大任的时代新人具有重要意义。

---

① 《习近平谈治国理政》第 2 卷，外文出版社，2017，第 379 页。
② 习近平：《思政课是落实立德树人根本任务的关键课程》，人民出版社，2020，第 10 页。
③ 习近平：《思政课是落实立德树人根本任务的关键课程》，人民出版社，2020，第 12～16 页。
④ 《深化新时代学校思想政治理论课改革创新》，《人民日报》2019 年 8 月 15 日，第 1 版。

一　正态度

态度是个体对特定对象做出反应时所持的带有评价性的心理倾向，包含认知、情感和行为倾向三个元素。认知是情感的基础，情感导致行为结果。思政课教师的态度是指思政课教师对教育工作在认识、情感、行为等各个方面所持的带有评价性的心理倾向。新时代思政课教师要培植思政课教学的信仰，笃守思政课教学的德性，塑造思政课教师的人格魅力。

（一）培植思政课教师的教学信仰

德国哲学家、教育家雅斯贝尔斯（Karl Theodor Jaspers）在《什么是教育》一书中写道："教育须有信仰，没有信仰就不成其为教育，而只是教学的技术而已。教育的目的在于让自己清楚当下的教育本质和自己的意志，除此之外，是找不到教育的宗旨的。"① 思政课教学实质上是一种道德、精神、价值、观念、信仰的生产，思政课教学的教学内容就是道德、精神、价值、观念、信仰的产品。思政课教师通过教学，也即通过道德、精神、价值、观念、信仰的生产与培育，生产出满足学生需求，顺应时代要求，符合社会发展的道德、精神、价值、观念、信仰的产品。

思政课教师只有树立崇高的教学信仰，才能真正理解思政课教学的本质和目的，才能全身心地投入知识普及、理论宣传、观念转化、精神塑造、价值传播、信仰培育的教书育人的伟大事业中来，才能自觉地感知和践行培养担当民族复兴大任的时代新人的崇高使命，才能真正做到在马信马、在马学马、在马言马、在马用马、在马传马，才能成为一名有理想、有情怀、有道德、有担当、有抱负、有责任、有魅力的好老师。

（二）提升思政课教师的德性修养

德性是一种道德品性，是个人依据社会伦理的规范支配自己的行为，并受到他人赞许而形成的道德品质。德性这一精神品质整合了个体的意志、情感、态度、观念等心理要素，是个体思想与行为的"定向"性的人格倾向。教师德性是教师把道德内化于心、外化于行的精神品质。具体而言，教师在教育环境、教育实践中，重视教育的本真，遵循教育发展规

---

① 〔德〕雅斯贝尔斯：《什么是教育》，邹进译，生活·读书·新知三联书店，1991，第44页。

律，遵守教育伦理规范，通过自我体验与修养，内化教师道德规范，进而形成和获得职业性教育角色和教育实践之内在利益的品质。教师德性作为职业道德人格化的品质，是教师实现社会价值与自我价值的基础，是教师对职业道德的认同以及对自身人格特质的自我意识，是对传统意义上的品德高尚教师的一种超越，也是新时代教师发展的应然趋势。

思政课教学有别于其他的教育，它是一项兼具育德、育知、育人、育魂、育能功效的伟大而崇高的教育，思政课教学不仅仅是知识的传授和能力的提高，更是对人的存在与价值的肯定与确认，以及对人性的观照与思考。中国自古以来就有"选贤与能，德在才先"的传统，只有"直"其正也，才能"方"其义也。思政课教师从事教学活动要以德为本、立德为先、崇德向善，率先垂范，做到至真、至善、至美，将德作为心目中的内化意识和自觉情感，遵守师德规范，以德施教、以德立学、以德立身、立德树人，努力做道德崇高、品行纯粹的"时代先锋"。

（三）塑造思政课教师的人格魅力

人格魅力是指一个人由性格、信仰、品行、气质、才学、品质、情感、道德等诸多因素体现出来的一种人格影响力、凝聚力、亲和力、吸引力、感召力。教师的人格魅力则是教师政治信仰、知识涵养、品德修养、职业素养、情感教养、心理素质等方面体现出来的对学生思维方式、价值观念、学习习惯、行为举止等方面产生潜移默化的影响的感染力、凝聚力、辐射力。教师的人格魅力是一种重要的教育资源，是教师塑造良好精神风貌和行事风格的凝练与升华。

思政课的亲和力、吸引力和感染力不仅来自马克思主义理论本身的科学性、价值性和真理性，还来自思政课教师融信仰、情感、品质、意志、心理、教养等于一身的对学生具有凝聚力、渗透力、影响力的人格魅力。思政课教师的人格魅力是在其日常教学实践过程中自觉形成的，以其内在崇高的理想信念、高尚的人文情感、积极乐观的人生态度为支撑，以其外在的儒雅风度、学者气质、师者形象为依托。习近平总书记在学校思想政治理论课教师座谈会上强调："有人格，才有吸引力。亲其师，才能信其道。要有堂堂正正的人格，用高尚的人格感染学生、赢得学生。"[①] 新时代

---

① 《习近平谈治国理政》第3卷，外文出版社，2020，第330页。

思政课教师在强化思想政治教育过程中要坚守正道，既要"学高为师"又要"身正为范"，内外兼修，知行合一，在行中学、行中思、行中悟，以持续的学习、体悟和自觉转化及重行和践行来塑造思政课教师的人格魅力，用健全人格来引导学生，用真情实感来感化学生，用为人师表来赢得学生，用渊博学识来吸引学生，做学生的表率和引路人。

二　长知识

专业的技能知识、广泛的文化科学知识和教育科学理论知识是教师的必备技能，也是教师实现社会价值的基础。同样，深厚的知识底蕴、合理的知识结构、渊博的知识理论是思政课教师开展思想政治教育，培养时代新人的重要积淀。新时代思政课教师不仅需要专业的马克思主义理论学科知识作底色，也需要深厚的传统文化素养作底蕴，还需要涉猎广泛的学科知识作补充。

（一）学习马克思主义理论和党的理论创新的成果

思政课教师是青年学生健康成长的引路人，承担着铸魂育人、培育时代新人的崇高使命。思政课教师要履行好职责、承担起使命，就必须练好"看家本领"，具备真才实学、真材实料。"看家本领"是什么？习近平总书记指出："认真学习马克思主义理论，这是我们做好一切工作的看家本领。"① 认真学习好马克思主义理论是思政课教师的首要素养，也是理直气壮讲好思政课的重要法宝。

马克思主义理论是一个博大精深的理论体系，对马克思主义的学习和研究不能浅尝辄止、半途而废。只有下大气力、下苦功夫，才能理解其中的真谛，掌握其中的精髓。思政课教师要主动、广泛、深入、反复地研读马克思主义经典著作，学习党的理论创新的最新成果，将马克思主义理论读通、学精、弄懂、悟透，深刻领会马克思主义理论创新最新成果的精髓和关键要义。作为思政课教师不仅要洞察社会现象，还要深耕理论本质；不仅要抓住马克思主义理论的重点，还要找准理论创新过程中的疑点和难点；不仅要认清科学真理"是什么"，还要把握其"为什么"；不仅要研究理论本身，还要凝练理论价值。

---

① 《习近平谈治国理政》，外文出版社，2014，第 404 页。

（二）吸收中华优秀传统文化的精髓

中华文明源远流长、博大精深。数千年的中华文明在其历史发展的进程中，逐渐形成了一套独特的价值体系。中华优秀的传统文化早已深深扎根到人们的内心，成为中华民族的基因，融入中华儿女的血脉，影响着一代又一代人的思维方式和行为习惯。"优秀传统文化是一个国家、一个民族传承和发展的根本，如果丢掉了，就割断了精神命脉。"① 党的十八大以来，以习近平同志为核心的党中央高度重视中华优秀传统文化的传承发展。

中华优秀传统文化是中华民族的"根"和"魂"，是"民族文化血脉"，"是中华民族的精神命脉"，是当代中国最深厚的文化软实力。中华优秀的传统文化对于提升思政课教师素养、丰富思政课教学内容、创新思政课教学方法都具有积极影响。如范仲淹"先天下之忧而忧，后天下之乐而乐"的政治抱负、林则徐"苟利国家生死以，岂因祸福避趋之"的报国情怀、孟子"富贵不能淫，贫贱不能移，威武不能屈"的浩然正气、文天祥"人生自古谁无死，留取丹心照汗青"的献身精神等，都展现了中华民族的优秀传统文化和民族精神，这些都是思政课教学丰富生动的素材。思政课教师要充分认识中国优秀传统文化对思想政治理论课的价值引领作用，深入中华优秀传统文化的瑰宝中挖掘丰富的思想政治教育资源，提升中华优秀传统文化知识水平，夯实理论功底，坚持用中华优秀传统文化、革命文化和社会主义先进文化凝心聚力、守根铸魂，培养担当民族复兴大任的时代新人。

（三）广泛涉猎其他人文社会科学知识

《中共中央宣传部、教育部关于进一步加强高等学校思想政治理论课教师队伍建设的意见》中指出，思政课教师要"努力学习、刻苦钻研，不断增强马克思主义理论素养和人文社会科学知识基础"②。思政课包罗万象，涉猎哲学、历史学、文学、经济学等各个领域的人文社科知识。如"马克思主义是在批判吸收人类全部知识的基础上产生并且随着时代、实

---

① 《习近平谈治国理政》第 2 卷，外文出版社，2017，第 313 页。
② 教育部思想政治工作司组编《加强和改进大学生思想政治教育重要文献选编（1978—2014）》，知识产权出版社，2015，第 74 页。

践和科学的发展而不断丰富发展的，是人类迄今为止最先进的思想理论体系"①。要把马克思主义基本原理讲清、讲透、讲好必须要有丰富的人文社科知识基础。同样，毛泽东的著作从古代历史、古代文学中吸收大量的成语、典故、熟语和格言警句，意蕴深长、耐人寻味。思政课教师要想把毛泽东思想讲生动、讲精彩必须有深厚的文学、史学、哲学功底。因此，思政课老师只有树立正确的人文社会科学知识态度，加强对人文社科知识的学习，提高知识素养，才能把思政课讲得"有滋有味""有声有色""有情有趣"。

三 储势能

网络信息时代将技术与教学融为一体，改变了传统的教学模式，消解了教师的权威中心地位，导致了受教育者价值观念的多元化。思政课堂出现了魅力危机，思政课教师出现了本领恐慌。新时代思政课教师有何资格和能力教育学生？新时代思政课教师能否有效地为学生传道、授业、解惑？新时代思政课教师能否将教材体系转化为价值体系和信仰体系？面对新时代的挑战和压力，思政课教师要储蓄教学势能、科研势能和话语势能。

（一）教学势能

思政课教师要更新教学理念、改革教学方法、创新教学手段，立足新媒体、运用新技术、融合新手段，大胆探索信息技术时代下思政课教学的新规律、新模式和新潮流，使传统课堂和网络课堂相结合，课堂教学和课外实践相统一，线上学习和线下自学相协调，借助各种网络化学习平台和媒介，为思政课提供新动能、创造新活力。

思政课教师要找准与学生主体思想认识的共同点、情感交流的共鸣点、利益关系的交汇点，要善于用见微知著式、富有感染力的叙事打动学生，将恢弘深邃的"大道理"转化为平实质朴的"小故事"，把中国道路、中国理论、中国制度、中国精神、中国力量、中国方案、中国智慧寓于各种精彩精炼的故事载体，把陈情与说理结合起来，把思政课要讲的与学生想听的统一起来，将抽象的理论变成形象、具体、生动的情节，力求使思

---

① 《十七大以来重要文献选编》（中），中央文献出版社，2011，第253页。

政课教学的价值导向与学生主体诉求之间具有较高的契合度和相似性，以形成共振、达成共识。思政课教学要讲好优秀传统文化的故事，讲好中国特色社会主义的故事，讲好中国梦的故事，讲好改革开放的故事，以真理打动人，以情感影响人，以魅力吸引人，以人格感染人，用讲故事的方式讲道理，把有意义的事讲得有意思，把深邃的思想寓于朴实无华的通俗语言之中，把理想信仰培育、价值观引导、健全人格塑造寓于知识传授之中，将马克思主义理论寓于生动的思政课教育实践之中，将中国共产党理论创新和治国理政的新思想、新主张、新观点寓于具体形象的显现故事之中，让学生听有所思、听有所想、听有所悟、听有所得。

（二） 科研势能

传统教育理念下，传授知识、教学育人被看成教育的职责使命。而科研实质上是教学的一个环节，教师备课的过程就是科研的过程。教学与科研是密不可分的，教学以科研为基础，通过教学可以捕捉重要学术命题，产生强烈的问题意识，推动科研的发展。而教师在科研过程中，可以通过搜集文献资料、追踪学术动态、创新思想观点、探究研究方法、融合多元视角丰富教学内容，创新教学方法，提高教学水平，增强教学实效。教学与科研之间紧密联系、相得益彰，教学为科研提供需要、奠定基础，科研又为教学质量的提升贡献智慧、引领方向。因此，教师核心素养培育不仅要重视知识结构和教学水平，还需要关注科研水平。

部分思政课教师总觉得思政课与其他课程相比，专业性较弱，可研究的课题较少，潜意识里对科研产生畏难心理。殊不知，思政课作为阐释中国理论、拓展中国道路、讲述中国故事、传递中国声音、彰显中国智慧、集聚中国力量、凝结中国气派的关键课程，不单纯的是信息的传递、知识的传授，还关切到学生信仰的培育、道德的养成、人格的塑造、情感的陶冶，从这个意义上，思政课教师可研究的课题是多元宽泛的。新时代思政课教师要从科研的无用论中走出来，从科研畏惧感中解放出来，在科研的选题中设定思政课教学主题，在科研的探索中深化思政课教学改革，在科研的写作中丰富思政课教学内容，在科研的创新中完善思政课教学体系，以科研提升思政课的广度和深度，以科研增强思政课的活力和生机，以科研引领思政课改革与实践。真正做到以科研促进思政课教学，以科研反哺思政课教学，以科研推动思政课教学。

（三）话语势能

社会舆论中存在三种话语体系，即网上活跃知识分子的批判性话语体系，社会上表达各种诉求的民间话语体系，传递政党主张、国家意志的治理者话语体系。[①] 思政课教师无疑是传递政党主张、国家意志的治理者话语体系的代表。在这三种话语体系的交流交融甚至交锋中，思政课教师要率先抢占舆论"制高点"，占领思想"主阵地"，把握时代主流"话语权"。

当前，思政课教学话语情境"虚构化"、话语内容"浅层化"、话语形式"僵硬化"、话语表达"单一化"、话语体系"碎片化"、话语传导"散漫化"、话语有效性弱化，严重削弱了思政课的话语魅力，解构了思政课教学话语的吸引力和影响力。新时代思政课教学要善于从传统文化中凝练民族话语，从社会实践中萃取日常话语，从学术成果中创新时代话语，创设话语自觉的语境场域，优化话题议题设置，提升话语主体修养，改革话语表达方式，畅通话语传播渠道，建构话语传导的网络体系，完善话语实效的评估机制。

思政课教学与学生的日常话语要从"你是你、我是我"变成"你中有我、我中有你"，进而变成"你就是我、我就是你"。只有这样，思想理论才能入耳、入脑、入心，学生才能真信、真学、真爱、真信仰。思政课教师在课堂上要力戒照本宣科、空洞乏味的说教，避免华而不实、千篇一律的套话，慎用故弄玄虚、哗众取宠的网络流行语，而应"静下心来""沉下身去"，练好"普通话"，学好"中国话"，说好"家常话"，做思想理论的"翻译家"，把马克思主义科学真理、党的理论创新成果转化为学生听得清、听得懂、听得进，并且想听、爱听、乐听的语言，让思政课成为有收获、有价值、有温度、有魅力的关键课程。

【延伸阅读】

1. 教育部办公厅《关于印发〈深化新时代学校思想政治理论课改革创新先行试点工作方案〉的通知》，教社科厅函〔2020〕2 号，2020 年 3 月 12 日。

---

① 卢新宁：《重构现代政治话语体系》，《光明日报》2012 年 10 月 26 日，第 1 版。

2.《新时代高等学校思想政治理论课教师队伍建设规定》，中华人民共和国教育部令第 46 号，2020 年 1 月 16 日。

3. 中共教育部党组《关于印发〈"新时代高校思想政治理论课创优行动"工作方案〉的通知》，教党函〔2019〕90 号，2019 年 9 月 2 日。

【课后作业】

1. 思考如何实现思想政治理论课教材体系向教学体系转化，知识能力体系向价值信仰体系转化。

2. 结合具体案例谈谈新时代思想政治理论课教师应具备怎么样的职业素养与能力要求。

第六章
思想政治理论课教学质量监控与评估

　　对思想政治理论课教学质量进行监控与评估，目的在于以评促改，推进思想政治理论课教学高质量发展。对思想政治理论课教学质量进行监控与评估，首先必须要界定清楚监控与评估的对象，即教学质量这个核心概念。对教学质量的理解直接关系到衡量教学质量的依据的确立，也是确立和评判不同教学质量监控与评估模式的标准的需要。什么是教学质量？学界众说纷纭，难以达成共识，实践中不同时空环境下的界定也不同。如果认为教学质量主要是指教学投入的质量，那么衡量教学质量高低的依据和标准将侧重于学校教学资源的质量；如果认为教学质量主要是指教学过程的质量，那么衡量教学质量高低的依据和标准将侧重于教师教学实践过程的质量；如果认为教学质量主要是指教学结果的质量，那么衡量教学质量高低的依据和标准将侧重于受教育者即学生获得发展的质量。

　　新中国成立后，我国普遍开设了思想政治理论课，在其发展过程中逐步形成了思想政治理论课教学质量监控与评估的"以教评教"传统模式，促进了思想政治理论课教学质量的不断提高，但也存在落后于时代新人培养要求、亟待改革创新的一些问题。为此，应以习近平总书记关于思想政治理论课的系列重要论述为指导，遵循思想政治理论课教学规律和学生成长规律，以提高学生获得感为目标，探索思想政治理论课教学质量监控与评估模式的现代化转型，构建思想政治理论课教学质量监控与评估的"以学评教"现代化模式。在此基础上，开展思想政治理论课教学质量监控与评估的"以学评教"现代化模式的实践运用，即通过编制具有科学性、可操作性的思想政治理论课教学质量监控与评估的测评体系，进行实证测试，并对测试结果进行科学性论证和评价，以检验思想政治理论课教学质量监控与评估"以学评教"现代化模式的科学有效性，并且在实践中不断修正和完善。

第一节　思想政治理论课教学质量
监控与评估的传统模式

模式，也称"范型"，"一般指可以作为范本、模本、变本的式样。作为术语时，在不同学科有不同的含义"①。在《现代汉语词典》里，模式是指"某种事物的标准形式或使人可以照着做的标准样式"②。从理论与现实的关系视角来看，模式"是再现现实的一种理论性的、简化的形式"③。具体来说，模式是对现实的再现和抽象概括，来源于实践，而不是凭空设想出来的；模式是一种简化的理论形式，是理论的具体化，而不是简单的方案、计划或方法；模式为实践的人们提供结构方式和运行程序，具有可模仿性。评估模式是科学理论模型的一种，它体现着某一种评价理论或系统，并以模型的形式将这种理论或系统的实质性内容呈现出来。因此，评估模式的提炼对相应评估实践活动有直接的推进和指导作用。

思想政治理论课教学质量监控与评估，是依据一定的标准或原则，运用必要的评估技术和手段，对思想政治理论课教学质量进行测试、分析，并给予价值判断的过程。相应地，思想政治理论课教学质量监控与评估模式，是最能体现某种思想政治理论课教学质量监控与评估系统结构的本质特征，充分揭示思想政治理论课教学质量监控与评估基本规律的一种框架模型或范式。

一　思想政治理论课教学质量监控与评估传统模式的生成

新中国成立后，我国普遍开设了马克思主义的思想政治理论课（曾被称为"政治课""政治理论课""两课"等）。思想政治理论课教学质量监控与评估的实践探索大致经历了以下几个阶段，逐渐形成了思想政治理论

---

① 辞海编辑委员会编纂《辞海》，上海辞书出版社，1999，第3748页。
② 《现代汉语词典》增补本，商务印书馆，2002，第894页。
③ 〔美〕沃纳丁·赛弗林、小詹姆斯·W. 坦卡特：《传播学的起源、研究与应用》，陈韵昭译，福建人民出版社，1985，第2页。

课教学质量监控与评估的传统模式。

第一，1949~1956 年，起步阶段的缓慢发展。新中国成立初期，思想政治理论课教学质量监控与评估的重点是学生思想政治理论课的知识学习情况，有以下几个特点：一是重视监控与评估标准的建立。1950 年，《教育部关于全国高等学校暑期政治理论课教学讨论会情况及下学期政治课应注意事项的通报》中明确指出，对政治课学习成绩的评定应以知识学习为主要标准。这样，强调正确确定评估标准，避免评估的主观随意性、片面性，注重遵循教学规律和评估的科学性。二是以知识记忆为评估的主要标准甚至是唯一标准。教育部于 1956 年 8 月下发了《关于高等学校政治理论课考试评分问题的意见》，指出当时政治理论课的考试存在依据学生背诵理论原理完整与否决定分数，而忽视学生对理论原理理解与应用的现象。

第二，1956~1966 年，曲折中前进的发展。这一阶段思想政治理论课教学评估的发展主要表现为：要么将学生的考试成绩作为评估标准、要么将学生的平时表现作为评估标准，在非此即彼、左右摇摆的过程中，逐渐发展到将学生的考试成绩与平时成绩结合起来，将定量评估与定性评估结合起来。1961 年 9 月，教育部制定并公布了《中华人民共和国教育部直属高等学校暂行工作条例（草案）》（以下简称"高校六十条"），指出对学生的考核分为两部分：一为考试，一般应根据试卷评分，试题要力求做到既能评估学生对马克思主义基本理论知识的理解程度，又能评估学生运用理论分析说明实际问题的能力；二为学生的政治觉悟、思想意识和道德品质，每年鉴定一次。

第三，1976~1984 年，拨乱反正基础上的恢复发展。党的十一届三中全会后，思想政治理论课教学评估在拨乱反正的基础上恢复发展，主要表现在以下几个方面。一是明确地把评估测评作为教学的必要环节。1978 年 4 月，《教育部办公厅关于加强高等学校马列主义理论教育的意见》中指出考试、考察是必要的教学环节，哪些课进行考试，哪些课进行考察，各校可根据教学计划情况自行规定。二是反思并调整对学生思想政治理论课学习情况的评估。1984 年中央宣传部、教育部印发《关于加强和改进高等学校马列主义理论教育的若干规定》的通知指出，要严格执行考察和考试制度，主要是检查学生对马列主义基本原理的理解和运用这些原理分析问题的能力，而不是单纯检查学生的记忆力。三是在重视对学生"学"的评估的同时，展开对教师的评估。1984 年中央宣传部、教育部印发《关于加强和改进高等学校马列主义理论教育的若干规定》的通知指出，教师的培养和进修要形成制度，学校要帮助教师制订个人进修计划，并规定具体的考核办法。考核成绩作为评定职称的一项依据。要形成科学的计算教师工作量的制度，编写讲义、编制电教片、专题讲座、批改作业、审阅试卷和做学生的思想工作，都应计入教学工作量。而且评定马列主义课教师的职称，主要是考察教学效果，考察教师转变学生思想的本领，同时也要考察教师的科研成就。

第四，1984~2005 年，学科支撑下的科学发展。从 20 世纪 80 年代开始，思想政治教育的学问逐渐建设成为一门科学。同时，思想政治理论课教学评估的发展主要表现在：一是教学评估逐步综合化、多样化、科学化。既坚持理论知识系统学习成绩的考核，又坚持结合学生的思想行为表现和实践运用能力的综合考核。二是将教学评估作为评价学校办学水平的重要指标之一。1995 年国家教育委员会印发《关于高校马克思主义理论课和思想品德课教学改革的若干意见》的通知中也指出，要把"两课"教学的状况作为评估学校工作和各级领导干部实绩的重要条件，作为学校办学水平的标准之一。三是教学评估逐步制度化。1995 年《中国普通高等学校德育大纲》规定要建立与健全实施德育的规章制度，包括关于高校德育大纲实施情况的评估制度与办法，德育专职教师的培训制度、职位评聘办法，德育专职教师的工作条例、业绩考评和奖励制度与措施，学生品德和综合素质考评、奖惩的具体办法等。

第五，2005 年至今，繁荣兴盛的发展。2005 年中共中央宣传部、教育部颁布了关于高校思想政治理论课改革的"实施方案"，简称"05 方案"，极大地推动了思想政治理论课的发展。同时，这一阶段思想政治理论课教学评估的发展主要表现在：一是教学评估的目的、目标更为科学。强调教学评估以科学发展观为指导，在评估实践中尊重各评估主体和客体，并通过评估促进学生、教师、学校的发展。二是教学评估范围进一步扩大。教育部对各学校开展了关于思想政治理论课教学工作的检查和评估，把学校按规定设置课程的情况、课时安排、师资队伍培养、经费投入等问题作为检查和评估的重点，对教材编写、教学研究、教师培训、学科建设等做出了更为具体可行的规定。三是教学评估方法更科学、多样。评估中通过制定更为科学的指标体系，努力采用教师评估与学生评估相结合，重视学生自评和教师自评，采用定性与定量相统一的评价方法，动态与静态相结合的评价方法，单项评价与综合评价相结合、诊断性评价与终结性评价相结合的方法等。

二　思想政治理论课教学质量监控与评估传统模式的特征

通过对新中国成立以来思想政治理论课教学质量监控与评估的实践发展阶段的考察分析，可以总结出一些共同性，即主要的观测点是教学的投入、教学资源和条件、教学过程和规范等内容。简要地说，这种评估主要是通过考察学校怎样做的、教师怎样教的和学生怎样学的来评判学校和教师的教学质量。如果把高等教育分为"投入"、"过程"和"产出"三大要素，那么可以称主要考察"投入"和"过程"的思想政治理论课教学质量监控与评估模式为"以教评教"评估模式。思想政治理论课教学质量监控与评估的传统模式就是典型的"以教评教"评估模式，具有以下主要特征。

其一，从学校对思想政治理论课的投入来评估，主要是通过考察学校怎样做的来评判思想政治理论课的教学质量，将教育教学投入看作保障教学质量的基础条件。从机构设置、师资力量、生均经费、图书资料、实践基地等教学资源和条件方面来评判学校教学质量，这对于促进学校硬件建设、改善办学条件、保障教育质量等具有积极作用。

其二，从思想政治理论课教师的课堂教学来评估，主要通过考察教师是怎样教的来评判思想政治理论课的教学质量。课堂教学质量评估主要是从教学理念、教学目标、教学内容、教学方法、教学进程以及教师教学基本功等教学过程与规范方面来进行评判，这对进一步规范教师教学行为、保证教学基本质量的作用也是明显的。思想政治理论课教师考评的一般做法：①听课评课。几乎所有学校都有听课、评课制度，尤其鼓励年轻教师去听老教师的课，以促进青年教师的快速成长。②专家评教。许多学校建立了教学督导制度来督促思想政治理论课教学改革、促进教学质量提高。③网上评教。高校普遍重视思想政治理论课教学效果的评价和反馈，通过网络平台对所有思想政治理论课课堂进行网上学生个人评估，然后提交问卷，实现对教学信息的反馈。

很多学校形成了结合以上三种方式的综合性教师教学质量总体评估模

式，即：

学生评价+督导评价+同行评价=总体评价

此外，为了适应教学需要，提高教学质量，教育部从 2000 年开始通过评估评比表彰优秀教师，加强精品课程建设，开展"精彩一课""精彩教案""精彩多媒体课件"等的评选活动，成为加强对教师教学工作考核评估的重要途径。

其三，从思想政治理论课学生的学习内容来评估，主要是通过考察学生的知识学习情况来评判思想政治理论课的教学质量。中小学思想政治理论课的学生考评相对单一，一般就是将学生的成绩分为两部分：一是期中考试成绩，二是期末考试成绩，基本上都是采取闭卷考试的方式，侧重于考察知识内容。因此，可以将中小学思想政治理论课学生考核模式总结为：期中成绩+期末成绩=总成绩。而高校思想政治理论课的学生考评相对复杂一些，一般做法是：平时考察与期末考试相结合，将学生的成绩分为两部分。一是平时成绩，主要参考平时的考勤、课堂讨论发言、课程小论文等来评定；二是期末考试，基本上采取闭卷考试的方式。考察各高校尤其是高校思想政治理论课学生考核的基本情况，可以将高校思想政治理论课学生考核模式总结为：平时成绩+期末成绩=总成绩。近些年来，有的高校加强对思想政治理论课学生平时学习和实践教学环节的考核，注重学生平时的学习态度和表现，提高平时考查成绩在总评成绩中的比重，从而加强过程考核和实践教学考核。因而，可以将这些高校的思想政治理论课学生考核模式总结为：平时成绩+实践成绩+期末成绩=总成绩。但是，思想政治理论课作为公共课，实践教学很难做到覆盖全体学生，因而对思想政治理论课学生实践成绩的考核往往流于形式。

三　思想政治理论课教学质量监控与评估传统模式的效应

实践是检验真理的唯一标准。从思想政治理论课的发展来看，这种思想政治理论课教学质量监控与评估传统模式，对于新中国成立以来的思想政治理论课建设既有不可抹杀的、发挥积极推动作用的成功经验，但也存在落后于新时代人才培养要求的、亟待改革创新的一些问题。通过总结经验，吸取教训，可以把握思想政治理论课教学质量监控与评估在未来的发展趋向。

（一）思想政治理论课教学质量监控与评估传统模式的积极效应

从思想政治理论课的历史发展进程来看，新中国成立以来，思想政治理论课教学质量监控与评估虽然曾经历挫折，但在逐渐摸索的过程中积累了一些有利于思想政治理论课发展的宝贵经验，值得今后继承和弘扬。

其一，坚持评估的教育导向，促进教育的健康发展。在教育教学实践中，人们逐渐认识到思想政治理论课教学评估应贯穿于课程建设的全过程，它是思想政治理论课程系统必不可少的一个重要组成部分。在评估中，也逐渐树立了"以评促建、以评促改、以评促管，评建结合，重在建设"的理念，力争通过评估，促进思想政治理论课教学的良性发展。

其二，加强对评估的领导，促进评估的制度化。2005 年发布的《中共中央宣传部、教育部关于进一步加强和改进高等学校思想政治理论课的意见》要求各级党委、政府把加强和改进高等学校思想政治理论课教学作为一项重要工作摆上议事日程。该意见强调要高度重视，加强指导，加大投入，为高等学校思想政治理论课的建设和发展提供良好的条件；组织部门、宣传部门、教育部门要把思想政治理论课教学质量作为学校思想政治工作、教学工作评价的重要组成部分。

其三，探索科学的评估标准和指标体系，促进评估的客观性和可操作性。学校在对思想政治理论课教学评估中，比较注重评估标准和指标体系的建立，不断探索科学的评估标准和指标体系，在实践摸索中，逐步自觉地坚持马克思主义唯物辩证法的方法论原则，坚持以两点论为指导，力求做到全面、科学、有效。

其四，坚持多种评估形式的统合，促进评估的全面化。一是坚持理论知识的掌握与理论知识运用能力评估相结合；二是坚持教师评估与学生评估相结合；三是坚持动态评估与静态评估相结合；四是坚持诊断性评价、形成性评价与总结性评价相结合，建立教学前期、教学中期、教学后期三位一体的多层次的评估模式；五是坚持全面评估与重点评估相结合。

（二）思想政治理论课教学质量监控与评估传统模式的消极效应

从新时代社会主义现代化建设和人才培养目标来看，这种"以供给者为本位""以教评教"的思想政治理论课教学质量监控与评估传统模式，还存在一些不利于新时代思想政治理论课发展的问题。

其一，价值观评估难，评估指标体系缺乏专门性。与一般课程的教学评价不同，思想政治理论课教学效果评估的最大特色在于它不仅是一种知识评价，更是一种价值评价。它不仅要评价学生对马克思主义理论基本知识、思想道德和法律知识的掌握情况，更要评价思想政治理论课满足学生思想道德发展需要，促进学生坚定正确的政治方向和理想信念，树立科学的世界观、人生观和价值观，从而实现自身全面发展的情况。学生思想状况千变万化，哪些思想状况的变化是受思想政治理论课的影响，哪些是受外在环境或其他因素的影响，以及思想、价值观如何发展变化，这些都很难用确定的指标因子来衡量，也很难用科学的方法来测量。所以很多学校目前只能通过考试（包括开卷与闭卷考试）和学生实践的方式来分析学生的素质与能力变化。很显然，这种分析具有一定的表面性和片面性。

其二，观念滞后，评估目的缺乏引导性和激励性。很多学校的评估目的不是激励师生教与学的积极性，促进师生发展，引导思想政治理论课教学工作向更好更有效的方向发展，而是局限于终结性评价、诊断性评价，纯粹是为了考核而考核，单纯以学生思想政治教育的培养要求为标准，制定统一的指标（即教师的个体差异、学科差异、专业特色、知识结构等并不列入考虑范围），对教学结果的各项指标进行量化，追求评价的客观性和精确性，并将每年的教学考核成绩（质的考核是底线，量的考核是重点）与教师的晋职、奖励和福利待遇等切身利益挂钩，作为奖惩依据。这样从客观上导致思想政治理论课教学效果评价没有成为具有教育意义的、激发教师教学活力的手段和方法。评价过于频繁反而会在一定程度上伤及广大思想政治理论课教师的积极性、主动性和创造性。

其三，教学效果评估欠缺，评估方法缺乏科学性和规范性。实际上，由于各级部门、各个学校没有制定出教学效果评估的科学体系，在具体评估时就出现了评估主体随意、评估对象单一以及评估方法简单等问题。从评估主体来看，什么人都可以对思想政治理论课教学效果评头论足，甚至一个人听一节课打一项分就能够对思想政治理论课教学效果做出评价，评价走过场的现象较为普遍。从评估对象来看，对教师教学效果的评估仅限于对教师课堂教学的评估，而影响教学效果的评价主要采用专家、同行听课，学生和教师填表、打分，或者召开部分学生、教师参加的座谈会，请专家对思想政治理论课教学提一些意见（而专家的意见也主要来源于听一两次课，并没有跟踪研究和听取学生的反映）等。这些评估方式很难反映出思想政治理论课教学质量的全貌，评估结果的偶然性、局限性较大，导致评估效率低下。

其四，教学评价主观性强，评估结果缺乏真实性与可信度。很多教师对现行的专家听课、督导、同行评教、学生评教的方式在肯定的同时存在质疑，他们认为研究的专业领域的差异可能造成"专家不专"；同属一个系统的同行之间的评价可能因"抬头不见低头见"而含有许多主观因素；尽管学生不存在人情方面的顾忌，但因其知识阅历所限，有可能存在很强的个人喜好和非理性化色彩，如果一味地追求、迎合学生的口味容易使理论陷入低俗，"受学生欢迎的不一定就是好课"；等等。这些现实问题的背后反映出的是参与评教的学生主观性太强，评价环境和评价监督不太规范，这是教学评价科学性和真实性存在偏差的关键所在。

其五，不能直接回答教学效果究竟如何（学生能够获得什么）。即便是这类评估能够实事求是，受评学校能够严肃认真对待，进校专家能够客观公正，学生也诚实守信、积极配合，但它充其量能在一定程度上保障教学质量或促进教学质量的提高，还不能直接回答教学质量究竟如何这一问题。因此，在高等教育急速进入大众化阶段，投入严重不足、办学条件亟待改善、教学改革与建设管理有待加强的特殊背景下，开展这类评估对于保障教学质量还能发挥一定积极作用，但是，随着这些资源、条件的逐步改善，在教学改革不断深入、管理日渐严格和规范的新形势下，继续沿用这类评估模式，其局限性、片面性势必会进一步凸显出来。

（三）思想政治理论课教学质量监控与评估模式的发展趋向

吸取经验教训，把握规律，明确思想政治理论课教学质量监控与评估在未来的发展趋向，推动思想政治理论课教学质量监控与评估传统模式的现代化转变。

其一，明确评价目的，坚持"促进学生发展"的评价理念。按照教育评价之父泰勒的观点，即评价的真正目的在于"判定学生实际上发生了怎样的行为变化，我们在何种程度上达成了教育目标，以及为了未来能够获得一种有效的教育计划，我们必须做哪些进一步的改进"①。故在监控与评估过程中，始终要坚持"促进学生发展"的评价理念，就是一种发展性评价理念。这种理念定位于以科学发展观为指导，以人的可持续发展为目标，关注评价中人的主体性，鼓励被评者主动参与评价、主动自我反省、主动寻求职业发展和综合素质提高。具体来说，一要重视激励、调控与发展，实现评价功能的转化。二要重视参评双方的"交互主体关系"，实现评价关系的转化。三要注重过程，实现评价内容和方法的转化。发展性评价"以促进发展为目的，是一种依据目标、重视过程、及时反馈、促进发展的形成性评价"②。

其二，明确特色依据，建立具有层级性、开放性、发展性的评价项目体系。就思想政治理论课而言，根据人才培养目标和课程性质任务，至少有以下三个层级依据：一是以马克思主义人的解放和发展理论为指导，将学生的全面发展作为思想政治理论课教学质量监控与评估的根本评价项目。二是以学生的情感、态度和价值观为重点，将其作为思想政治理论课教学质量监控与评估的核心评价项目。三是以实效性为抓手，将"知识、价值观、能力"作为思想政治理论课教学质量监控与评估的全面评价项目。

其三，明确制度规范，建立系统、科学、稳定的评估长效机制。要完成思想政治理论课教学效果评价的长远目标，就必须建立系统、科学、稳定的思想政治理论课教学质量监控与评估的长效机制，如完善的保障机制、科学的监控机制、有效的信息收集处理机制和畅达的信息反馈机制等。

第二节　思想政治理论课教学质量 监控与评估现代化模式的构建

从理论依据、主要特征、基本框架和实践方案四个方面，构建具有科学性、可操作性的思想政治理论课教学质量监控与评估现代化模式。

---

① R. W. Tyler, *Basic Principles of Curriculum and Instruction*, Chicago, IL: University of Chicago Press, p. 125.

② 宋月丽：《学校管理心理学》，南京大学出版社，1998，第 20 页。

一 思想政治理论课教学质量监控与评估现代化模式的理论依据

以习近平总书记关于思想政治理论课的系列重要论述为指导，遵循思想政治理论课教学规律和学生成长规律，以提高学生获得感为目标，是思想政治理论课现代化建设和教学改革创新的理论依据，当然也是思想政治理论课教学质量监控与评估现代化模式构建的理论依据。

其一，以习近平总书记关于思想政治理论课系列重要论述为指导。习近平总书记关于思想政治理论课的一系列重要论述是新时代思想政治理论课教学改革创新的基本依据，也是构建思想政治理论课教学质量监控与评估现代化模式的重要依据。一是指明了思想政治理论课的重要地位和作用。习近平总书记多次强调"培养什么人、怎样培养人、为谁培养人"①始终是教育的根本问题，而思想政治理论课就是落实立德树人根本任务的关键课程，充分肯定了思想政治理论课的重要性。二是提出了思想政治理论课的本质。2022 年 4 月 25 日，习近平总书记来到中国人民大学考察调研，指出，"思政课的本质是讲道理，要注重方式方法，把道理讲深、讲透、讲活"②，为新时代思想政治理论课改革创新指明了方向。三是提出了新时代思想政治理论课改革创新的总要求。2019 年 3 月 18 日，习近平总书记在北京主持召开的学校思想政治理论课教师座谈会上强调："推动思想政治理论课改革创新，不断增强思政课的思想性、理论性和亲和力、针对性。"③ 特别提出需要关注学生全面发展需要，尊重学生主体性权利，满足学生能力层面的需求与期待，从而把学生培养成担当民族复兴大任的时代新人。四是提出了坚持"八个相统一"，为新时代思想政治理论课改革创新提供了方法论指导。坚持"八个相统一"，也就是要坚持政治性和学理性、价值性和知识性、建设性和批判性、理论性和实践性、统一性和多样性、主导性和主体性、灌输性和启发性、显性教育和隐性教育相统一。

---

① 习近平：《思政课是落实立德树人根本任务的关键课程》，人民出版社，2020，第 9 页。
② 《习近平在中国人民大学考察时强调：坚持党的领导传承红色基因扎根中国大地走出一条建设中国特色世界一流大学新路》，中国政府网，https://www.gov.cn/xinwen/2022-04/25/content_5687105.htm。
③ 习近平：《思政课是落实立德树人根本任务的关键课程》，人民出版社，2020，第 17 页。

其二，遵循思想政治理论课教学规律和学生成长规律。首先，思想政治理论课教学必须遵循思想政治理论课教学基本规律，才能顺利实施教学工作，实现思想政治理论教学的目标。思想政治理论课教学基本规律主要有：一是教学主客体双向互动规律，即在思想政治理论课教育教学过程中，教师和学生思想、情感双向交流的规律；二是内化和外化规律，即思想政治理论课的教学活动，既是教育者帮助和引导受教育者形成社会所期望的思想政治素质的过程，同时又是教育者引导受教育者实现从思想政治认识到思想政治行为的转化的过程；三是适应超越规律，即教育者在思想政治理论课教学中，既要适应受教育者的思想政治素质基础和发展要求，又要超越受教者原有的思想政治素质水平。其次，思想政治理论课教学必须遵循学生成长发展的基本规律。在思想政治理论课教学过程中，只有了解教育对象身心发展的特点，才能在教学理念、教学方式与方法、教学内容与载体等方面做到"有的放矢"。2005 年，《中共中央宣传部、教育部关于进一步加强和改进高等学校思想政治理论课的意见》指出："教学方式和方法要努力贴近学生实际，符合教育教学规律和学生学习特点，提倡启发式、参与式、研究式教学。"① 坚持遵循学生身心发展的规律，提高思想政治理论课教学的可接受性成为思想政治理论课建设的必然要求。

其三，以提高学生获得感为思想政治理论课教学目标。首先，教学质量最终应体现在受教育者发展的质量上，"学生所获"应是思想政治理论课教学质量的核心。瑞典学者托斯坦·胡森（Torsten Husen）认为教育教学质量特指教育的产品（学生），而不是指生产出这些产品的资源和过程，高等教育教学质量的高低是指学校进行某种教育教学活动所产生的结果（或效果）达到既定目标的程度。② 正是基于这种认识，国际高等教育教学质量评估的重心已开始由学校向学生转移。因此，把"学生所获"作为衡量思想政治理论课教学质量的主要依据，深刻反映了国际高等教育质量评价发展的新趋势。其次，思想政治理论课作为思想政治教育的主渠道，从根本上来说就是做人的工作，帮助他们树立正确的世界观、人生观和价值

---

① 教育部社会科学司编《普通高校思想政治理论课程文献选编（1949—2008）》，中国人民大学出版社，2008，第 216 页。

② 王运来等主编《高校教学质量评价与保障》，南京大学出版社，2010，第 11 页。

观等。而"理论只要说服人，就能掌握群众；而理论只要彻底，就能说服人。所谓彻底，就是抓住事物的根本。而人的根本就是人本身"①。因此，思想政治理论课教学的出发点和落脚点是促进学生获得全面发展，实现个人和社会价值。实现"以教师为中心"向"以学生为本"教学理念的根本性转变，成为思想政治理论课建设的必然趋向。

二 思想政治理论课教学质量监控与评估现代化模式的主要特征

思想政治理论课教学质量如何，主要通过测量学生的学习效果来评判。我们将这种"主要通过学生的学来评判教学质量"和重点关注"产出和结果"（学生所获）的模式称为"以学评教"的思想政治理论课教学质量监控与评估现代化模式，其具体包括以下主要特征。

其一，学生成为监控与评估关注的中心。教学质量监控与评估的传统模式，即"以教评教"模式是以供给者为本位，特别重视教学的资源、条件与教学过程和管理。而教学质量监控与评估的现代化模式，即"以学评教"模式是以需求者为本位，关注的中心是"学生"。不难理解，教学的"投入"与"过程"固然是保障教学质量的基础性条件，但教学质量的最终体现还是人才培养的质量，是学生的发展即学生在知识、能力、价值观等方面的提升。英国学者麦尔肯·弗雷泽（Malcolm Fraze）指出："高等教育的质量首先是指学生发展质量，即学生在整个学习过程中所'学'的东西，包括所知、所能做的及其态度。"② 当前，一些西方发达国家将教学评估的重心由学校向学生转移，由资源的占有量向资源的使用效益转移，更加关注学生的学习效果。评估或测评只有抓住学生，才有可能真正把握住教学的质量，才能有针对性地采取措施推进思想政治理论课教学质量的提高。因此，重点关注学生成为"以学评教"模式的首要特征。

其二，"监控与评估信息的获取"主要依靠相对客观的测试或测量。获取全面、真实的监控与评估信息是确保监控与评估结论客观、科学的关

---

① 《马克思恩格斯选集》第1卷，人民出版社，2012，第9~10页。
② 陈玉琨等：《高等教育质量保障体系概论》，北京师范大学出版社，2004，第59页。

键。在"以教评教"模式的评估或测评实践中，监控与评估信息的获取主要依赖专家的主观判断，或者依靠学生的主观感受，因而主观的、感情的因素不可避免，并最终可能导致监控与评估信息的失真和监控与评估结论的失当。而"以学评教"模式的监控与评估信息的获取主要依靠对学生相关知识、能力的测试与相关价值观的测量。只要测试、测量的工具编制科学、合理，就能获取比较客观、真实的监控与评估信息。而根据现代考试学、测量学的原理与方法，编制科学、合理的测试、测量工具很容易做到。运用这些工具对学生进行测试与测量，基本依靠相对客观的手段获取监控与评估信息，既是"以学评教"模式的一个特点，也是相对于"以教评教"模式的一个优点。

其三，"学生所获"是监控与评估的主要依据。如前所述，教学质量最终应体现在受教育者发展的质量上，"学生所获"应是思想政治理论课教学质量监控与评估的核心。"高等教育质量是指高等教育机构（主要指高等院校）依据培养目标和人才规格，在一定时间和条件下，运用一定的方法和手段使得学生所产生变化的结果，即使得大学生所获得的知识与技能的多少以及世界观变化的程度，达到与社会需求的相关度，与培养目标的相近度和与消费者的满意度的程度。"① 因此，"围绕学生、关照学生、服务学生"是遵循学生成长规律的必然要求，也是思想政治理论课教学质量提高的必然要求，当然也是"以学评教"教学质量监控与评估现代化模式的必然遵循。

三 思想政治理论课教学质量监控与评估现代化模式的基本框架

以知识、价值观、能力为教学目标，围绕知识传授、价值引领、能力培养开展教学活动，将知识增加度、价值认同度、能力提升度作为教学效果即教学目标达成度的评判标准，由此构成促进学生全面发展的思想政治理论课教学的现代化体系结构（见表1），这也是构建思想政治理论课教学质量监控与评估现代化模式的基本依据。

---

① 王运来等主编《高等学校质量评价与保障》，南京大学出版社，2010，第14页。

表 1　思想政治理论课教学的现代化体系结构

教学目标	教学活动	教学效果（教学目标达成度）
知识	知识传授	知识增加度
价值观	价值引领	价值认同度
能力	能力培养	能力提升度

根据思想政治理论课教学的现代化体系结构，构建具有科学性、可操作性的思想政治理论课教学质量监控与评估的现代化模式。表 2 给出了思想政治理论课教学质量监控与评估现代化模式的基本框架，包括评价目标及权重、评价项目及分值、评价标准和评价等级。其中，评价目标对应于思想政治理论课教学的现代化体系结构中的教学效果即教学目标达成度，包括知识增加度、价值认同度、能力提升度三项目标，权重分别为 0.5、0.3、0.2。评价项目包括知识测试、价值观测量、能力测试三个子项，分值均为 100分。各子项指标的评价等级分为好、一般、差三级，其标准如下："好"，评价项目得分≥80 分；"一般"，评价项目得分 60~79 分；"差"，评价项目得分<60 分。总评目标的总评分也为 100 分，为各子项分数加权而来，三个子项知识测试、价值观测量、能力测试的合成权重分别为 0.5、0.3、0.2。总评价结论也分为好、一般、差三种，其标准如下："好"，评价总分≥80 分；"一般"，评价总分为 60~79 分；"差"，评价总分<60 分。

表 2　思想政治理论课教学质量监控与评估现代化模式的基本框架

评价目标及权重	评价项目及分值	评价标准	评价等级
知识增加度 （权重 0.5）	知识测试 （100 分）	≥80 分	好
		60~79 分	一般
		<60 分	差
价值认同度 （权重 0.3）	价值观测量 （100 分）	≥80 分	好
		60~79 分	一般
		<60 分	差
能力提升度 （权重 0.2）	能力测试 （100 分）	≥80 分	好
		60~79 分	一般
		<60 分	差

续表

评价目标及权重	评价项目及分值	评价标准	评价等级
总评目标 （三者相加）	总评分 [100×（0.5+0.3+0.2）]	≥80 分	好
		60~79 分	一般
		<60 分	差

四 思想政治理论课教学质量监控与评估现代化模式的实践方案

"以学评教"是在"以学生为中心"的理念指导下，把学生学得了什么、学得如何、是否学会作为教师教学活动是否成功和思想政治理论课教学质量高低的评判标准。一方面看学生是否会学、有没有学会，是否会用、有没有用会，主要是指思想政治理论课教学带给学生的相关知识、能力目标达成状态的变化；另一方面看学生是否认同、多大程度认同，主要指思想政治理论课教学带给学生的情感、态度与价值观的变化。通俗地讲，就是看学生是否会"真信、真爱、真用"。由此，"以学评教"的评价模式包括以下四大部分：运用考试学原理与方法编制测试学生相关知识、能力的部分；运用测量学理论与技术编制测量学生相关价值观的部分；运用统计学原理方法编制测量学生"所获"的综合分析部分。

下面以高校"马克思主义基本原理"（以下简称"原理"）课教学质量测评为例具体阐述"以学评教"监控与评估现代化模式的实践方案。

第一部分："原理"相关知识测试

主要目的：全面了解学生从整体上把握马克思主义，正确认识人类社会发展的基本规律，树立科学的世界观、人生观、价值观的情况。

基本形式：标准化测试试题。即运用考试学的基本原理与方法，编制测试学生学习"原理"课后获取相关知识的试卷（建立相应题库）。

测量内容：全面覆盖国家统编"原理"教材内容及大纲精神；充分体现"原理"课程目标（知识方面）。

基本思路：主要依据相关文件精神（知识方面要求）、"原理"课程目标等，确定测试项目（内容），选择测试形式，最后通过试测修改确定。

第二部分："原理"相关能力测试

主要目的：全面了解学生运用马克思主义立场、观点、方法分析问题、解决问题的能力情况。

基本形式：标准化测试试题。即运用考试学的基本原理与方法，编制测试学生学习"原理"课后获取相关能力的试卷（建立相应题库）。

测量内容：全面覆盖国家统编"原理"教材内容及大纲精神；充分体现"原理"课程目标（能力方面）。

基本思路：主要依据相关文件精神（能力方面要求）、"原理"课程目标等，确定测试项目（内容），选择测试形式，最后通过试测修改确定。

第三部分："原理"相关价值观测量

主要目的：全面了解学生是否确立了对马克思主义的信仰，增强了对中国特色社会主义共同理想的信念，提高了坚持党的基本理论、基本路线和基本方略的自觉性等方面的情况。

基本形式：测量量表。即运用测量学的基本方法与技术，研制测量学生学习"原理"课后相关价值观变化的量表。

测量内容：充分体现有关文件精神和"原理"课程目标（价值观方面）。

基本思路：主要依据相关文件精神（价值观方面要求）、"原理"课程目标等，确定测量变量，选择测量尺度，最后通过试测修改确定。

第四部分：学生上述"知识、能力、价值观"状态综合分析（总体评价）

主要目的：通过对学生上述"状态"的统计分析，对"原理"教学效果进行评价。

基本形式：统计分析。开发网上测试系统，通过科学抽样抽取一定容量的学生样本上网测试，获取相关数据后，运用 SPSS 软件进行统计分析，对"原理"课教学效果进行评价。

基本思路：运用统计学的基本方法与技术，对学生"所获"（主要是上述知识、能力、价值观方面的内容）进行计算，并根据统计结果分析"原理"课的教学效果和教学质量。

一定条件下多次、反复运行上述"以学评教"模式的实践方案，即可对"原理"课的教学效果和教学质量进行监控与评估。

第三节　思想政治理论课教学质量监控与评估
现代化模式的实践运用

任何科学认识的目的都是实践，认识的科学真理性需要到实践中接受检验。要将思政课教学质量监控与评估的现代化模式运用到具体实践中，必须依据这个现代化模式的实践方案确立思政课教学质量监控与评估的测评体系并且进行实践运用。本节以"原理"课为例，首先确立科学有效的"原理"课教学质量监控与评估的评价测试项目，其次编制具有较高信度和效度的测评体系，再次运用多次试测的测评结果进行综合分析，并最终给出教学质量评价报告。

一　"原理"课教学质量评价测试项目的确立

（一）"原理"课教学质量评价测试项目确立的依据

1. 国家的教育政策和法规

主要根据是 2004 年《中共中央、国务院关于进一步加强和改进大学生思想政治教育的意见》和 2005 年《中共中央宣传部、教育部关于进一步加强和改进高等学校思想政治理论课的意见》文件的基本要求，以及 2005 年 3 月 9 日颁布的《中共中央宣传部、教育部关于印发〈中共中央宣传部、教育部关于进一步加强和改进高等学校思想政治理论课的意见〉实施方案的通知》对课程内容提出的具体要求："'马克思主义基本原理'着重讲授马克思主义的世界观和方法论，帮助学生从整体上把握马克思主义，正确认识人类社会发展的基本规律。"这一规定是研制"原理"课教学质量评估体系的基本依据。

2. 有关的学科理论

制定教育教学评价标准与指标体系，一定要符合教育规律，揭示这些规律的有教育学、心理学、教育评价学和教育测量学等。这些学科从不同侧面揭示了教育规律与测量规律，建立的"原理"教学评价标准与项目体系必须遵循这些客观规律。在确立质量评估目标时，借鉴了美国教育心理学家和教育家布鲁姆（K. S. Bloom）等人提出的认知目标分类法、美国教育家克拉斯沃尔（D. R. Krathwohl）等人提出的情感目标分类法。在编制测验项目与内容时，根据教育测量学中的基本原理，把握教育测量中的信度、效度、难度、区分度的要求，首先编制了命题双向细目表，其次确定了具体的指标和观测点。

3. 教材内容

教材是教育目标、教育大纲的具体化。教材内容是最重要的评估标准和依据。在编制"原理"亲和力绩效评价测试目标及其体系时，课题组成员仔细研读了教材，找出教材的基本知识点、教学重点难点，把握教材整体篇章结构，确立各章在知识、能力和价值观三个观测项目上的目标、项目和观测点，以此为依据编制出相应的试卷和量表。

4. 教学实践经验

在构建"原理"教学质量评价测试体系时，应重视一线教师的教学经验，它是编制质量评估体系的又一个重要依据。从事编制"原理"教学质量评价测试体系的教师都是有多年教龄的老教师，他们根据自己多年的教育教学经验和对大学生的调查了解，在借鉴他人教学研究成果的基础上，编制、修改并努力完善了这套"原理"课教学质量测评体系。

（二）"原理"课教学质量评估测试项目确立的过程

1. 拟定教学质量测评目标与项目初稿

在具体编制测评项目的操作过程中，经过多方面的调查并将调查材料汇总研究，多次讨论协商，在此基础上，从以下几方面拟定了教学质量测评目标与项目。

第一，明确教学质量测评项目。把教学质量评估体系分为四大部分。第一部分："原理"相关知识测试。主要目的是全面了解学生掌握马克思主义基本原理的相关基本知识情况。基本形式是知识测试试卷。第二部分："原理"相关能力测试。主要目的是全面了解学生运用马克思主义基本原理分析问题和解决问题的能力情况。基本形式是能力测试试卷。第三部分："原理"相关价值观测量。主要目的是全面了解学生对马克思主义的世界观和方法论、实践论和认识论、唯物史观、资本主义观、社会主义观及共产主义观的认同情况。基本形式是价值观测量量表。第四部分：学生上述"知识、能力、价值观"状态综合分析。主要目的是通过对学生上述"状态"的综合把握，对"原理"课教学质量进行测评。基本形式是综合计算。

第二，确定教学质量测评的分类目标和各章目标。根据中央文件精神，紧扣教材重点、难点和体系结构，分别确立知识、能力、价值观的分类目标和各章目标。

第三，制定双向细目表。按照各章在整个教材体系中的重要程度，分配其在测评指标体系中的权重，按一定程序和规则制定测试双向细目表。

第四，制定教学质量测评体系。以双向细目表为依据编制相关知识、能力测试试卷，以课程目标要求的主要维度编制相关价值观测量量表，从而构建出"原理"教学质量评价测试体系初稿。

2. 对于教学质量评价目标与项目初稿进行专家评判

对于草拟好的"原理"教学质量评价测试项目在试行之前必须持慎重态度，需要请不同学科的专家给予指导，进行论证，以提高"原理"教学质量评价测试的科学性和有效性。

首先，多次召开专家咨询会，对教学质量评价项目体系进行专业指导，并提出具体的修改意见，然后根据专家意见修正和完善了教学质量评价项目体系。

其次，在编制具体的评价维度和量表时，请教了几位心理测量专家，请他们详细讲述了心理测量问卷编制方法与技巧，从教育测量和心理测量的专业角度对教学质量评价体系提出了修改意见。这些专业指导与意见对后来的试卷与量表编制有很大的帮助。

最后，请教马克思主义理论和建设工程"原理"教材编写组专家成员，对整个评价目标中的试卷和量表进行认真的审查并提出细致的修改意见。

3. 在不同类型高校进行反复测试

"原理"课教学质量评价项目体系初稿经过专家审定之后，在小范围内进行实际测验，看是否可行。在试验中发现问题，对评价项目体系再做筛选或修改，使其更为科学、合理、有效，然后投入使用。在试题编制和修改过程中，第一步是在编制好题项后进行专家评定，对试题是否反映了要测的内容进行评估并修改。第二步是进行测试，找某高校部分学生进行预调查和试测，然后进行项目分析，对试题的难度、区分度以及试卷的内部一致性、信度等进行分析，并根据结果进行修改。第三步是预测，通过不同层次不同类型的高校的学生进行预测，对各项目技术参数进行验证，然后再次修改，只有各项指标反映良好，符合相关参数要求，才能进行大范围施测。第四步是正式施测，即分别对全国各层次高校大学生进行大规模网上测试，并给出"原理"课教学质量评价测试报告，以验证测评体系运行的可行性。

4. 定稿试行

草拟的评价项目及其体系初步确定之后，通过反复测试，不断发现问题，不断修改完善。

（三）"原理"课教学质量评价测试的分类目标

1. 知识目标

（1）掌握马克思主义哲学、政治经济学、科学社会主义理论及其内在有机联系的基本内容；（2）认识人类社会发展的一般规律，认识资本主义向社会主义和共产主义发展转化的历史必然性。

2. 能力目标

（1）学会运用马克思主义基本原理分析当代国内和国际重大理论和现实问题；（2）培养学生运用唯物辩证法和唯物史观分析问题、解决问题的能力；（3）培养学生的理性思维能力。

3. 价值观目标

（1）树立坚定的马克思主义信仰；（2）树立科学的世界观、历史观、人生观和价值观；（3）树立共产主义远大理想，积极投身于中国特色社会主义建设事业。

（四）"原理"课教学质量评价测试点（分章）

第一章　世界的多样性和物质统一性

知识。唯物主义、唯心主义、辩证法、形而上学、物质、意识、实践、联系、发展、规律、矛盾、方法；哲学的基本问题；辩证唯物主义的物质范畴；物质、运动、时间、空间不可分割原理；世界的物质统一性原理；唯物辩证法的基本规律；唯物辩证法是根本的方法；客观规律与主观能动性的关系。

能力。培养学生运用唯物辩证法观察问题、分析问题和解决问题的能力。

价值观。培养学生树立辩证唯物主义的理论信仰，树立科学的世界观和方法论。主要包括：用联系、发展、矛盾的观点观察问题、分析问题和解决问题；坚持解放思想、实事求是、与时俱进的原则等。

第二章 认识世界和改造世界

知识。反映论、先验论、实践、认识、真理、价值；实践在认识中的基础地位和决定作用；认识的本质及认识发展的基本规律；辩证的真理观；真理与价值的关系；认识和实践的统一。

能力。把握马克思主义认识论的基本观点，理解认识的本质及运动规律，树立辩证的真理观；坚持理论创新和实践创新，不断提高在实践中自觉认识世界和改造世界的能力。

价值观。理解马克思主义认识论特点及在人类发展史上的重大意义和变革作用。主要包括：培养学生树立马克思主义认识论的理论信仰；用实践的观点和辩证的观点理解、树立科学认识论观念；用唯物的、辩证的观点理解、树立科学真理观；坚持认识和实践的辩证统一。

第三章 人类社会及其发展规律

知识。社会存在、社会意识、生产方式、生产力、生产关系、经济基础、上层建筑、社会形态、社会基本矛盾、人民群众；社会历史观的基本问题；物质资料的生产方式是推动社会历史发展的决定力量；人类社会发展的基本规律；生产力与生产关系矛盾运动的规律、经济基础和上层建筑矛盾运动的规律；社会形态更替的一般规律；在经济社会中，阶级斗争推动社会历史发展的规律；革命和改革在社会发展中的作用；科学技术在社会发展的作用；人民群众在社会历史发展中的作用。

能力。培养学生运用历史唯物主义的基本原理正确认识社会历史和社会现实的自觉性和能力。

价值观。理解唯物史观在人类认识史上的重大意义，培养学生树立唯物史观理论信仰。主要包括：人类社会发展规律的观念；物质资料的生产方式决定人类社会历史发展的观念；社会基本矛盾是推动社会发展的基本动力的观念；在阶级社会中阶级斗争是推动阶级对立社会发展的直接动力的观念；马克思主义的阶级分析方法是认识阶级社会的科学方法的观念；人民群众是历史的创造者的观念。

第四章　资本主义的形成及其本质

知识。资本主义生产方式、商品、货币、价值规律、剩余价值、资本主义基本矛盾、经济危机、资本主义政治制度、资本主义意识形态；资本原始积累及其在资本主义生产方式形成中的作用；私有制基础上商品经济的基本矛盾及其发展规律；劳动价值论的意义，剩余价值理论的意义；资本主义基本矛盾及其表现与经济危机；资本主义政治制度与意识形态的特点和本质。

能力。学习马克思运用唯物史观分析资本主义社会，正确认识资本主义社会的实践。

价值观。理解马克思的劳动价值论和剩余价值学说在人类思想发展史上的重要意义；培养学生树立马克思主义政治经济学的理论信仰；掌握马克思所揭示的人类社会发展规律；认识资本主义生产方式产生的历史必然性；认识资本主义生产方式的本质；认识资本主义政治制度和意识形态的实质。

第五章　资本主义发展的历史进程

知识。垄断资本主义、金融资本、垄断利润、国家垄断资本主义、经济全球化、资本主义的发展趋势；私人垄断资本主义的形成及特点；国家垄断资本主义的特点和实质；资本输出与垄断资本的国际扩张；经济全球化的表现及其后果；当代资本主义的新变化及其实质；资本主义的历史地位及其为社会主义所代替的历史必然性。

能力。掌握资本主义从自由竞争发展到垄断的历史进程和垄断资本主义的发展趋势；认识国家垄断资本主义和经济全球化的本质；理解资本主义必然为社会主义所代替的历史必然性。

价值观。正确认识垄断资本主义的实质；认识当代资本主义新变化的实质；树立资本主义必然被社会主义所取代的信念。

第六章　社会主义社会及其发展

知识。"一国或数国首先胜利"论、列宁的新经济政策、无产阶级专政、社会主义民主、社会主义基本特征、马克思主义政党；社会主义从空想到科学的发展；无产阶级革命与社会主义制度的建立；无产阶级专政和社会主义民主；20世纪社会主义制度的巨大贡献和历史经验；在实践中深化对社会主义基本特征的认识；经济文化相对落后的国家社会主义建设的艰巨性和长期性；社会主义发展道路的多样性；社会主义的自我发展和完善；马克思主义政党在社会主义革命和建设中的地位和作用。

能力。把握社会主义的本质特征；认识经济文化相对落后的国家社会主义建设的艰巨性和长期性；明确马克思主义政党在革命和建设中的领导地位，提高坚持党的领导的自觉性。

价值观。了解社会主义从空想到科学、从理论到实践的历史过程；树立对马克思主义科学社会主义的理论信仰；坚定社会主义必然胜利的信念。

第七章　共产主义是人类最崇高的社会理想

知识。共产主义社会、人的自由而全面的发展；马克思主义经典作家预见未来社会的科学立场和方法；共产主义社会的基本特征；共产主义理想实现的历史必然性；共产主义理想实现的长期性；实现共产主义不能超越社会主义发展阶段；共产主义远大理想与中国特色社会主义共同理想的关系。

能力。掌握马克思主义经典作家预见未来社会的科学立场和方法；深刻认识共产主义社会实现的历史必然性和长期性；积极投身于中国特色社会主义建设事业。

价值观。学习和掌握马克思主义预见未来社会的科学立场和方法；把握马克思主义关于共产主义社会基本特征的主要观点；正确认识共产主义远大理想与中国特色社会主义建设事业的关系；树立坚定的共产主义信念。

二　"原理"课教学质量评价测试体系

（一）"知识增加度"测评试题

第一部分：单选题（每小题 2 分，共 60 分）

【说明】选择正确答案，每道题的答案只有一个是正确的，请将相应字母填入括号中。

1. 马克思恩格斯指出："资产阶级的生产关系和交换关系，资产阶级的所有制关系，这个曾经仿佛用法术创造了如此庞大的生产资料和交换手段的现代资产阶级社会，现在像一个魔法师一样不能再支配自己用法术呼唤出来的魔鬼了。"这种现象在现实社会中具体表现为（B）。

　　A. 产业革命　　　　　　　　　B. 周期性经济危机

　　C. 席卷整个欧洲的黑死病　　　D. 贩卖黑奴活动

2. 广大农民在致富奔小康的过程中深切体会到："要富口袋，先富脑袋。"（D）

　　A. 精神是第一性的，物质是第二性的

　　B. 先有精神，后有物质

　　C. 精神的力量可以代替物质的力量

　　D. 精神的力量可以变成物质的力量

3. 有一则箴言："在溪水和岩石的斗争中，胜利的总是溪水，不是因为力量，而是因为坚持。""坚持就是胜利"的哲理在于（C）

　　A. 必然性通过偶然性开辟道路

　　B. 肯定中包含着否定的因素

　　C. 量变必然引起质变

　　D. 有其因必有其果

4. 恩格斯说："鹰比人看得远得多，但是人的眼睛识别东西远胜于鹰。狗比人具有锐敏得多的嗅觉，但是它连被人当作各种物的特定标志的不同气味的百分之一也辨别不出来。"人的感官的识别能力高于动物，除了人脑及感官发育得更完美之外，还因为（A）

　　A. 人不仅有感觉还有思维

　　B. 人不仅有理性还有非理性

　　C. 人不仅有直觉还有想象

　　D. 人不仅有生理机能还有心理活动

5. 面对消极腐败的东西，我们一定要提高警惕，做到见微知著，防微杜渐。这是因为（D）

　　A. 矛盾双方在一定条件下相互转化

　　B. 原因的作用会引起结果

　　C. 外因通过内因而起作用

　　D. 量变积累到一定程度会引起质变

6. "观念的东西不外是移入人的头脑并在人的头脑中改造过的物质的东西而已。"这个命题表明：（A）

A. 意识是客观存在的主观映像

B. 人脑是意识的源泉

C. 观念上的东西和物质的东西没有本质上的区别

D. 意识是人脑中特有的物质

7. "风定花犹落，鸟鸣山更幽"形象地表达了动和静的辩证关系是（B）

A. 静不是动，动不是静　　　　B. 静中有动，动中有静

C. 动是必然的，静是偶然的　　D. 动是静的原因，静是动的结果

8. 《坛经》："时有风吹幡动，——一僧曰风动，——一僧曰幡动，议论不已。惠能进曰：不是风动，不是幡动，仁者心动。"惠能关于运动的观点是（D）

A. 运动是物质之根本属性

B. 运动与物质不可分

C. 精神运动是物质运动的一种形式

D. 精神是运动的主体

9. "社会一旦有技术上的需要，这种需要就会比十所大学更能把科学推向前进。"恩格斯的这段话是指（A）

A. 实践是认识的发展动力

B. 实践为认识提供了可能

C. 实践使认识得以产生和发展

D. 实践是检验认识真理性的唯一标准

10. 电脑"深蓝"打败国际象棋大师卡斯帕罗夫说明（B）

A. 电脑也能进行实践活动

B. 电脑是人脑的延伸

C. 电脑具有比人脑更高级的运动形式

D. 人脑与电脑都是电子运动

11. 马克思说："人的思维是否具有客观的真理性，这不是一个理论的问题，而是一个实践的问题。人应该在实践中证明自己思维的真理性，即自己思维的现实性和力量，自己思维的此岸性。"这段话的意思是（D）

A. 实践产生了认识的需要

B. 实践为认识提供了可能

C. 实践使认识得以产生和发展

D. 实践是检验认识真理性的唯一标准

12. 习近平指出："我们党现阶段提出和实施的理论和路线方针政策，之所以正确，就是因为它们都是以我国现时代的社会存在为基础的。"这段话说明（A）

A. 实践是认识的来源　　　　　B. 实践是认识的发展动力

C. 实践是认识的目的　　　　　D. 实践是检验真理性的唯一标准

13. 习近平指出："如果能将理论高度与实践深度有机地结合起来，就能更好地做好领导工作。"这段话说明（D）

A. 理性认识依赖感性认识

B. 感性认识有待于上升到理性认识

C. 感性认识上升到理性认识要具备一定条件

D. 感性认识和理性认识辩证统一

14. 以习近平同志为核心的党中央提出坚持以人民为中心的思想，创造性地运用和发展了唯物史观关于（C）的基本原理。

A. 生产关系要适应生产力发展　　B. 社会历史发展基本规律

C. 人民群众创造历史　　　　　　D. 社会意识具有相对独立性

15. 中国特色社会主义进入新时代的重要标志和依据是（B）

A. 改革进入攻坚阶段

B. 新的社会主要矛盾的形成和出现

C. 全面建成小康社会目标的实现

D. 经济发展进入新常态

16. 资本积累的真正来源是（D）

A. 劳动生产率的提高　　　　　B. 大资本吞并中小资本的结果

C. 资本家节俭的结果　　　　　D. 工人创造的剩余价值

17. 在商品经济中，价值规律的表现形式是（A）

A. 市场价格围绕价值上下波动　　B. 价值围绕市场价格上下波动

C. 价格和价值始终不一致　　　　D. 价格和价值始终一致

18. "蒸汽、电力和自动纺织机甚至是比巴尔贝斯、拉斯拜尔和布朗基诸位公民更危险万分的革命家。"这一论断的含义是（D）

A. 科技革命是对统治阶级的极大威胁

B. 科技革命对变革社会制度具有决定作用

C. 滥用科技革命的成果会对人类造成"危险"

D. 科技革命导致社会政治革命

19. 在社会主义条件下，上层建筑对经济基础的保护从根本上说就是（C）

A. 为了实现共同富裕

B. 为了尽早实现社会主义现代化强国

C. 为了保障最广大人民群众的物质利益

D. 为了全面深化改革得以顺利推进

20. 历史上杰出人物的产生（C）

A. 是纯粹偶然的   B. 是纯粹必然的

C. 是偶然与必然的统一   D. 有的是偶然有的是必然

21. 具体劳动和抽象劳动是（D）

A. 两种不同类型的劳动

B. 在空间上是相互分离的两种劳动

C. 是先后进行的两次劳动

D. 同一劳动过程的两个方面

22. 商品经济产生和存在的决定性条件是（D）

A. 社会分工的出现和发展

B. 市场经济体制的建立

C. 劳动力成为商品

D. 生产资料和劳动产品属于不同的所有者

23. 商品的价值量是由生产商品的（C）决定的

A. 必要劳动时间   B. 剩余劳动时间

C. 社会必要劳动时间   D. 个别劳动时间

24. 商品生产者要获得更多收益必须使生产商品的（B）

A. 个别劳动时间等于社会必要劳动时间

B. 个别劳动时间低于社会必要劳动时间

C. 个别劳动时间高于社会必要劳动时间

D. 个别劳动时间高于社会必要劳动时间

25. 价值增殖过程不外是超过一定点而延长了的价值形成过程。这个一定点就是雇佣工人（C）。

　　A. 生产使用价值的时间　　　　　B. 创造商品全部新价值的时间

　　C. 补偿劳动力价值的时间　　　　D. 转移生产资料价值的时间

26. 货币转化为资本的决定性条件是在流通中购买到（B）

　　A. 生产资料　　　　　　　　　　B. 劳动力

　　C. 劳动资料　　　　　　　　　　D. 劳动对象

27. 正确表示资本有机构成的公式是（B）

　　A. m：c　　　　　　　　　　　　B. c：v

　　C. m：v　　　　　　　　　　　　D. v：m

28. "我们从小麦的滋味中根本无法判断它是封建农民生产的，还是资本主义制度下农业工人生产的。"这说明（D）

　　A. 使用价值是历史范畴

　　B. 物品的使用价值都是劳动者生产出来的

　　C. 同一物品的使用价值随着生产关系的变化而变化

　　D. 同一物品的使用价值并不反映生产关系的性质

29. 面对不同国家在生产方式、发展水平、文化背景等方面的差异，要引领经济全球化发展的理念是（D）

　　A. 文明交流　　　　　　　　　　B. 文明互鉴

　　C. 文明共存　　　　　　　　　　D. 人类命运共同体

30. 资本主义国家的本质是（C）

　　A. 维护国家的安全

　　B. 维护个人在政治和经济上的平等

　　C. 维护资产阶级进行统治的工具

　　D. 维护政府首脑行使行政权

第二部分：多选题（每小题4分，共40分）

【说明】选择正确答案，每道题有两个或两个以上的答案是正确的，请将相应字母填入括号中。

1. 马克思主义的直接理论来源是（BCD）

　　A. 法国启蒙思想　　　　　　　　B. 德国古典哲学

　　C. 英国古典政治经济学　　　　　D. 英法两国的空想社会主义

2. 意识是（ABCD）

A. 物质世界长期发展的产物　　B. 人类社会劳动的产物

C. 人脑特有的机能和属性　　　D. 客观世界的主观映像

3. 下列说法中蕴含实践对认识的决定作用原理的是（ABC）

A. 没有调查就没有发言权

B. 百闻不如一见

C. 不登高山，不知天之高也；不临深渊，不知地之厚也

D. 机遇偏爱有准备的头脑

4. 列宁说："只要再多走一小步，仿佛是向同一方向迈的一小步，真理便会变成错误。"这句话意味着（CD）

A. 真理和谬误是认识过程的两个阶段

B. 任何真理都不存在绝对的因素

C. 任何真理都有自己适用的条件和范围

D. 真理和谬误的对立只有在非常有限的领域内才有绝对的意义

5. 18 世纪，经济上落后的国家法国在哲学上和政治思想领域方面取得的成就，超过了当时经济上先进的英国，这表明（CD）

A. 社会意识的发展不依赖社会经济

B. 社会意识并不决定社会存在

C. 社会意识具有相对独立性

D. 社会意识的发展和经济的发展并不是完全对应的

6. 第二次世界大战后，发达资本主义国家工人工作日有所缩短，这表明（BCD）

A. 对工人剥削程度有所减轻

B. 劳动生产率明显提高

C. 必要劳动时间大为缩短

D. 相对剩余价值成为主要剥削形式

7. 二战后发达资本主义国家生产高度自动化，出现了所谓"无人工厂"，资本家获得的剩余价值也大大增加。因此，资产阶级经济学家认为科学和技术成为独立的剩余价值源泉。实际上，工人的剩余劳动是剩余价值的源泉并没有改变。这是因为（ABCD）

A. 再先进的机器设备也是不变资本的实物形式，它们的价值是工人在生产它们的过程中形成的

B. 再先进的机器设备也必须由人操作才能发挥作用，工人把它们的价值转移到新产品中去，它们本身并不创造价值和剩余价值

C. 生产自动化条件下直接从事生产劳动的工人减少，"总体工人"中脑力劳动的比重不断增大，从而创造出更多的价值和剩余价值

D. 生产自动化是人类社会科学进步的结晶，它的普遍采用会大幅度地提高劳动生产率，使资本家阶级获得比过去更多的剩余价值

8. 美国导演迈克尔·穆尔的最新纪录片《资本主义：一个爱情故事》问世以来，一直颇受关注。"资本主义"为何与"爱情故事"联系起来？穆尔解释说，这是一种"贪欲之爱"。"喜爱财富的人不仅爱他们自己的钱，也爱你口袋中的钱……很多人不敢说出它的名字，真见鬼，就说出来吧。这就是资本主义。"对金钱的"贪欲"之所以与资本主义联为一体，是因为（ACD）

A. 资本家是人格化的资本

B. 赚钱体现了人的天然本性

C. 资本的生命在于不断运动和不断增殖

D. 追逐剩余价值是资本主义生产方式的绝对规律

9. 习近平指出："社会总是在发展的，新情况新问题总是层出不穷的，其中有一些可以凭老经验、用老办法来应对和解决。同时也有不少是老经验、老办法不能应对和解决的。如果不能及时研究、提出、运用新思想、新理念、新办法，理论就会苍白无力。"这段话说明（ABCD）

A. 理论创新不能停

B. 理论的生命力在于创新

C. 创新是理论发展的永恒主题

D. 创新是社会发展、实践深化、历史前进对理论的必然要求

10. 2008 年由美国次贷危机引发了全球性的经济危机，很多西方人感叹这一经济危机，从根本上仍未超出一百多年前马克思在《资本论》中对资本主义经济危机的精辟分析。马克思对资本主义经济危机科学分析的原创性主要是（AC）

A. 指明经济危机的实质是生产相对过剩

B. 指出经济危机的深层原因是人性的贪婪

C. 揭示生产相对过剩的制度原因是生产资料的资本主义私有制

D. 强调政府对经济危机的干预是摆脱经济危机的根本出路

（二）"价值认同度"测试试题

【说明】 以下是对同学们日常生活中可能经常遇到的或思考、讨论的一些问题的陈述，请您快速地逐一阅读，并在您的看法的相应空格中画"√"。（每小题2分，共100分）	赞同	不赞同
1. 世界的统一性在于它的意识性	0	2
2. 社会生活的本质是实践的	2	0
3. 资本主义的意识形态代表了全人类的利益	0	2
4. 神的观念有着人的原型	2	0
5. 世界上除了运动以外什么也没有	2	0
6. 人类社会历史是人有目的有意识活动的结果，因此人类历史是人的主观意志的产物	0	2
7. 没有矛盾就没有世界	2	0
8. 物质、运动、时间、空间不可分割	2	0
9. 实践也是动物的本质	0	2
10. 马克思主义是关于无产阶级和人类解放的科学	2	0
11. 人是自然界的一部分，正是上帝使人从自然界中分化出来	0	2
12. 共产主义是如此美好，那时将不会有任何矛盾	0	2
13. 社会主义事业可以离开马克思主义政党的领导	0	2
14. 社会主义初级阶段树立共产主义远大理想是脱离实际	0	2
15. 世界是运动、变化和发展的	2	0
16. 实践是社会关系形成的基础，正是实践使世界分化为人与自然	2	0
17. 马克思主义执政党对社会主义发展道路的探索和对社会主义建设规律的认识，需要一个长期、艰苦的过程	2	0
18. 共产主义社会是人类最美好的社会	2	0
19. 从群众中来，到群众中去，是科学的工作方法，又是科学的认识方法	2	0
20. 物质是一种抽象的观念，它并不是客观的	0	2
21. 人类社会历史规律和自然规律是完全相同的	0	2
22. 正是唯物史观和剩余价值理论的创立，使社会主义从空想变成科学	2	0
23. 社会主义代替资本主义，是资本主义社会发展的必然趋势	2	0
24. 资本主义经济危机的周期性是资本主义基本矛盾运动的阶段性所决定的	2	0
25. 资本积累推动资本主义基本矛盾不断激化最终否定资本主义自身	2	0

续表

【说明】 以下是对同学们日常生活中可能经常遇到的或思考、讨论的一些问题的陈述，请您快速地逐一阅读，并在您的看法的相应空格中画"√"。（每小题 2 分，共 100 分）	赞同	不赞同
26. 在资本主义社会内部不可能产生社会主义成分，因为这种生产关系的性质是根本对立的	0	2
27. 国家垄断资本主义的产生，表明资本主义生产关系已向社会主义的生产关系转变	0	2
28. 马克思主义产生于 19 世纪，现在已经过时了	0	2
29. 在马克思主义产生以前，社会主义就已经是科学	0	2
30. 人类社会历史发展是客观规律性和人的目的性的统一	2	0
31. 与时俱进是马克思主义最重要的理论品质	2	0
32. 国家垄断资本主义为全社会占有生产资料准备了条件	0	2
33. 真理是绝对的又是相对的	2	0
34. 人类社会历史是由物质资料的生产方式决定的，是客观的，是不以人的意志为转移的	2	0
35. 对立统一就是没有差别的统一	0	2
36. 马克思主义是科学的世界观和方法论	2	0
37. 占有工人的剩余价值是资本家剥削工人的秘密	2	0
38. 只要是真理，它都是不变的	0	2
39. 共产主义虽然很美好，但这只是空想	0	2
40. 人的思维是否具有客观的真理性，这是不能确定的	0	2
41. 共产主义理想的实现是历史发展的必然趋势	2	0
42. 人类社会也是统一于物质的	2	0
43. 实践作为检验真理的唯一标准是确定的，除此之外没有别的标准	2	0
44. 人的聪明才智是天生的	0	2
45. 历史活动是人民群众的事业，人民群众才是历史的创造者	2	0
46. 马克思主义的剩余价值学说已经过时了	0	2
47. 当代资本主义的新变化表明，资本主义社会会长期存在下去	0	2
48. 经济危机是由于资本主义社会中生产和消费的矛盾造成的	0	2
49. 资本主义制度代表了资产阶级的利益	2	0
50. 实现共产主义是国家和共产党员的事情，与我无关	0	2

（三）"能力提升度"测评试题

第一部分：材料分析题（每小题5分，共50分）

【说明】结合所学知识分析材料并进行判断。

【材料1】美国航天局宣布，通过实施"撞月"计划显示月球上有相当数量的水，这一成果为人类了解月球翻开了新篇章。被古人称为"玉轮""桂宫"的月球，随着航天观测的不断深入，确认其组成物质和地球基本相同。随着实施"撞月"计划的进一步实施，将把我们对月球的认识带入一个新的阶段，月球还蕴藏着很多秘密等待着我们去揭示。请根据马克思主义唯物辩证法的基本原理分析这一材料中的问题（正确的请在括号中填"A"，错误的请在括号中填"B"）

1.（A）这一材料说明了世界的本质是物质。

2.（B）这一材料说明了不同的事物具有相同的物质结构。

3.（A）这一材料说明了自然界是可认识可理解的。

4.（A）这一材料说明了世界的真正统一性在于它的物质性。

5.（A）这一材料说明了月球和地球具有相同的物质演化历史，世界是一个相互联系的整体。

【材料2】黄河三门峡水利枢纽曾经是新中国引以为自豪的大型水利枢纽工程，然而，由于该工程当时没有考虑到黄河携带的大量泥沙可能会造成三门峡水库的淤塞问题。随着时间的推移，三门峡水库泥沙日益淤积，库容不断减少，对下游人民生产和生活的威胁也越来越大。请根据马克思主义认识论的基本原理分析这一材料中的问题（正确的请在括号中填"A"，错误的请在括号中填"B"）

6.（A）这一材料说明了人们对事物的认识需要经过一个实践、认识、实践不断发展的过程。

7.（A）这一材料说明了在实践中科学理论指导的重要性。

8.（A）这一材料说明有时人们在改造自然时会遭到自然报复。

9.（B）这一材料说明有时自然规律不可认识。

10.（B）这一材料说明人类只能完全顺从自然，人类任何改造自然的企图最终都会失败。

第二部分：论述题（每小题10分，共50分）

1. 请运用主观能动性和客观规律性的辩证关系原理，论述中国有效防控新冠疫情的成功经验。

2. 请运用内外因辩证关系原理，论述中国防控新冠疫情的"外防输入、内防反弹"总策略。

3. 请运用量变与质变的辩证关系原理，论述中国防控新冠疫情的"动态清零"总方针。

4. 请运用两点论和重点论的辩证关系原理，论述如何统筹推进新冠疫情防控和经济社会发展。

5. 请运用人民群众是历史的创造者原理，论述在新冠疫情防控中如何贯彻践行群众路线。

【延伸阅读】

1. 习近平总书记在中国人民大学考察时的讲话（2022 年 4 月 25 日）。

2. 房广顺、李鸿凯：《以大学生获得感为核心提升思想政治理论课教学质量》，《思想理论教育》2018 年第 2 期。

【课后作业】

走进真实课堂，认真听一次思想政治理论课，并运用思想政治理论课教学质量监控与评估的"以学评教"现代化模式对本次课的教学质量进行评价。

后　记

　　根据国务院学位委员会第七届学科评议组编《学术学位研究生核心课程指南（一）（试行）》中关于马克思主义理论一级学科研究生核心课程指南，"思想政治理论课教学与研究"是马克思主义理论博士研究生核心课程，同时也是该专业博硕士研究生必修的一门专业基础课。本课程系统研究思想政治理论课的本质属性、设置目的和内容要点，深刻揭示思想政治理论课教育教学的基本规律和内在要求，培养从事高校思想政治理论课教学与研究的核心能力与素养。本课程的教学，有利于引导博硕士研究生科学把握课程体系与学科体系的关系，正确认识思想政治理论课在马克思主义理论学科中的地位和作用；有利于全面提升博硕士研究生的马克思主义理论教育教学素养，从而培养和建设一支政治强、情怀深、思维新、视野广、自律严、人格正的高素质专业化思政课教师队伍。开设本课程，对于发挥高校马克思主义理论教育的主渠道作用，坚持社会主义办学方向，落实立德树人根本任务，培养德智体美劳全面发展的社会主义建设者和接班人，具有重大而深远的价值和意义。

　　通过本课程教学，要求博硕士研究生深刻理解马克思主义理论教育的本质属性、历史使命和时代要求，充分认识新时代马克思主义理论学科专业人才所具备的基本素养，掌握马克思主义理论教育的基本规律，把握新时代培养德智体美劳全面发展的社会主义建设者和接班人的基本要求，增强立德树人的自觉意识和责任感、使命感，提高从事思想政治理论课教学与研究的能力和水平，从而为今后胜任高校思想政治理论课教学奠定坚实基础。

　　为了更好地帮助广大博硕士研究生理解、把握本课程的教学目标、教学内容和教学要求，扬州大学马克思主义学院组织编写了本教材。全书内

容包括总论（佘远富）、思想政治理论课的性质和任务（李军全）、思想政
治理论课教学的基本要求和规律（徐俊）、思想政治理论课的教学理念和
方法（魏吉华）、思想政治理论课研究的主要问题（徐建飞）、思想政治理
论课教学质量监控与评估（韩昌跃）等六个专题，佘远富、魏吉华负责全
书的总体设计、统稿工作。本教材适用于马克思主义理论一级学科博硕士
研究生使用。本教材的出版得到扬州大学出版基金资助。

　　尽管我们花费了较多的时间和精力，但思想政治理论课的教学与研究
是一个长期而复杂的命题，不妥之处在所难免，恳请广大读者、同行专家
多提宝贵意见和建议，以便再版时修订，此实乃万幸之至。

本书编写组
2022 年 8 月

图书在版编目（CIP）数据

思想政治理论课教学与研究／佘远富，魏吉华主编
. -- 北京：社会科学文献出版社，2023.9（2024.8 重印）
（文脉流变与文化创新）
ISBN 978-7-5228-2368-3

Ⅰ.①思… Ⅱ.①佘… ②魏… Ⅲ.①高等学校-思
想政治教育-教学研究-中国 Ⅳ.①G641

中国国家版本馆 CIP 数据核字（2023）第 165313 号

文脉流变与文化创新
思想政治理论课教学与研究

主　　编／佘远富　魏吉华
副 主 编／李军全　徐建飞　韩昌跃　徐　俊

出 版 人／冀祥德
责任编辑／黄金平
文稿编辑／公靖靖
责任印制／王京美

出　　版／社会科学文献出版社·文化传媒分社（010）59367004
　　　　　地址：北京市北三环中路甲 29 号院华龙大厦　邮编：100029
　　　　　网址：www.ssap.com.cn
发　　行／社会科学文献出版社（010）59367028
印　　装／唐山玺诚印务有限公司

规　　格／开　本：787mm×1092mm　1/16
　　　　　印　张：13.25　字　数：216 千字
版　　次／2023 年 9 月第 1 版　2024 年 8 月第 2 次印刷
书　　号／ISBN 978-7-5228-2368-3
定　　价／88.00 元